창업과 정보보호

구본근 저

마인드탭
MIND TAP

머리말

'창업과 정보 보호'

이런 제목으로 집필을 의뢰받았을 때 참으로 난감하였다. 무엇보다도 내 자신이 창업을 해 본 경험이 없기 때문에 창업과 정보 보호에 대한 연결 고리를 찾기가 어려웠다. 그러나 이번 기회에 관련 내용을 정리해 보자는 생각으로 시작을 하였다.

먼저 저자는 창업에 대한 경험은 없지만 집필을 시작하기 몇 개월 전에 아주 가까운 사람이 창업을 하였고, 그 과정을 지켜보았기 때문에 창업과 관련된 간접적인 경험을 하였다. 창업은 '아이디어만 있으면 그냥 하면 되지 않나'라고 생각을 했지만 창업하는 과정에 필요한 다양한 단계와 절차가 있었고, 그 절차에 따라 마침내 개인사업자 등록증이 발급되는 모습을 보면서 창업 자체는 어렵지 않음을 알 수 있었다. 하지만 창업한 이후에 매출을 올리기 위해 이런 저런 활동들을 하는 것을 보면서 이 책의 주제인 정보 보호에는 전혀 신경을 쓸 여력이 없음을 보았다. 물론 업종에 따라 다르긴 하겠지만 창업한 기간이 오래되지 않은 기업은 현실적으로 정보 보호을 고려할 여력이 없다.

이 책의 집필을 시작할 때 보안 관련 알고리즘, 정책 등과 관련한 내용을 담을까 하여 여러 관련 서적을 뒤적이며 드는 생각은 많은 책들이 암호화 알고리즘을 다루고, 보안 정책을 다루며, 네트워크 보안을 위한 각종 응용 프로그램 및 그 파라미터를 소개하고 있는데 굳이 또 이를 소개하는 책이 나올 필요가 있는가 하는 것이다. 보안 알고리즘이 변경된 것도 아니며, 각종 네트워크 프로토콜과 각 프로토콜 계층에서 보안을 위해 고려할 수 있는 것들이 변경된 것도 아니기에 아주 기술적이 내용을 담는 것은 적절하지 않다는 판단이 들었다.

따라서 이 책에서는 정보 보호 관련 창업이 아닌 일반적 업종의 창업 기업이 정보 보호과 관련해서 고려해야 할 내용을 담는 것으로 방향을 잡고, 관련 자료를 찾아 검토를 하였다. 관련 자료들은 기술적인 내용이거나 경영자 또는 경영과 관련된 내용이어서 이제 막 창업을 한 창업자에게는 도움이 되지 않거나 너무 먼 이야기들로 채워져 있었다. 또한 정보 보호(안) 관련 자격증 취득을 위한 내용을 담은 책들도 다수 있었다. 물론 보안 관련 아이디어로 창업을 한 경우나 창업 후 일정 규모로 기업이 안정화된 경우에는 충분히 참고할 수 있는 내용들이었고, 관련 자격증 취득이 필요한 창업자에게는 필요한 내용이지만 그렇지 않은 업종에서 창업한 창업자에게는 많은 도움이 되지 못하는 내용들이었다.

저자는 창업과 정보 보호(안)을 이야기하는 이 책의 내용이 기술적인 내용 또는 선언적인 내용에 치우치지 않으려고 한다. 정보 보안에 조금이라도 관심을 가진 창업자가 직접 정보 보안을 하거나 이야기할 수 있는 정도의 내용을 이 책에서 담는 것이 저자의 목표이다. 즉, 이 책의 독자는 정보 보호(안)에 대해 잘 알지 못하는 창업자라고 설정을 하고, 그(녀)가 정보 보안의 개념을 잡고, 자신이 창업한 기업에서 어떤 데이터를 왜, 어떤 방법으로 보호할 것인가를 고민할 수 있는 기회를 제공할 수 있기를 바란다.

많은 시간동안 썼다 지웠다를 반복하면서 집필의 방향을 유지하려고 하였지만 너무 기술적이지는 않은가 하는 생각이 들기도 하고, 너무 선언적이며 모호한 내용은 아닌가 하는 의구심이 들 때도 있었다. 그럼에도 불구하고 이제 막 창업을 하였거나 창업을 계획하고 있는 예비 창업자가 정보 보호에 대해 한번 정도 고민할 수 있는 내용을 담기 위해 여러 날을 노력한 흔적들이 이 책에서 조금이라도 비쳐지기를 바라는 것이 저자의 솔직한 바램이다. 그리고, 내용의 좋고 나쁨 또는 정보의 깊고 얕음을 떠나 이 책의 내용을 통해 창업자들이 정보 보안에 대한 개념을 잡고 향후 성장한 기업이 되었을 때 '진짜' 제대로 된 정보 보호를 할 수 있는 출발점이 되기를 희망한다.

2016년 2월.

저자 씀

차례

차례 **iv**

그림 차례 **ix**

표 차례 **xii**

1 정보 보호 **1**

1.1 들어가며 1

1.2 정보 보안 사고 사례 3

1.2.1 KT 고객 정보 유출 3

1.2.2 농협 전산망 해킹에 의한 시스템 장애 5

1.3 암호화의 개념 5

1.4 독일군과 창업 기업의 정보 보안 8

1.4.1 정보 보안 책임자 임명과 예산 9

1.4.2 정보 보안 제품 사용 11

1.4.3 정보 보안 정책의 운영 13

1.4.4 개인정보 암호화 데이터의 종류 14

1.5 정리 15

2 정보 보안 일반 17

2.1 정보 보안 정의 17

2.2 웹 기반 서비스 22

2.3 보안 단계 25

3 정보 보안 관련 법 29

3.1 개인정보침해 관련 법규 30

3.1.1 주민등록법 36

3.2 해킹 관련 법규 37

3.3 인터넷사기 관련 법규 40

3.4 악성프로그램 관련 법규 42

3.5 저작권 침해 관련 법규 45

3.6 스팸메일 관련 법규 46

3.7 개인정보보호 10가지 원칙 48

4 네트워크 보안 53

4.1 네트워크 프로토콜 53

4.1.1 ISO OSI 7-layer 프로토콜 56

4.1.2 TCP/IP 프로토콜 63

4.2 서비스 거부 공격 71

4.3 스니핑, sniffing 74

4.4 스푸핑, spoofing 75

4.5 창업 기업의 간단한 네트워크 보안 77

4.5.1 공유기를 활용한 보안 78

4.5.2 서비스 제공을 위한 포트 포워딩 86

4.5.3 무선인터넷 보안 90

5 시스템 및 데이터베이스 보안 93

5.1 사용자 계정과 비밀번호 93

5.1.1 사용자 접근 인증 개요 93

5.1.2 MS-윈도 시스템에서 사용자 계정 및 접근 제어 96

5.1.3 리눅스 시스템에서 사용자 계정 및 접근 제어 100

5.1.4 비밀번호 101

5.2 웹 브라우저 사용정보 103

5.3 데이터베이스 접근 제어 105

5.4 네트워크 장비의 접근 제어 107

6 웹 서비스 보안 109

6.1 웹 서비스 보안 개요 110

6.2 인터넷과 웹 서비스 개요 111

6.2.1 인터넷 개요 111

6.2.2 웹 서비스와 HTTP 112

6.3 웹 서비스 보안의 요소 114

6.3.1 웹 서비스의 종류 114

6.3.2 웹 방화벽 117

6.3.3 웹 취약점 스캐너 118

6.3.4 웹 악성코드 방지 120

6.3.5 시큐어 코딩 121

6.3.6 데이터 암호화 125

6.4 웹 보안 고려 사항 126

7 암호화 129

7.1 암호화의 개념 129
7.2 단방향 암호화 132
7.3 대칭키 암호화 방법 132
7.4 비대칭키 암호화 방법 134
7.5 해시, hash 136
7.6 암호화를 이용한 전자문서 전송 139
7.6.1 공인인증서 140
7.6.2 전자서명 141
7.6.3 디지털 봉투 143
7.7 암호화를 이용한 기어 정보자산 보관 147

8 창업 기업의 정보보호 정책 149

8.1 정보 보호 정책 개요 149
8.2 정보 보호 정책 내용 154
8.3 정보보호 조직 159
8.4 업무 범위와 정보보호 160

9 창업 기업의 실전 정보 보호 163

9.1 기업 업무 환경에 따른 정보 보호 163
9.1.1 모바일 업무 환경의 1인 기업 164
9.1.2 소수의 컴퓨터 시스템을 갖는 기업 167
9.1.3 소수의 컴퓨터 시스템과 웹 서비스 제공 기업 170
9.1.4 다수의 공인 IP와 웹 서비스 제공 기업 173
9.1.5 호스팅 업체를 통한 웹 서비스 제공 기업 175
9.2 노트북 컴퓨터 디스크 암호화 176
9.3 파일, 저장매체 암호화 177

9.3.1 마이크로소프트 BitLocker 툴 177
9.3.2 VeraCrypt 툴 179

Bibliography **187**

Index **189**

그림 차례

1.1 암호화 개념 6

1.2 암호화 기기 이니그마 7

1.3 이용하고 있는 정보 보안 제품 비율 11

1.4 세 가지 정보 보안 정책 운영 비율 14

1.5 개인정보 암호화 비율 15

2.1 클라이언트-서버 모델의 동작 모델 23

2.2 사용자 지향 서비스를 위한 클라이언트-서버 모델 24

2.3 클라이언트-서버 모델의 보안 요소 27

4.1 프로토콜 계층의 메시지 교환 54

4.2 ISO OSI 7 계층 모델 56

4.3 기능에 따른 프로토콜 계층 분류 57

4.4 끝점 전송의 예 58

4.5 정지 대기 흐름 제어의 예 61

4.6 TCP/IP 프로토콜 63

4.7 제공하는 기본 기능을 기준으로 한 OSI 7-계층과 TCP/IP의 프로토콜 계층의 연관성 64
4.8 MAC 주소 확인의 예 66
4.9 IP 주소 확인의 예 67
4.10 3-way 핸드셰이킹 69
4.11 SYN Flooding 공격 73
4.12 인터넷 공유기 79
4.13 공유기의 웹 기반 관리 도구 화면의 예 80
4.14 공유기의 관리자 ID와 비밀번호 설정을 위한 화면 82
4.15 공유기 관리 접속 제한 설정 화면 83
4.16 공유기의 네트워크 보안 기능 85
4.17 공유기 외부에서 접속 요청 87
4.18 공유기의 DMZ 비활성화 화면 88
4.19 포트 포워딩 설정 화면 89
4.20 공유기의 무선 보안 설정 91

5.1 사용자 계정 관리 98
5.2 사용자를 추가한 후 사용자 계정 관리 화면 99
5.3 리눅스 시스템에서 사용자 계정 생성 100
5.4 gmail의 로그인 상태 유지 설정의 예 104

6.1 HTTP 프로토콜에 의한 서버-클라이언트 통신 113
6.2 정적 웹 서비스 제공 방법 114
6.3 동적 웹 서비스 제공 방법 115
6.4 웹 방화벽의 논리적 위치 118

7.1 비대칭키 암호화 예 134

7.2 부인 방지를 위한 비대칭키 암호화 135
7.3 MD5를 사용한 예 137
7.4 마이크로소프트 윈도 시스템에서 해시값 생성 예 138
7.5 대용량 파일 다운로드에 해시를 이용한 예 139
7.6 전자서명의 예 141
7.7 디지털 봉투를 이용한 전자 문서 전송을 위해 송신측이 수행하는 단계 . . 144
7.8 디지털 봉투의 전자 문서 수신을 위해 수신측이 수행하는 단계 146

8.1 정보보호 정책 수립 단계 154

9.1 1인 기업의 모바일 오피스 환경 164
9.2 소수의 컴퓨터 시스템을 갖는 기업의 업무 환경 168
9.3 웹 서비스 제공 기업의 업무 환경 171
9.4 다수의 공인 IP와 웹 서비스를 제공하는 기업의 업무 환경 173
9.5 호스팅 업체를 통해 웹 서비스를 제공하는 기업의 업무 환경 175
9.6 tpm.msc 명령어 실행 화면 177
9.7 USB 메모리의 BitLocker 켜기 화면 178
9.8 암호화를 위한 비밀번호 입력 화면 179
9.9 설치 유형 선택 화면 180
9.10 USB 저장 매체를 위한 새 볼륨 만들기 182
9.11 볼륨 만들기 마법사 화면 183
9.12 새 보안 볼륨을 위한 USB 메모리 선택 184
9.13 새 보안 볼륨을 위한 비밀번호 설정 화면 185
9.14 암호화된 USB 드라이브 삽입 화면 186
9.15 암호화된 USB 드라이브를 위한 비밀번호 입력 화면 186

표 차례

2.1 정보의 손실 평가 20

6.1 소프트웨어 개발단계별 결함 수정 비용 분석 122
6.2 소프트웨어 보안 약점 유형 124
6.3 시큐어 코딩을 위한 진단 종류 125

8.1 정보보호 정책의 기본 원칙 152
8.2 정보보호 정책의 적용대상의 예[1] 155
8.3 정보보호 정책 리스트 158

9.1 1인 기업의 모바일 업무 환경에서 정보 보호 활동 165
9.2 소규모 기업의 업무 환경에서 정보 보호 활동 168
9.3 웹 서비스를 제공하는 소규모 기업의 업무 환경에서 정보 보호 활동 171
9.4 여러 공인 IP 주소를 가진 소규모 기업의 업무 환경에서 정보 보호 활동 . . 174

CHAPTER 1

정보 보호

1.1 들어가며

기업 영리를 얻기 위하여 재화나 용역을 생산하고 판매하는 조직체. 출자 형태에 따라 사기업, 공기업, 공사 합동 기업으로 나눈다[2].

이것은 '기업'에 대한 일반적인 정의이다. 이 정의에서 발견할 수 있는 주요 키워드는 '영리'와 '생산 또는 판매'라고 할 수 있다. 기업은 영리를 극대화하기 위해 제품 또는 서비스 개발을 위한 연구에서 생산 또는 판매를 위한 다양한 활동들을 전개하고 있다. 정보화 사회를 넘어 유비쿼터스, IoT 등이 일반화된 현재는 어떤 분야가 블루 오션인지 또는 레드 오션인지를 알 수 없을 만큼 다양한 요소들이 융합되고 확장되고 있어 각 기업들이 전개하고 있는 기업 활동들은 더욱 더 복접해지고 있으며, 정밀해지고 있다고 할 수 있다.

레드 오션은 각 산업의 경계가 이미 잘 정의되어 있고, 다수의 기업들이 시장의 점유율을 높이기 위해 아주 높은 수준의 경쟁을 하는 시장 또는 분야를 의미한다. 시장의 점유율을 높이기 위해 각 기업들이 경쟁을 한다는 측면에서 보면 현재 존재하는 대부분의 산업 분야가 레드 오션이라고 할 수 있다. 산업이 잘 정의되어 있다는 것은 곧 시장의 규모가 어느 정도 제한이 되어 있다고 할 수 있다. 따라서 각 기업은 제한된 규모의 시장에서 경쟁하는 기업의 제품 또는 서비스 제공보다 더 높은 점유율을 차지하기 위해 시장 경쟁 지향의 기업 활동을 전개한다고 할 수 있다.

반면 블루 오션은 현재까지 존재하지 않거나 알려 지지 않은 시장에서 기업들이 그들의 서비스 또는 제품을 제공하는 시장 환경을 의미한다. 이 시장 환경은 기업들이 그들의 제품 또는 서비스를 제공함에 있어 현재까지 시도된 적이 없지만 큰 잠재력을 가지고 있으며 동시에 실패의 위험성도 높다고 할 수 있다. 존재하지 않거나 알려 지지 않은 시장은 시장의 규모, 동향, 타겟 고객 등이 알려져 있지 않다. 따라서 블루 오션 환경에서 기업들은 다른 기업과 경쟁을 하기 보다는 새로운 시장을 창조하려는 시장 창조 지향의 기업 전략을 수립하고, 이에 따라 기업 활동을 전개한다고 할 수 있다.

IT(information technology) 또는 ICT(information & communication technology) 분야의 제품 또는 서비스는 십여 년 전에 블루 오션이었다고 할 수 있다. 따라서 이 시기의 전통적인 기업과 신생 벤쳐 기업들은 새로운 IT 관련 제품과 서비스를 시장에 내어 놓으며 많은 이익을 창출할 수 있었다.

블루 오션이었던 IT 관련 시장은 어느 듯 다른 분야의 시장과는 비교할 수 없을 만큼 기업들 간의 경쟁이 치열해 졌으며, 결국 한두 개의 기업이 전체 시장을 지배하는 경향을 보인다. 특정 시장을 지배하는 한두 개의 기업은 그들의 시장 영향력을 유지하기 위해 경쟁을 하고 있으며, 더 많은 기업들이 시장에 영향력을 갖기 위해 역시 경쟁을 하고 있는 실정이다. 즉 IT 관련 시장은 '무한 경쟁'이 요구되는 레드 오션이 되었다고 판단된다[1].

그러나 수년 전부터 신생 기업을 중심으로 하여 레드 오션이라고 불려지는 여러 분야의 기술과 아이디어가 융합되고 결합되어 새로운 시장이 창출되고 있으며, 이러 시장들은 새로운 블루 오션이 되고 있다. 즉, IT 또는 ICT 분야에서는 레드 오션과 블루 오션이 혼재되어 있어 관련 기업들은 다른 기업들과의 치열한 경쟁과 더불어 새로운 시장 창출을 위한 다양한 기업 활동을 하고 있다.

---

[1] 이것은 경제학자가 아닌 컴퓨터공학자인 저자의 관점이기 때문에 경제학 또는 다른 컴퓨터공학자들과 그 견해가 다소 다를 수 있다. 따라서 이를 일반화시키는 것은 다소 무리가 있지만 정보 보안의 필요성을 기술하기 위한 과정임을 밝혀 둔다.

글로벌 경제 환경에 따라 국지적 분쟁, 자원의 선점, 세계 경제 주도 국가의 정책 변화, 전쟁의 위협 등 기업 활동과 관련된 다양한 환경 변화에도 불구하고 정밀하고 정확하며 효과적인 기업 활동을 위한 가장 기본적인 요소이자 핵심적인 자원은 '데이터' 이다. 기업이 축적한 데이터의 양과 축적한 데이터를 분석하고 활용하는 능력이 기업의 경쟁력에 큰 영향을 주고 있다. 최근 빅 데이터(Big Data)라는 개념이 일반화되면서 기업들이 앞다투어 그들의 기업 활동에 빅 데이터를 활용하려고 연구와 투자를 하고 있다. 빅 데이터는 IT 관련 기업뿐만 아니라 IT와 관련이 없는 기업에서도 광범위하게 활용되고 있다.

1.2 정보 보안 사고 사례

기업들이 대량의 데이터를 축적, 분석, 활용함에 따라 데이터는 기업의 매우 중요한 자원이 되었고, IT 시스템에 저장되는 특성상 보호되어야 하는 핵심 가치가 되었다. 정보 보안이라는 것은 개인 또는 기업이 축적하고 있는 각종 정보의 보호를 위함이기 때문에 이 책에서는 '정보 보안'과 '정보 보호'라는 용어를 구분해야 할 필요가 있을 경우를 제외하고 동일한 의미로 사용한다.

마땅히 보호되어야 하는 데이터가 외부에 유출되거나 인가되지 않은 접근을 차단하지 못할 경우에 기업의 신뢰도 추락 및 각종 기업 활동에 제약이 있음은 물론 데이터 유출로 인한 2차, 3차 피해가 발생할 가능성도 있다. 따라서 기업은 핵심 가치인 데이터 및 각종 자원을 보호하기 위한 노력과 투자를 하고 있음에도 불구하고 매년 다양한 형태의 정보 보안 사고가 기업 규모의 크고 작음에 상관없이 발생하고 있다. 이 절에서는 여러 기업에서 발생한 정보 보안 사고 사례를 소개한다.

1.2.1 KT 고객 정보 유출

2014년 3월에 기간 통신 사업자인 KT에서 약 1,200만건의 고객 정보가 유출되는 사고가 발생하였다. 더군다나 KT는 2년 여 전에도 개인정보 유출 사고가 발생하여 수많은 대책들이 논의되었고, 방지책을 마련하였음에도 다시 보안 사고가 발생하였다는 점에서 더욱 충격을 주었다. 보안 사고가 발생한 곳은 바로 온라인 고객 서비스를 위해 KT가 구축하고 관리를 하고 있는 대표 홈페이지이다. 이 홈페이지를 구축, 운영할 때 KT가 아주 기본적이면서 초보적인 보안 이슈를 고려하지 않았기 때문에 보안 사고를 일으킨 해커들은 지극히 '정상적인 방법'으로 수많은 고객의 개인정보를 획득할 수 있었다.

해커들은 KT 서버에서 고객 정보를 획득하기 위해 대단한 해킹 도구를 이용한 것이 아니라 디버깅 도구를 이용하여 다음과 같은 단계의 과정을 거쳤다[3].

1. 해커는 지극히 정상적인 방법으로 올레 닷컴에 로그인을 한다.
2. 개인정보 페이지에서 정상적으로 로그인한 계정의 개인정보를 조회한다.
3. 미리 동작을 시켜둔 디버깅 도구를 이용하여 위의 단계에서 KT 서버에게 전송되는 요청을 가로채어, 그 요청에 임의의 고객 번호를 넣어 KT 서버에게 전송한다.
4. 변조된 요청에 대해 KT 서버는 '정상적'으로 DB를 조회한다.
5. 변조된 요청 즉, 변조된 고객 번호이기 때문에 많은 경우에 DB 조회 결과가 없겠지만 변조된 고객 번호가 실제로 존재하는 고객의 번호라면 그 고객의 정보가 해커의 웹브라우저에게 반환된다.
6. 이러한 과정을 자동화 하여 해커가 원하는 만큼의 고개 정보를 획득할 수 있다.

KT에 발생한 보안 사고는 앞에서 기술한 것과 같이 비록 변조된 고객 번호이긴 하지만 KT의 DB로부터 개인정보를 획득하는 다른 과정들은 지극히 정상적인 단계들이었다.

KT 보안 사고의 원인은 웹 서비스를 위한 소스 코드 상의 취약성이다. 즉, 웹 서비스의 클라이언트쪽에서 발생할 수 있는 데이터의 위·변조에 대한 무결성 및 정합성을 웹 서비스 소스에서 확보하지 못했기 때문에 발생한 정보 보안 사고라고 할 수 있다.

1.2.2 농협 전산망 해킹에 의한 시스템 장애

은행권은 금융 서비스 제공을 위해 많은 양의 개인정보뿐만 아니라 신용 정보를 보유하고 있고, 은행들이 보유하고 있는 정보의 유출 또는 손실에 의한 피해 및 파급효과는 상상을 할 수 없을 만큼 커기 때문에 정보 보호 및 보안에 대한 투자는 규모 측면에서 매우 크다고 할 수 있다. 대규모 투자 및 관련 정책 수립 및 실행 등 은행의 정보 보호 및 보안 노력에도 불구하고 은행권에서의 개인정보 유출 사고는 큰 이슈가 되고 있다.

2011년에 발생한 농협 전산망 해킹 사례는 농협 전산망이 정상적으로 동작하지 않은 수 시간동안 농협 관련 금융 업무가 마비되고, 카드 결재가 되지 않는 등 정보 보호 및 보안 노력의 허점이 우리의 일상적인 삶에 미치는 영향이 광범위함을 다시 한 번 보여 주었다. 농협 전산망이 장애로 정상적으로 동작하지 않은 것은 275대의 농협 전산 서버에서 시스템을 삭제하는 명령어가 동시에 실행되었기 때문인 것으로 알려져 있다. 농협에서 운영하고 있었던 각종 정보 보안 관련 장비들이 정상적으로 동작을 하고 있었음에도 불구하고 시스템에 장애가 발생하여 서비스가 중단된 것은 협력 업체에서 유지 보수용으로 사용하고 있었던 컴퓨터에 해커가 해킹을 하여, 이 컴퓨터를 통해 농협 전산망에 접속한 후 서버의 시스템을 삭제하였기 때문이다. 표면적으로는 농협의 전산망 보안 시스템 또는 체계에 문제가 없는 것으로 보이지만 근원적인 문제점은 협력 업체의 유지 보수용 컴퓨터가 원격지에서 농협의 핵심 시스템 자원에 접속할 수 있도록 허용한 것이다.

1.3 암호화의 개념

정보 보안 시스템은 각종 장비와 정책 등을 이용하여 조직 내부의 시스템 또는 데이터 보호를 목적으로 운영되는 것이다. 정보 보안은 최신 기술과 적절할 보안 정책을 수행하여 수많은 개인정보, 기업의 기밀 자료 등 기업의 핵심 자원이 외부에 노출되는 것을 방지하기 위해 사용되지만 동일한 목적으로 2000여년 전에도 사용되었다.

2000여년 전 부터 현재까지도 사용되고 있는 대표적인 정보 보안 방법이 ‘암호화(encryption)’이다. 암호화의 기본 개념은 그림 1.1에 나타낸 것과 같다. 암호화의 대상이 되는 데이터가 평문이고, 이 평문은 암호화를 위한 열쇠(key, 키)를 이용하여 암호화 절차를 거쳐 암화화된 암호문이 생성된다. 암호문은 평문과의 관련성이 유추되거나 추측될 수 없어야 한다. 암호문을 해독하는 과정을 ’복호화(decryption)’라고 한다. 복호화는 암호 해독을 위한 키와 암호문을 이용하여 복호화 과정을 거쳐 평문으로 해독된다. 이때 암호화를 위한 키와 복호화를 키가 같거나 같지 않을 수 있다. 암호화와 관련된 자세한 내용은 제 7 장에서 다룬다.

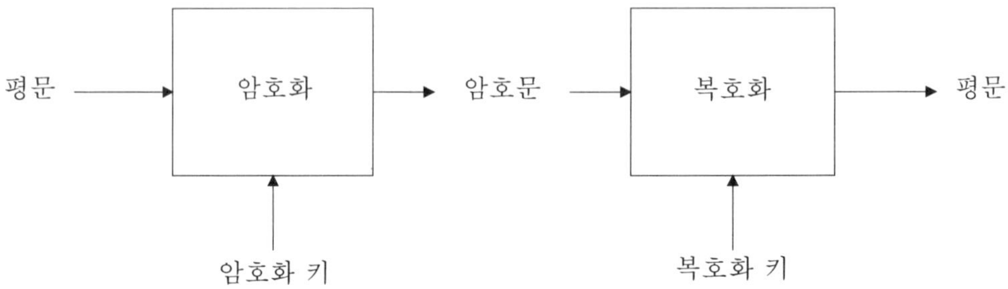

그림 1.1: 암호화 개념

현재 암호화하는 다양한 방법이 연구, 개발되었지만 2000여년 전에 사용되었던 것은 단순 치환(simple substitution) 방법에 의한 암호화였다. 이 방법은 전달하고자 하는 평문의 문자들을 다른 문자 또는 부호로 바꾸어 암호문을 만드는 것이다. 현재의 관점에서 보면 이러한 방법은 매우 단순한 것 처럼 보이지만 그 당시에는 효과적인 암호화 방법이었다.

데이터의 암호화와 관련하여 가장 강력했던 것으로 알려져 있는 것은 제 2차 세계대전에 독일군이 사용한 이니그마(enigma)가 있다. 그림 1.2에 보인 이니그마는 1918년에 폴란드의 암호 전문가가 개발한 것으로 2차 세계대전에 독일군의 군사통신 보안용으로 사용이 되었다. 당시 독일군은 부대간의 통신문을 타자기와 비슷한 모양을 하고 있는 이니그마를 이용하여 암호화하여 전송을 하였고, 작동 지침서에 따라 수시로 다르게 조작을 하였다고 알려져 있다. 전쟁의 막바지에 이를 때에는 하루에도 여러 번 그 작동 지침서를 변경하였다고 한다.

그림 1.2: 암호화 기기 이니그마

당시 연합군은 독일군이 전송하는 암호문을 확보를 했으나 그 내용에 평문을 예측하거나 추축할 수 있는 특정한 패턴을 찾을 수 없어 그 내용이 무엇인지를 파악할 수 없었다. 즉, 연합군은 잠수함, 전차 등 독일군의 전략적 자산의 운영 및 배치 등의 명령이 담겨져 있는 암호화된 메시지를 해독을 할 수 없어 수적인 우세에도 불구하고 전쟁에서의 승기를 잡을 수 없었다. 따라서 연합군은 이 암호문을 작성하는 기기를 확보하는 것이 전쟁의 승패를 좌우할 것이라고 생각하기도 하였다.

제 2차 세계대전이 한창이던 1943년[2] 영국의 천재 수학자 앨런 튜링(Alan Turing)이 'The Bombe'라는 이름의 이니그마 암호 해독기를 개발하였다. 암호 해독기 개발이 완료되었다는 사실이 알려지면 독일군이 암호화 방법을 달리할 것을 염려한 연합군은 해독기 개발 사실을 극비로 하면서, 독일군의 암호문을 해독하여 전쟁의 상황을 유리하게 전개하였다. 독일군은 그들의 암호문이 해독되었음을 알지 못하였기에 아무런 의심없이 이니그마를 이용하여 암호화–이미 암호문으로서의 가치는 상실했지만–한

[2]자료들 마다 그 년도가 조금씩 다르지만 2차 대전 종반임에는 틀림없다.

메시지를 교환하였고, 이 암호문을 해독한 연합군은 적절한 군사적 조치를 취함으로써 독일군에게 많은 피해를 입히고, 전의를 상실하게 하였다.

1.4 독일군과 창업 기업의 정보 보안

앞 절에서 기술한 튜링에 의해 개발된 암호 해석기는 제 2차 세계대전의 종전을 최소 2년 이상을 앞당긴 것으로 평가를 하고 있다. 종전을 앞당긴 것보다 더 중요한 의미는 전장에서 죽어갈 수많은 젊은이들의 생명을 구하였다는 것이다. 물론 연합군이 수많은 군사적 자원을 투입, 운용하여 세계대전을 승리로 이끌었지만 그 핵심에는 정보전의 승리에 있다고 할 수 있다. 제 2차 세계대전의 초기에는 이니그마를 이용한 데이터 암호화를 통해 독일군이 정보전에서 연합군보다 나은 위치에 있었고, 그 기간동안에 독일은 전쟁에서도 우월한 위치에 있었다. 하지만 해독기가 개발된 뒤에는 두 가지 측면에서 연합군이 오히려 독일군보다 정보전에서 우월한 위치에 있었다고 평가할 수 있다. 연합군이 정보전에서 우위를 점할 수 있었던 두 가지 측면은 '해독기를 개발하였다는 것'과 그럼에도 불구하고 독일군은 '이니그마를 이용한 암호문이 안전하다는 믿음'이라고 할 수 있다. 이니그마를 이용한 암호문이 안전하다는 믿음은 독일군이 아무런 의심없이 그 동안에 한 것과 동일하게 핵심 데이터를 암호화하여 전송하였고, 이를 연합군이 해독함으로써 적절한 군사적 작전을 전개할 수 있었다.

정보전이라는 측면에서 독일군이 패하는 가장 큰 요인은 '암호문 해독방법이 노출되었다'는 사실을 알지 못하였던 것과 '암호화 방법에 대한 믿음'에 있다. 물론 이 두 가지 요인는 별개의 것이 아닌 상호 관련성이 있는 요인이다. 이 장에서는 이것과 관련한 내용을 자세히 다룬다.

기업의 경영 현장도 사살용 무기를 이용하지 않다는 점을 제외하면 '전쟁터'와 많이 다르지 않다. 특히 글로벌 경제 체제 환경에서는 하루에도 수 많은 기업들이 생겨나 '시장'이라는 전쟁터에 참여하려고 하지만 '시장'에 참여하기도 전에 없어지기도 하고, 시장에 참여를 하였지만 이미 그 시장을 지배하고 있는 몇몇 기업들과의 힘겨운 경쟁에서 뒤쳐지기도 한다. 이러한 시장 환경에서 특히 새롭게 시작한 스타트업(start-up) 기업은[3]뿐만 아니라 이미 시장을 지배하고 있는 기업들은 그들의 핵심 자원을 보호하는 것이 매우 중요하다.

최근의 데이터 주도(data-driven)의 사회에서 기업이 보유하고 있는 데이터는 그 기업의 경쟁력이 되기도 한다. 예를 들어, 고객과 관련된 기본적인 정보와 고객의 구입하는 물품들에 대한 데이터를 축적하고 이것을 분석하여 시기별, 시간대 별 고객들의 쇼핑 패턴을 추출한 기업은 고객들이 원하는 상품을 적시에 진열하거나 적절한 프로모션을 진행하는 등의 기업활동을 전개할 수 있으며, 이를 통해 이익을 극대화할 수 있는 기회를 잡을 수 있다. 따라서 기업이 축적하고 있는 데이터는 보호되어야 하며, 특히 개인정보 등이 유출될 경우에 그 기업 신뢰도 하락에 따른 매출 손실 등이 발생하기도 한다. 따라서 어느 정도의 규모 기업들은 축적하고 있는 데이터를 보호하기 위해 많은 투자를 시행하고 있다.

많은 기업들이 데이터 즉, 정보 보안의 중요성을 깨닫고 정보 보안을 위한 투자를 아끼지 않고 있다. 특히 금융권의 기업들을 큰 규모의 투자를 정보 보안 분야에 집중하고 있다. 하지만 많은 기업들이 정보 보안을 이야기하고 그 중요성을 나열하지만 실제 정보 보안을 실행에 옮기는 기업은 많지 않다. 이것은 저자의 의견이 아니라 정보 보안과 관련된 각종 통계 자료를 보면 유추할 수 있다. 참고문헌 [4]에서 제시하고 있는 각종 보안 관련 주요 통계 자료 몇 가지를 이 책에서 다시 인용을 한다. 참고문헌 [4]의 저자는 2014년도에 한국인터넷진흥원에서 7000여 개의 사업체를 방문, 면접 조사한 결과를 공개한 자료를 인용하였다.

1.4.1 정보 보안 책임자 임명과 예산

정보보호최고책임자(CISO, chief information security officer)를 임명한 기업이 조사 대상 기업 중 7.7%이며, 기업의 영업활동 특성상 부득이하게 개인정보를 수집해야 하

[3]'start-up'이 신규 업체를 의미하기 때문에 스타트업 기업은 '기업'이라는 용어가 중복되어 있다. 그러나 이 책에서는 새로운 아이디어를 갖고 새롭게 시작한 기업이라는 의미로 '스타트업 기업'이라는 용어를 사용할 것이다.

는 업체중 개인정보관리책임자(CPO, chief privacy officer)를 임명한 기업은 24.8%이다. 또 정보 보호를 위한 전담조직을 운영하는 기업의 비율은 2.8%이다.

이 통계 조사는 각 기업이 정보 보안을 어느 정도 중요하게 생각하는 가를 보여주는 자료라고 할 수 있다. 앞에서 기술한 것과 같이 많은 기업들이 정보 보안을 이야기하지만 실제로 정보 보안을 위한 조직을 갖추고, 정보 보안을 총괄하는 임원급의 인사를 임명하는 기업은 그리 많지 않음을 알 수 있다. 물론 통신사, 금융권 기업 등 그들의 기업 활동을 위해 필연적으로 개인정보를 수집, 이용할 수 밖에 없는 기업들은 개인정보관리책임자를 임명한 비율이 상대적으로 높지만 일반적인 기대치에는 미치지 못한다.

스타트업 기업주 또는 창업을 준비하고 있는 예비 창업의 경우에 기업에서 제공하는 제품 또는 서비스에 따라 다를 수 있겠지만 정보 보안을 담당할 별도의 조직을 두는 것은 현실적으로 쉽지 않다. 이 시기에는 창업자 또는 예비 창업자들이 그들의 제품 또는 서비스 개발에 기업의 역량을 집중하기 때문에 정보 보안에 일정 부분의 역량을 투입하는 것은 어렵다. 소프트웨어 개발, 서비스 개발, 제품 설계 등을 창업 아이템으로 설정하고 창업–또는 예비 창업–된 기업은 정보 보안에 대한 투자를 '아끼지 말아야' 함에도 불구하고, 그렇게 할 여력이 없는 경우도 많다. 그럼에도 불구하고 이들 기업에게 정보 보안은 필수 요건이기 때문에 초기 투자 비용이 많이 요구되는 각종 보안 장비를 이용한 보안 시스템 구축 대신 핵심 데이터 자원에 대한 암호화는 가능할 것이다. 암호화를 위한 간단한 구현 방법은 177 쪽의 9.3절에서 간단히 소개를 한다.

인용할 두 번째 통계 자료는 전산 관련 업체 중에서 정보 보호 관련 예산이 5%가 넘는 기업의 비율이며, 2.7%로 조사되었다. 정보 보안에 대해 상대적으로 더 깊은 이해를 갖고 있는 전산 관련 업체들의 97.3%가 정보 보호를 위해 수립한 예산이 5%가 되지 않는다는 것은 전산과 관련이 없는 업체는 더욱 더 낮을 것이라는 것을 예상할 수 있다. 이 조사 결과만을 보면 많은 기업이 정보 보안에 대해 말하지만 정보 보안에 대해 실질적인 투자를 하고 있지 않음을 알 수 있다.

1.4.2 정보 보안 제품 사용

인용할 다음 통계 자료는 정보 보안 제품을 이용하는 기업의 비율을 조사한 것으로 약 92.7%로 조사되어 거의 대부분의 기업이 정보 보안 관련 제품을 한 개 이상을 이용하고 있음을 알 수 있다 . 그림 1.3은 정보 보안 제품을 이용하고 있는 기업이 이용하고 있는 정보 보안 제품의 비율을 나타낸 것이다. 시스템 보안, 네트워크 보안 등 정보 보안과 관련된 각각의 보안 수준(level)에서 보안에 대한 투자를 하고 있는 것으로 나타났다. 또 일부 기업은 복수의 정보 보안 제품을 설치, 운용하고 있는 것으로 보인다.

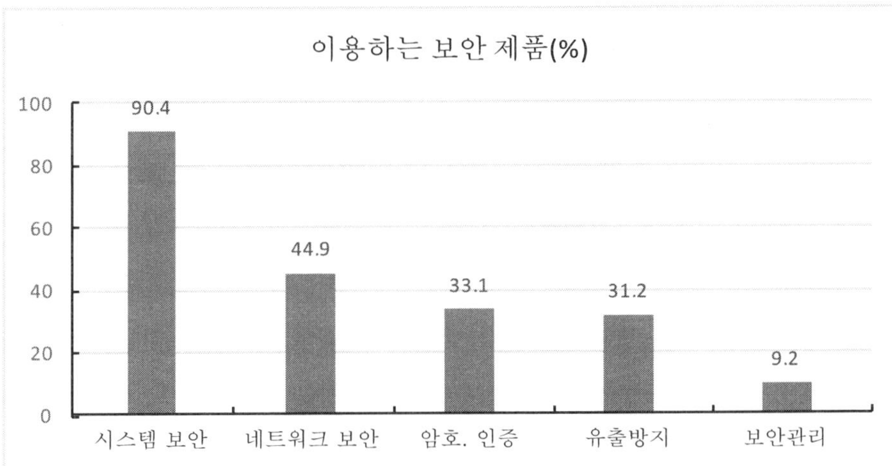

그림 1.3: 이용하고 있는 정보 보안 제품 비율

그러나 기업이 사용하고 있는 보안 제품의 종류를 분석해 보면 정보 보안에 대한 기업의 투자 규모 및 질(quality)에 대한 의문이 있다. 예를 들어, 시스템 보안 제품을 이용하고 있는 기업의 비율이 90.4%라는 통계는 기업이 정보 보안에 대한 투자를 많이 하고 있는 것으로 보인다. 그러나, 90.4%의 기업이 운용하고 있는 '시스템 보안 제품' 에 바이러스 백신이 포함되어 있다는 사실은 정보 보안에 대한 기업의 투자가 크지 않다는 것을 유추할 수 있다. 기업에서 사용하고 있는 많은 컴퓨터 자원들은 바이러스 백신을 설치, 사용하고 있으며, 이것이 90.4%라는 '시스템 보안 제품' 사용 통계에 포함되기 때문에 실제로 시스템 보안과 관련된 기업의 투자는 크지 않다고 할 수 있다.

바이러스 백신이 시스템 보안 제품으로 분류될 수 있는가에 대한 논란은 있다. 컴퓨터에서 실행되는 백신 프로그램은 불법적 실행을 통해 시스템에 유해한 영향을 줄 수 있는 프로그램을 찾아 삭제하고, 그 프로그램에 의해 변형되거나 파괴된 시스템 요소를 복구하는 기능을 수행한다. 따라서 백신 프로그램은 정보 자체를 보호하기 보다는 정보 또는 시스템의 유출, 파괴 등 시스템에 부정적 영향을 줄 수 있는 활동을 감시하고, 검출하는 것이 주된 목적이라고 할 수 있다. 백신 프로그램의 이러한 동작은 기존에 축적된 바이러스 프로그램의 동작 패턴 분석을 기반으로 하고 있기 때문에 새로운 형태의 바이러스가 발생한 경우에 백신 프로그램의 엔진이 업데이트 되기 전까지는 새로운 바이러스를 검출하지 못하는 문제가 있다.

바이러스 백신 프로그램이 컴퓨터에 설치되어 운영되고 있다면 컴퓨터 사용자는 정보 보안을 위한 의무를 다 한 것으로 생각할 가능성이 있다. 이 컴퓨터 사용자는 이니그마 암호기가 생성한 암호문이 해독되었다는 사실을 알지 못하는 독일군과 동일한 상황이 되었다. 즉, 그(녀)는 새로운 바이러스에 의해 백신 프로그램이 '뚫렸다'는 사실을 알 지 못한채 자신의 데이터 및 시스템이 잘 보호되고 있다고 믿고 있다. 그러한 상황에 처해 있는 사람이 기업의 중요한 자산인 데이터를 관리하는 책임자라면 자신도 알지 못하는 사이에 기업의 주요 자산들이 외부에 유출되거나 파괴될 가능성이 있다.

앞에서 기술한 정보 보안 관련 예산과도 관련성이 있지만 스타트업 기업은 정보 보안을 위한 여러 단계의 보안 장비와 솔루션을 도입, 운영하는 것은 아주 어려운 일이다. 물론 스타트업 기업이 제공하는 서비스 또는 제품에 따라 초기 투자 비용의 많은 부분을 정보 보안을 위해 사용하여야 할 경우도 있겠지만 대부분의 경우에는 그렇게 할 수 있는 여건이 되지 못할 가능성이 있다.

1.4.3 정보 보안 정책의 운영

정보 보안은 각종 보안 장비와 솔루션 도입으로 완성이 되는 것은 아니다. 정보 보안의 목적을 달성하기 위해서는 장비와 솔루션 뿐만 아니라 보안과 관련된 각종 정책을 수립 시행하여야 한다. 이 절에서 인용하는 통계 자료는 정보 보안 정책의 운영과 관련된 세 가지이다.

그림 1.4은 정보 보안 정책 중 세 가지에 대해 도입, 운영하고 있는 기업의 비율을 나타낸 것이다. 보안 장비와 솔루션을 도입, 운영하더라도 주기적인 점검 및 취약점을 평가하여 보완하지 않으면 보안 허점이 나타나게 된다. 따라서 주기적인 보안 점검 및 취약점 분석이 필수적으로 요구되는데 기업의 약 23.6%가 연 1회이상 정보 보안 상태와 취약점을 점검하는 것으로 분석되었다. 그러나 법 규정에 따라 이러한 상태와 취약점 점검을 필수적으로 해야 하는 금융업과 정보 서비스업을 제외할 경우에 이 비율은 약 10% 대로 감소한다. 즉 많은 기업들이 여러 상황으로 인해 정보 보안 관련 활동을 전개하였지만 지속적인 정보 보안 상태 및 보안 취약점 점검을 하고 있지 않음을 알 수 있다. 정보 보안은 지속적인 상태 점검과 취약점 분석을 통해 보안의 정도를 계속 강화할 수 있지만 이러한 과정이 지속적으로 이루어지지 않을 경우에는 보안 취약점으로 인해 보안의 정도가 약화될 수 밖에 없다.

올바른 보안 정책과 장비, 솔루션 등을 적절하게 운영을 하더라도 알려지지 않은 방법에 인한 정보의 유출은 항상 가능성을 갖고 있다. 따라서 각종 보안 장비와 솔루션 등을 이용하여 정보를 안전하게 보호하는 것도 중요하지만 어떤 원인에 의해 유출이 되었을 때 대응 방법에 따라 기업의 신뢰도에 영향을 줄 수 있다. 따라서 침해시 대응 정책의 수립도 매우 중요하다고 할 수 있다. 약 25.3%의 기업이 정보 침해 대응 활동에 대한 계획을 마련하고 있는 것으로 분석되었다. 그러나 11.1%의 기업만이 침해 상황 발생시 취해야 하는 구체적인 대응 계획을 수립하고 있다고 보고서는 분석하고 있으며, 이것은 실질적인 침해 상황이 발생했을 때 즉각 대응을 할 수 있는 체계를 갖춘 기업이 많지 않다는 것을 의미한다.

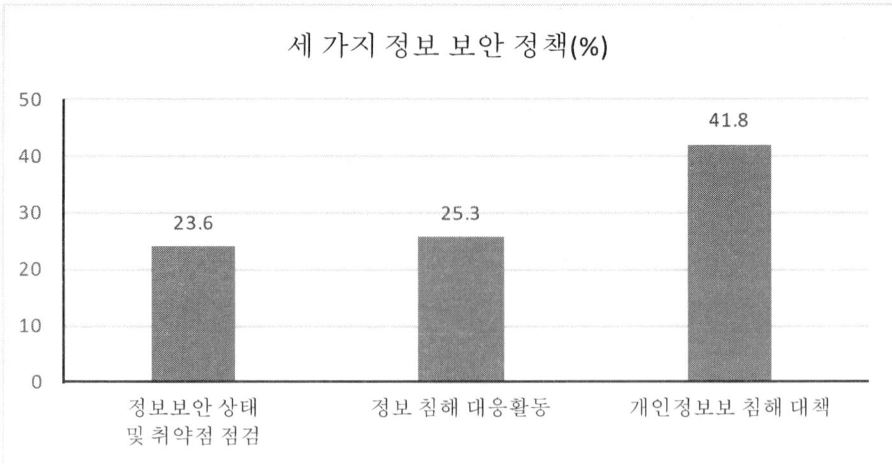

그림 1.4: 세 가지 정보 보안 정책 운영 비율

1.4.4 개인정보 암호화 데이터의 종류

기업이 보유하고 있는 데이터는 자체적으로 생성한 것과 그들의 기업 활동을 위해 합법적으로 수집, 보유하고 있는 것이 있다. 이들 데이터 중에서 개인정보는 누출되었을 때 개인의 프라이버스 침해 등 2차적인 피해가 지속적을 발생할 수 있기 때문에 개인에게 미치는 영향이 크다고 할 수 있다. 따라서 기업은 개인정보를 보호하기 위해 다양한 보안 정책을 수립, 운영하고 있는데 그중에서 가장 기본적인 것이 암호화이다.

개인정보 보호를 위해 기업이 암호화하는 데이터의 종류에 대한 통계 자료를 참조해 보면 그림 1.5에 보인 것과 같다. 약 71%의 기업들은 그들이 보유하고 있는 주민등록번호를 암호화하여 보관을 하고 있으며, 비밀번호, 계좌번호 및 신용카드 번호 등을 각각 암호화하고 있다. 대한민국 정부의 지속적인 홍보와 관련 법 제정 등의 영향으로 강력한 개인 식별 번호라고 할 수 있는 주민등록번호는 많은 기업에 암호화되어 저장되고 있지만, 비밀번호 등 노출이 되었을 때 심각한 영향을 줄 수 있는 정보들을 암호화하고 있는 기업의 비율은 상대적으로 낮음을 알 수 있다.

기업이 보관하고 있는 계좌번호, 신용카드번호와 같은 금융 정보가 암호화되지 않은 상태로 외부에 유출이 된 경우에 발생할 수 있는 피해는 개인뿐만 아니라 기업

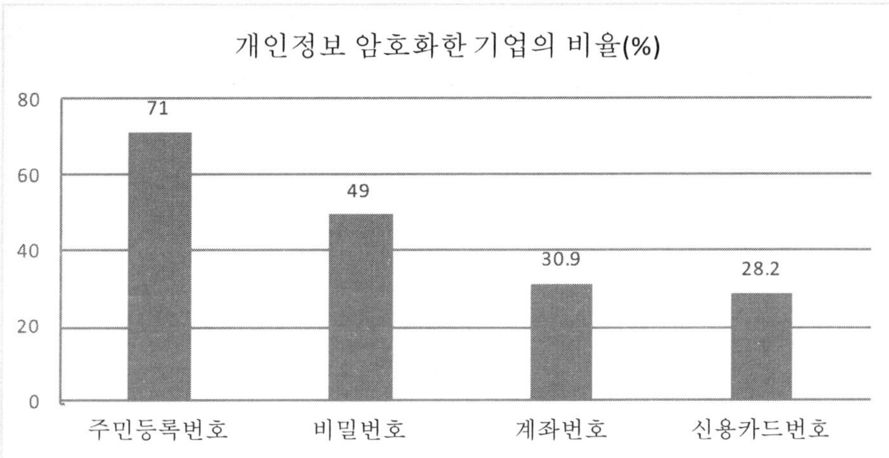

그림 1.5: 개인정보 암호화 비율

및 금융 시스템까지 영향을 미칠 수 있는데 이런 정보들을 암호화하지 않는 것은 매우 위험하다고 할 수 있다.

1.5 정리

이 장에서는 '기업'이라는 용어에 대한 정의를 하였다. 고전적인 기업 활동 영역 즉, 시장의 개념이 단순히 물건을 사고, 파는 장소에서 시간과 공간적 제한을 벗어나 물건과 서비스 등과 같은 유무형의 요소들이 교환되는 장으로서 확장되었다고 할 수 있다.[4] 이러한 시장 환경에서 기업이 보유해야 하는 핵심 자산은 데이터이며, 이 데이터는 내부의 관계자에게 효율적으로 제공되어야 함과 동시에 외부의 불법적인 접근 시도에 대해서는 효과적으로 보호되어야 한다. 따라서 기업은 내부에 축적된 데이터 자산을 보호하기 위해 정보 보안을 위한 다양한 정책을 마련하고, 전개하여야 한다.

정보 보안을 위해 기업의 보안 정책으로 각종 보안 장비와 솔루션을 도입, 설치, 운영하는 것이 있지만 앞서 두 개의 사례가 보여주는 것과 같이 최첨단 보안 장비와 솔루션을 이용하고 있어도 보안 사고는 발생할 수 있다. 각종 보안 솔루션을 도입하고도

[4]시장에 대한 이 정의는 컴퓨터공학자가 정보 보안이라는 관점에서 정의한 것이다.

보안 사고가 발생하는 원인을 참고문헌 [4]에서 소개하는 통계 분석을 통해 조금이나마 파악할 수 있다. 이 문헌에서 소개한 통계 자료를 종합해 보면 정보 보안에 대한 기업의 인식이 정보 보안의 성패를 좌우한다는 것을 알 수 있다.

정보 보안이 기업의 핵심 가치를 보호한다는 인식이 법적인 제약, 보안 사고 회피용, 기업 신뢰도 향상용 등 기타의 인식보다 앞서 있을 때 보안 인력, 장비, 정책을 위한 적절한 투자가 이루어 지고, 이를 통해 정보 보안을 실현할 수 있다. 보안 장비와 솔루션 도입은 정보 보안을 위한 필요 조건이지 필수 조건이 아니다. 정보 보안을 위한 필수 조건은 정보 보호에 대한 기업의 인식이다.

앞에서도 기술한 것과 같이 예비 창업이거나 스타트업 기업인 경우에는 보안 장비 및 솔루션 도입이 가능하지 않을 수 있다. 이들 기업이 향후 기업 발전을 위해 정보 보안이 다른 요소보다 중요하다는 인식을 갖겼다고 하더라도 정보 보안을 위한 투자를 하는 것은 현실적으로 다소 무리가 있으며, 모든 스타트업 기업이 정보 보안을 위해 과감한 투자를 할 필요도 없다. 그럼에도 불구하고 이미 안정적으로 운영되고 있는 기업뿐만 아니라 스타트업 기업도 그들이 축적하고 있는 데이터에 대한 최소한의 보안 정책을 수립, 전재할 필요가 있다.

기업이 최첨단 보안 장비와 솔루션을 도입하고 정확하게 운영하더라도 누군가가 알 수 없는 또는 알려져 있지 않는 방법으로 보안 시스템의 취약점을 이용하여 데이터에 불법적 접근할 수 있다는 가능성을 항상 열어 두어야 한다. 따라서 기업은 그들이 축적하고 있는 데이터를 보호하기 위한 최소한 또는 최종적인 보안 정책으로 데이터에 대한 암호화를 하여야 한다. 누군가가 보안 시스템을 뚫고 데이터에 불법적으로 접근하였지만 그 데이터가 암호화되어 있다면 적어도 데이터 유출 및 그로 인한 피해를 방지할 수 있다. 데이터 암호화는 보안 장비 및 솔루션 도입없이 무료로 이용할 수 있는 암호화 프로그램이 있어 이를 이용하여 정보 보안을 위한 첫 단계를 시작하는 것도 좋다. 이 장에서 인용한 각종 통계 자료는 참고 문헌 [4]에서 기술한 내용을 활용하였음을 한번 더 밝힌다.

CHAPTER **2**

정보 보안 일반

2.1 정보 보안 정의

정보 보안에 대한 정의는 여러 가지가 존재한다.

국제 표준화 기구 ISO는 정보 보안을 정보의 기밀성, 무결성, 가용성을 보존하며, 이것은 정보의 진정성, 책임성, 부인방지, 신뢰성과 관련이 있다고 정의하고 있다. 이 정의에 의하면 정보 보안은 조직 내·외부의 허용되지 않은 데이터 접근 시도에 대해 기밀성, 무결성, 가용성을 확보하는 것을 의미하며, 이것은 정보들이 활용되는 분야에 따라 진정성, 책임성, 부인방지, 신뢰성을 담보할 수 있는 기본적인 근거가 된다. 즉, 정보 보안 정책에 따라 보호된 정보는 그 자체로서 '진짜'임을 증명할 수 있음을 의미한다.

미국의 국가 보안 시스템 위원회(Committee on National Security Systems, CNSS)에서 정의한 정보 보안은 인가되지 않은 접근, 사용, 폭로, 수정, 파괴로부터 정보와 정보 시스템을 보호해 기밀성, 무결성, 가용성을 제공하는 것이라고 정의하고 있다. 또 정보 시스템 감사 및 제어 협회(Information Systems Audit and Control Association, ISACA)에서는 인가된 사용자만이 정확하고 완전한 정보로 필요할 때 접근할 수 있도록 하는 일련의 작업을 정보 보안으로 정의하였다.

정보 보안에 대한 각 기관들의 정의에 나타나는 공통적인 용어는 기밀성, 무결성, 가용성이다. 이 용어들은 정보 보안을 위한 기본적인 목표이다. 이들 용어에 대한 정의는 다음과 같다.

기밀성, confidentiality 허가되지 않은 접근 시도로 정보의 내용을 알 수 없도록 하는 것을 의미한다. 즉, 사전에 설정된 접근 권한을 가진 경우에만 정보의 내용에 접근할 수 있으며, 이는 ISACA의 정보 보안 정의에서 '인가된 사용자만'이라는 구절과 관련이 있다.

무결성, integrity 정보에 대한 허가되지 않은 수정이 이루어 지지 않도록 하는 것을 의미한다. 즉, 합법적인 접근 권한을 가진 사람 또는 시스템이 정보에 접근했을 때 그 정보가 변형되지 않은 완전한 정보임을 나타내는 것으로 ISACA의 정의에서 '정확하고 완전한 정보'라는 구절과 관련이 있다.

가용성, availability 정당한 접근 권한을 가진 사람 또는 시스템이 정보에 접근하려고 할 때 방해받지 않고 언제든지 접근할 수 있어야 한다는 의미를 갖는다. ISACA의 정의에서 '필요할 때 접근할 수 있도록'이라는 구절과 관련이 있다.

정보 보안의 세 가지 목표 달성을 위해 기업은 보안 장비, 솔루션 등에 투자를 하고, 보안 시스템의 적절한 운영을 위해 정보 보안 관련 정책을 수립, 전개를 할 것이다. 정보 보안 정책에는 정보 보안 관련 사고가 발생한 경우에 그 사고가 미치는 부정적 영향을 최소화하기 위해 신속하게 적절할 절차를 거쳐 대응할 수 있는 방안도 구체적으로 수립되어 있어야 한다. 왜냐하면 정보 보안 사고가 발생했을 때 기업이 대응하는 능력도 기업이 보유하고 있는 핵심 자산인 데이터와 더불어 중요하고 핵심적인 역량이기 때문이다.

따라서 앞서 소개한 정보 보안에 대한 정의와 더불어 참고 문헌 [4]에서 저자들이 정의한 정보 보안도 기업의 관점에서는 더욱 적절할 것이다. 참고 문헌 [4]의 저자들은 정보 보안을 기업의 잠재적 손실을 최소 비용으로 가장 효율적으로 제어하는 위험 관리 기술이라고 정의하고 있다.

정보 보안과 관련하여 기업의 잠재적 손실을 평가하기는 매우 어렵다. 일반적인 생산품인 경우에 기업은 그것이 생산되어 소비자에게 전달되는 동안에 발생할 수 있는 손실을 어느 정도 예측을 하고, 그 결과를 기반으로 추가 비용의 규모를 예측할 수 있다. 또는 창고에 보관하고 있었던 생산품을 도난당했을 경우에 기업은 그 손실 정도를 정확하게 계산을 할 수 있다. 그러나 정보 유출은 생산품의 도난과 매우 다른 특성을 가지고 있다. 기업의 컴퓨터 시스템에 저장되어 있는 정보가 유출된 경우에 손실 규모를 예측하는 것은 사실상 어렵다고 할 수 있다. 기업의 특정 정보가 유출이 되었어도 유출된 정보로 인한 기업의 손실이 전혀 없을 수도 있고, 그 규모를 짐작하지 못할 만큼 큰 영향을 기업에게 줄 수도 있다. 따라서 '잠재적 손실'의 구체적인 의미를 정의하기는 어렵다고 할 수 있다. 그러나 생산품의 가격에 따라 그 생산품이 도난 또는 소실되었을 때 기업의 손실 규모가 다른 것과 마찬가지로 기업이 축적하고 있는 정보들의 중요도는 각각 다를 수 있으며, 그 정보가 유출되었을 때 예상되는 유·무형의 손실도 다르다. 따라서, 정보 유출에 의해 기업이 입을 수 있는 유·무형의 손실을 적절하게 평가를 할 필요가 있다.

정보 유출로 인한 잠재적 손실 평가를 위한 표는 표 2.1에 나타낸 것과 같다. 이 표가 완전한 것은 물론 아니다. 다만 기업이 보유하고 있는 정보의 종류, 중요도와 더불어 그 정보가 유출되었을 경우에 어느 정도의 손실이 있는가를 알아 볼 수 있다. 예를 들어, 통신사와 같이 개인정보를 합법적으로 수집, 보관하는 기업의 경우에 주민등록번호를 보유하고 있을 것이다. 이 정보는 개인을 식별할 수 있는 강력한 도구이긴 하지만 유출되었을 경우에 기업에게 미치는 부정적 영향은 금전적인 손실을 비롯하여 기업의 신뢰도 하락이라는 무형의 손실도 발생할 수 있다. 이러한 손실의 정도를 구체적으로 평가, 분석함으로써 각 정보 보안 요소에 대한 투자 규모를 결정할 수 있다.

Table 2.1: 정보의 손실 평가

정보의 종류	중요도	유형의 손실		무형의 손실	
		손실 종류	손실 규모	손실 종류	손실 규모
주민등록번호	상	소송비용	xxx	신뢰도 하락	xxx

정보 보안을 위한 최소 비용의 규모를 적절하게 정의하기 어렵다. 기업이 생산하거나 제공하는 생산품과 서비스의 종류에 따라 보안의 중요성, 보호해야 하는 데이터 크기, 관련 정책, 정보 보안 인력 운용 등 다양하기 때문에 기업 규모나 매출액에 비례하여 적정 규모의 보안 관련 예산 규모를 설정하는 것은 옳지 않다. 대규모 투자를 통해 각종 최신 보안 장비와 솔루션을 도입, 운영하면서도 기업의 내부 정보가 유출될 수 있으며, 실제로 이러한 정보 유출이 뉴스에 자주 보도되기도 한다. 반면 무료 암호화 소프트웨어만을 이용하여 주요 데이터를 암호화한 경우에 암호화된 데이터의 유출은 있었더라도 그 자체로는 정보로서 전혀 의미가 없기 때문에 정보 보안에 성공하기도 한다. 따라서 정보 보안에 투자하는 비용이 반드시 정보 보안의 성공을 담보하지는 못한다. 하지만 정보 보안에 많은 투자를 하는 기업이 상대적으로 높은 정보 보안 수준을 보여주는 것 또한 부인할 수 없다. 적절한 정보 보안 장비와 솔루션 등 보안 시스템의 초기 투자 비용 뿐만 아니라 보안 인력의 운용 등을 위한 지속적 보안 비용의 투자는 필수적이라고 할 수 있다.

정보 보안 분야에서 효율적 제어도 역시 명확하게 정의하기가 어렵다. 정보 보안 분야에서 '효율성'은 비용대비 보안 수준 최대화, 보안 요소로 인한 오버헤드의 최소화, 보안 수준의 극대화 등 다양한 평가 방법을 이용하여 효율성을 평가할 수 있다. 그러나 이 모든 보안 효율성을 만족시키는 보안 시스템은 없다고 할 수 있다. 보안 요소로 인한 오버헤드를 최소화하면서 보안 수준을 극대화하기 위해서는 일정 규모 이상의 비용이 들어야 하며, 비용대비 보안 수준 최대화는 그 비용을 보안에 투자했을 때 기대되는 보안 수준이지 최고의 보안 수준은 아니다. 따라서 이것도 기업의 상황에 따라 적절히 결정해야 할 것이다. 금융 관련 기업이라면 개인정보를 비롯하여 보호

해야 하는 정보의 양이 많을 뿐만 아니라 정보가 유출되지 않도록 각종 보안 장비를 도입하는 등 최고 수준의 보안을 유지하기 위해 아낌없는 투자를 할 것이다. 반면에 스타트업 기업은 보호해야 할 데이터를 암호화하는 정도로 정보 보안을 할 수도 있다.

각 정보 보안 요소에 적절한 규모의 투자는 효율적인 보안과 밀접한 관련이 있다. 앞서 표 2.1에서 기업이 보유하고 있는 정보의 중요도에 따른 손실 비용을 평가, 분석하였는데, 각 보안 요소의 투자 규모 결정에 이를 참고할 수 있다. 표 2.1의 예에서 주민등록번호를 보호함에 있어 이 정보의 중요도에 따라 이를 보해하기 위한 투자 규모 및 보안 정책이 결정되어야 한다.

참고 문헌 [4]의 저자가 정의한 정보 보안의 마지막 단어가 위험 관리 기술이다. 위험 관리(risk management)의 일반적인 정의는 발생할 수 있는 위험을 예방하고, 위험이 발생했을 경우에 신속하게 대처하여 위험이 발생하기 전의 상태로 복구하거나 연속성을 유지하는 것이라고 할 수 있다.

정보 보안에 대한 여러 정의를 기업의 관점에서 다시 정의하면 다음과 같다. 정보 보안은 기업이 축적하고 있는 정보의 기밀성과 무결성을 확보하여 정보 유출시 발생할 수 있는 잠재적 손실을 제거 또는 최소화함과 동시에 적법한 접근에 대해서는 언제나 서비스될 수 있도록 정보를 보호하는 것이라고 할 수 있다. 정보의 저장, 전송, 접근을 위해 기업이 취할 수 있는 정보 보안 활동은 사전과 사후 활동이 있을 수 있다. 사전 정보 보안 활동은 허가되지 않은 접근 시도를 차단하거나 –암호화 등에 의해– 유출된 정보가 가치가 없도록 하는 것이며, 사후 활동은 정보를 저장하고 있는 시스템 또는 정보가 알 수 없는 사람에 의해 접근되었거나 탈취되었을 경우에 기업이 수행할 수 있는 활동들이다. 사전 보안 활동의 예로는 정보 보안 시스템 도입, 보안 시스템의 지속적 모니터링 등이 될 것이며, 사후 보안 활동으로는 정보 유출시 대응 정책 및 메뉴얼 등이 된다.

2.2 웹 기반 서비스

현재 기업에서 제공하는 많은 서비스들은 인터넷을 기반으로 하여 제공되고 있다. 기업에서 제공하는 대표적인 인터넷 기반 서비스는 웹 기반의 서비스이다. 이 서비스는 인터넷에 연결되어 있는 클라인트의 서비스 요청에 서버가 해당 서비스를 제공하는 클라인트-서버(client-server) 모델을 기반으로 하고 있다. 이 모델에서 대표적인 클라이언트는 마이크로소프트사의 인터넷 익스플로어(internet explore, IE), 엣지(edge)와 구글의 크롬(chrome) 등과 같은 웹 브라우저이다. 또 서버는 보통 웹 서버(web server)라고 지칭하는 것이다.

인터넷 기반의 클라이언트-서버 모델이 동작하는 방법은 우리가 웹 브라우저를 이용하여 웹 서핑하는 것과 동일하다. 그림 2.1은 웹 브라우저와 웹 서버가 클라이언트-서버 모델에 따라 동작하는 방법을 나타낸 것이다. 첫 번째 단계에서 사용자는 인터넷 익스플로어와 같은 웹 브라우저에 자신이 접근하고자 하는 웹 서버의 도메인 이름(domain name)을 입력하거나 웹 문서의 파일 명을 포함하여 입력한다.

웹 브라우저에서 입력하는 웹 서버, 웹 문서의 이름을 URL(uniform resource locator)이라고 한다. URL은 네트워크 상에 있는 자원(resource)을 식별하기 규약이며 아래와 같은 형식을 갖는다.

$$protocol://domain\text{-}name\ or\ IP\text{-}address/web\text{-}document$$

URL의 첫 번째 요소인 *protocol*은 웹 브라우저와 웹 서버 사이에 데이터를 교환하기 위한 통신 약속(규약)이며, 대표적인 프로토콜은 *http*(hyper text transfer protocol)이다. URL의 다음 요소는 웹 서버의 도메일 이름 또는 IP 주소이다[1]. URL의 세 번째 요소는 웹 브라우저가 접근하려는 웹 서버 상의 웹 문서를 지정하는 부분이다. 예를 들어, 사용자가 웹 브라우저에 입력한 URL이 *http://cs-lab.universe.ac.kr/hello.html*

[1] 도메일 이름또는 IP-주소 다음에 콜론(:)을 적은 후 포트 번호를 적어야 하는데, 이를 생략할 경우에 자동으로 포트 번호 80번을 사용한다. 만약 포트 번호에 대해 잘 알지 못한다면 그냥 무시를 하고 사용을 하면된다.

이라면, 이는 *http* 프로토콜을 이용하여, 도메인 명이 *cs-lab.universe.ac.kr*이 웹 서버에 저장되어 있는 웹 문서 *hello.html*에 접근하기 위한 것이다.

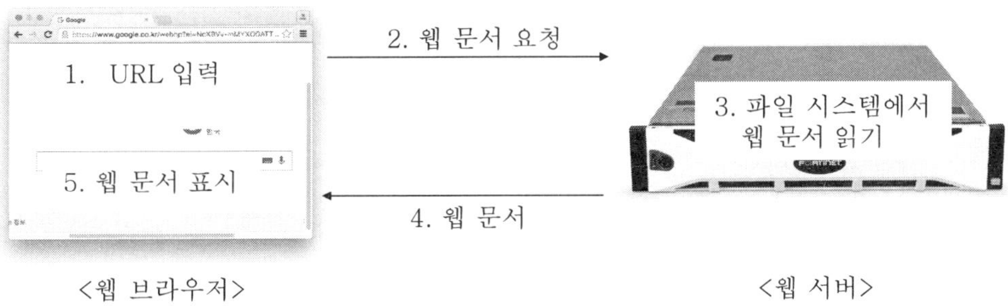

그림 2.1: 클라이언트-서버 모델의 동작 모델

모델의 두 번째 단계는 웹 브라우저가 입력된 URL을 이용하여 웹 서버에게 웹 문서를 요청(request)하는 것이다. 웹 서버는 네트워크를 통해 수신된 요청에 해당하는 웹 문서를 자신의 파일 시스템에서 읽어와 웹 브라우저에게 전송한다. 웹 서버가 전송한 웹 문서를 수신한 웹 브라우저는 웹 문서에 지정된 모양에 따라 화면에 그 내용을 표현한다. 이때, 웹 서버는 자신의 파일 시스템에 저장되어 있는 웹 문서를 읽어와 웹 브라우저에게 전달하기 때문에 그 내용이 변경될 수 없다.

그림 2.1에 나타낸 방법은 웹 서버가 웹 문서를 일방적으로 제공하는 형태를 가지고 있다. 즉, 웹 서버는 파일 시스템에 저장되어 있는 웹 문서의 내용을 변경할 수가 없어 웹 브라우저를 사용하는 사용자의 상황에 따른 동적인 정보 제공이 불가능 하였다. 그러나 웹을 기반으로 한 사용자 맞춤형 정보 제공을 위해서는 데이터를 저장하는 부분, 데이터를 기반으로 하여 웹 문서를 생성하는 부분, 웹 문서를 웹 브라우저에게 전송하는 부분과 같이 기능적으로 나누어 웹 브라우저에게 웹 문서를 전송하는 웹 서비스가 제공되어야 한다. 이러한 종류의 웹 기반 서비스를 제공하기 위해서는 그림 2.2에 보인 것과 같이 각 기능을 분리하여야 한다.

먼저 사용자는 접근하고자 하는 웹 서비스 –엄밀히 말하면 웹 서비스를 제공하는 웹 문서 또는 웹 응용 프로그램–의 URL을 웹 브라우저에서 입력을 한다. 이 URL은

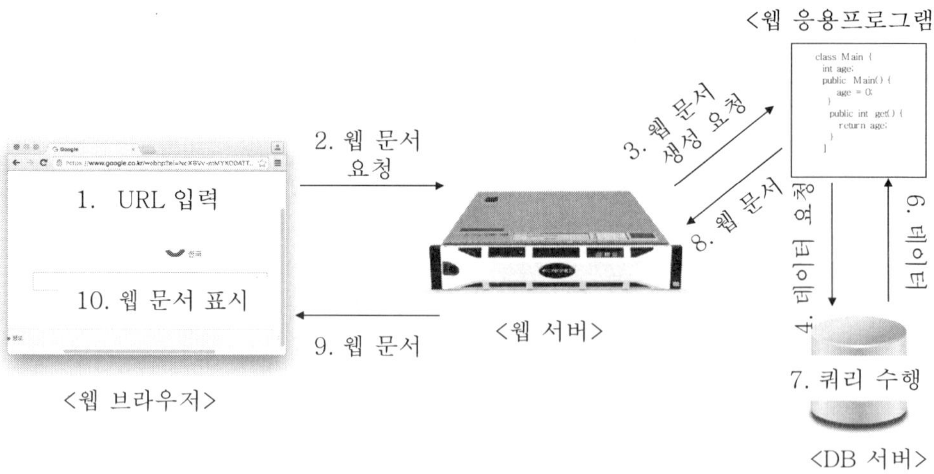

그림 2.2: 사용자 지향 서비스를 위한 클라이언트-서버 모델

웹 서버에게 전달이 되며, 이것이 앞서 그림 2.1에 나타낸 것과 같이 단순 웹 문서를 요청한 것이라면 웹 서버는 지역 저장 장치 또는 스토리지에 저장되어 있는 웹 문서를 웹 브라우저에게 전달을 한다. 웹 브라우저가 전송한 URL이 단순 웹 문서가 아니라 웹 서비스를 제공하는 웹 응용 프로그램이라면, 웹 서버는 웹 브라우저에게 전달한 웹 문서 생성을 위해 웹 응용 프로그램을 실행시킨다.

웹 응용 프로그램의 기본 기능은 사용자에게 제공할 웹 문서를 생성하는 것이다. 이 웹 문서를 생성하기 위해 필요한 각종 파라미터들은 웹 서버로 부터 전달받으며, 이것을 이용하여 필요하다면 DB 서버에 데이터 접근을 위한 질의(query)를 전송한다. DB 서버는 웹 응용 프로그램의 데이터의 요청에 따라 저장하고 있는 데이터를 웹 응용 프로그램에게 전달을 하며, 웹 응용 프로그램은 이를 기반으로 웹 문서를 생성한다. 웹 서버는 웹 응용 프로그램이 생성한 웹 문서를 URL에 지정된 프로토콜에 따라 웹 브라우저에게 전송을 하며, 이를 웹 브라우저가 화면에 표현함으로써 사용자가 요청한 정보를 제공하거나 기능을 수행할 수 있다.

그림 2.2에 표현한 모델에서 데이터를 저장하는 부분은 'DB 서버'이며, 데이터를 기반으로 웹 무서를 생성하는 부분은 '웹 응용 프로그램'이다. 또 웹 브라우저로 부터

웹 서비스 요청을 받고, 그 요청에 따라 웹 문서를 웹 브라우저에게 전송하는 것은 '웹 서버'이다. 이처럼 웹 서비스 제공을 위해 각 기능을 분리함에 따라 더 효과적인 사용자 지향의 서비스(user-oriented service)를 제공할 수 있다.

이러한 모델을 기반으로 하여 과거에는 웹 서비스가 단순 정보 제공을 목적으로 서비스되었다고 한다면 최근에는 웹 브라우저를 사용하는 사용자와의 다양한 상호 작용을 통해 기업 업무용, 연구용 등 다양한 분야에서 웹 기반 응용 서비스를 제공하고 있다. 금융 분야의 기업들은 안전성과 신뢰성을 최우선 순위에 두기 때문에 신기술에 대해 상대적으로 보수적일 수 밖에 없음에도 불구하고 웹을 기반으로 한 다양한 서비스를 제공하고 있다.

2.3 보안 단계

그림 2.2에 나타낸 사용자 지향의 웹 서비스 모델은 다양한 형태의 서비스가 가능하며, 웹 기술을 기반으로 하고 있기 때문에 웹 브라우저가 설치되어 있는 장치에서는 별도의 프로그램 설치를 하지 않고도 이용할 수 있다는 장점이 있다[2]. 즉, 장치 독립적인 서비스가 가능하다. 따라서 스마트폰, 태플릿 장치 등 모바일 장치 사용이 일반화되어 있으며, 이를 이용하여 사용자들이 다양한 업무를 수행하고 있기 때문에 다양항 응용 분야에서 클라이언트-서버 모델을 기반으로 한 사용자 지향 웹 서비스의 중요성은 더욱 증가할 것이다.

그림 2.2에 보인 다양한 응용 분야에서의 웹 서비스를 위한 클라이언트-서버 모델은 정보 보안의 관점에서 정보 보안을 위해 고려해야 하는 보안 요소가 증가되었다. 그림 2.3은 그림 2.2에 보인 클라이언트-서버 모델에서 기업이 고려해야 하는 보안 요소로서 시스템, 네트워크, 웹 서비스, 데이터베이스가 있다.

시스템 보안요소는 운영체제, 유틸리티 등이 있다. 운영체제는 컴퓨터 시스템 사용을 위한 기본적인 시스템 소프트웨어로서 윈도즈 7, 리눅스, OSX 등이 있다. 윈도즈 7

[2]웹 표준을 준수하며 설계된 웹 서비스는 장치의 종류와 운영체제 등의 플랫폼에 독립적으로 웹 브라우저를 사용하여 이용할 수 있다.

은 마이크로소프트사에서 개발한 것으로 많은 사용자층을 확보하고 있으며, 기업에서 업무용으로 사용한 많은 소프트웨어들이 이 운영체제를 기반으로 하여 개발되었다. 리눅스는 공개용 운영체제로서 아주 작은 규모의 임베디드 시스템에서 부터 대규모 컴퓨터들이 연결되어 있는 클라우드까지 다양한 분야에서 사용되고 있다. 또 최근에는 웹 서버, DB 서버 등의 서버 시스템을 위한 운영체제로서 많이 사용되고 있다. 이 운영체제는 특정 기업이 소유하고 있지 않은 공개 소프트웨어이기 때문에 도입 비용 절감 등의 장점을 갖고 있다. OSX는 애플사가 개발한 운영체제로서 그들이 개발, 판매하고 있는 컴퓨터 하드웨어에서만 동작을 하는 다소 폐쇄적인 특징을 갖고 있다.

운영체제는 매우 많은 시스템 요소들이 상호 작용을 통해 그 서비스를 제공하고 있기 때문에 보안과 관련된 알려진 또는 알려지지 않은 문제점들을 내포하고 있다. 따라서 각 운영체제를 개발, 공급하고 있는 업체들은 정보 보안과 관련된 새로운 위험 요소가 발견될 때마다 그들의 운영체제 업데이터를 제공하고 있다. 따라서 이들 운영체제가 동작하고 있는 컴퓨터를 사용하는 기업은 마이크로소프트 등 운영체제를 공급하는 곳에서 제공하는 업데이트를 주기적을 설치하여 사용하고 있는 운영체제를 최신으로 유지하는 것이 필요하다.

정보 보안을 위한 기업들은 전문 유틸리티 프로그램을 이용할 수 있다. 대표적인 정보 보안 유틸리티로는 바이러스 검출 및 제거를 위한 백신, 각종 암호화 소프트웨어 등이 있다. 일반 기업은 이러한 종류의 유틸리티 프로그램을 이용하여 일정 수준의 정보 보안을 할 수 있다. 예를 들어, 기업이 자신이 확보하여 저장하고 있는 정보를 적절한 방법으로 암호화하였다면 암호화된 정보가 유출되었다 하더라도 그것을 확보한 누군가가 정보의 내용을 확인할 수 없기 때문에 정보 자체는 보호를 할 수 있다. 이와 관련한 내용는 제 7 장에서 자세히 설명을 한다.

앞서 기술한 것과 같이 네트워크에 연결된 클라이언트와 서버간의 데이터 교환을 통해 다양한 업무들이 이루어 지고 있다. 최근 기업의 일상적인 업무들은 위해 전자메일 교환, 일정 공유, 원격 미팅, 업무 처리 등이 인터넷을 기반으로 수행되고 있으며,

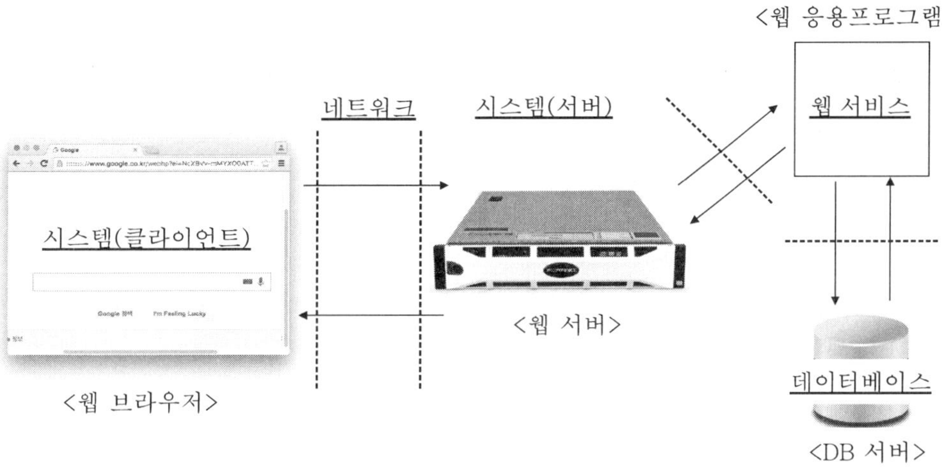

그림 2.3: 클라이언트-서버 모델의 보안 요소

각 컴퓨터 간의 정보 교환은 인터넷 즉, 네트워크를 통해 이루어 진다. 따라서, 네트워크를 통해 전송되는 정보에 대한 보안도 매우 중요하다. 네트워크 보안에 대한 것은 제 4 장에서 설명을 한다.

기업의 경영, 경제 활동은 웹을 기반으로 하고 있음을 앞에서 기술하였다. 즉 기업에 대한 단순한 정보 제공에서 부터 기업의 주요 업무 처리 및 서비스 제공 등 다양한 서비스들이 웹 기술을 기반으로 하고 있으며, 이를 위해 기업은 각종 웹 서비스를 연구, 개발하고 있다. 다양한 웹 서비스 제공을 위해 기업의 각종 웹 응용 프로그램은 서버, 데이터베이스, 인트라넷 등 기업에서 보유하고 있는 각종 자원들과 상호 연동이 필요하다. 기업의 서버, 데이터베이스, 인트라넷 등은 네트워크 보안을 통해 물리적 또는 논리적으로 외부와 분리시켜 기업 외부에서의 허용되지 않은 접근을 차단할 수 있지만 많은 웹 서비스는 기업의 보안 정책을 적용하거나 강제할 수 없는 외부에 공개되어 있다. 외부에 공개되어 있는 웹 서비스가 보호되고 있는 기업의 내부 자원들과 연동되어야 하는 서비스 구성은 정보 보호의 취약성을 내포하고 있다고 할 수 있다. 즉, 웹 서비스의 취약한 정보 보안은 웹 서비스뿐만 아니라 서버, 데이터베이스, 인트라넷 등 이 서비스와 연동되고 있는 내부 정보 자원 전체의 정보 보안 수준을 감소시킬 수 있다.

대규모 정보 보안 사고 사례를 분석해 보면 기업이 각종 정보 보안 정책 수립 및 실현을 위해 정보 보안과 관련하여 장비, 솔루션 등에 많은 투자를 하고, 정해진 메뉴얼에 따라 정상적으로 운영했음에도 불구하고 정보 보안 사고가 발생한 원인 중의 하나가 정보 보안을 고려하지 않은 웹 서비스를 위한 응용 프로그램에 있음을 알 수 있다. 정보 보안을 고려한 웹 서비스의 개발은 웹 서비스를 제공하는 기업이라면 반드시 고려해야 하는 정보 보안 요소이다. 따라서 최근의 정보 보안은 기존의 정보 보안이 네트워크 보안, 접근 권한 제어 등과 더불어 웹 서비스– 웹 응용프로그램 – 보안에도 투자와 개발이 이루어 지고 있다. 웹 서비스를 위한 정보 보안은 제 6 장에서 다룬다.

데이터베이스는 기업의 데이터 자산을 저장, 질의, 관리하는 것으로 효율적인 데이터 저장 및 추출 뿐만 아니라 인가되지 않은 데이터 접근에 대해 적절히 차단 또는 거부할 수 있어야 한다. 이를 위해 데이터베이스 관리 시스템은 자체 접근 제어 및 암호화를 지원하고 있다. 그러나 데이터베이스에 저장되는 모든 데이터를 대상으로 암호화하는 것은 데이터베이스 성능에 부정적 영향을 줄 수 있기 때문에 데이터베이스에 저장되는 필드 데이터의 종류와 기업에서 제공하는 서비스 및 보안 정책에 따라 암호화의 범위를 적절히 결정하여야 한다. 데이터베이스 보안에 대한 것은 제 5 장에서 다룬다.

CHAPTER 3

정보 보안 관련 법

예비 창업자는 창업을 했을 때 창업 기업의 제품 또는 서비스 제공과 관련하여 다양한 기업 활동을 하게 된다. 또한 등록된 사업자가 준수해야 하는 다양한 법률이 존재하며, 이 법률이 허용한 범위 내에서 활동을 해야 한다. 우리 정부는 개인, 조직, 기업의 정보 자산 유출, 파괴, 변조 등으로 인해 발생하는 다양한 피해 및 파급 효과를 제거하기 위해 정보 보호와 관련한 법률과 규정을 제정하고, 이를 위반한 경우에 벌금, 영업정지, 관련자 입건 등 다양한 제재를 가하고 있다. 따라서 창업 기업도 정보 보호를 위해 제정되어 있는 각종 법률을 준수함으로써 향후 발생할지도 모를 정보 유출 등으로 인한 피해를 최소화하거나 제거하여야 한다. 이 장에서는 우리나라 정부에서 제정한 정보보호 관련 각종 법률[1,2]을 기술하여 기업의 정보 자산을 구축, 보관, 활용할 때 법률 위반으로 인한 기업 활동의 제한, 벌금 납부, 소송 등의 문제 발생 원인을 소개한다.

[1]이 장에서 소개하는 법률에 대한 해석은 법의 취지와 다를 수 있다. 각 법률에 대한 저자의 소개는 관련 법률을 정의하고 있는 본문의 문구에 대한 정보 보호라는 관점에서 기술한 것이며, 실제 법률의 해석은 다를 수 있음을 밝힌다. 다만 이 장에서 소개하는 것은 정보 보호와 관련된 법률이 제정되어 있으며 그 내용을 침해하지 않기 위해 1인 기업 또는 창업 초기 기업이 고려해야 하는 내용을 소개하기 위한 것이다. **법률이 정하고 있는 더 자세한 취지와 해석 방법 및 적용 방법 등은 반드시 관련 전문가의 의견을 물어야 한다.**

[2]이 장에서 소개하고 있는 정보 보호 관련 법령 자료는 대한민국 행정자치부에서 운영하고 있는 개인정보보호 종합포털 시스템에 탑재되어 있는 것을 경찰청 사이버안전국에서 유형별 적용법규를 분류해 놓은 것을 바탕으로 정보보호관련 내용만을 정리한 것이다. 개인정보보호 관련 법령 전문을 참고하고자 하는 독자는 개인정보보호 종합포털 시스템(http://www.privacy.go.kr)에서 관련 정보를 획득할 수 있다.

3.1 개인정보침해 관련 법규

기업은 기업 활동을 위해 축적하고 있는 개인정보를 적절하게 보호해야 함과 동시에 그 수집하는 것도 합법적인 방법으로 이루어져야 한다. 이와 관련한 법율은 다음과 같다.

정보통신망 이용촉진 및 정보보호등에 관한 법률

기업은 서비스 제공을 위해 개인정보를 수집해야 하는 경우가 있다. 이때 기업에서 채용하고 있는 근로자 중 일부는 그 직무상 기업이 축적하고 있는 고객의 개인정보에 접근할 수 있는 권한을 가질 수 있다. 개인정보에 접근할 수 있는 권한을 가진 근로자가 그 직무상 알게된 정보를 누출하는 것을 방지하는 법률은 다음과 같다.

제28조의2 (개인정보의 누설금지)

1. 이용자의 개인정보를 취급하고 있거나 취급하였던 자는 직무상 알게 된 개인정보를 훼손·침해 또는 누설하여서는 아니 된다.
2. 누구든지 그 개인정보가 누설된 사정을 알면서도 영리 또는 부정한 목적으로 개인정보를 제공받아서는 아니 된다.

이 법 조항이 정의하고 있는 것은 업무상 알게된 개인정보를 보호해야 하는 것과 정당한 절차없이 부정한 방법으로 개인정보를 수집해서는 안된다는 것이다. 기업이 서비스 제공을 위해 부득이 하게 개인정보 수집에 대한 동의를 받은 후 개인정보를 수집했을 경우에도 담당자는 그 개인정보를 보호해야 하는 책임과 의무가 있음을 이 법률에서 정의하고 있다. 그러나 기업이 정당한 절차를 거쳐 개인정보를 수집, 보관하고 있다고 하더라도 그 정보는 동의를 받은 목적에서 정한 바에 따라 사용되어야 한다. 따라서, 기업이 보유하고 있는 정보를 추가적인 동의없이 다른 기업 또는 조직에 제공하는 것도 이 법률에 위배되는 것이다

개인정보를 수집함에 있어 그 출처가 명확하지 않거나 어떤 기업 또는 조직이

정당한 절차에 따라 수집된 개인정보가 누출된 것임을 알면서도 기업이 개인정보를 제공받거나 수집하는 것은 법률에 위배됨을 정의하고 있다. 즉 기업은 개인정보를 제공하는 개인으로 부터 직접 개인정보 수집 동의을 받았거나 제 3자에게 개인정보를 제공할 수 있음[3]에 동의한 개인이 제공한 정보를 수집한 기업 또는 조직으로 부터 정당한 절차를 거쳐 제공 받은 개인정보를 수집하여 활용할 수 있다. 이렇게 수집된 개인정보에 대한 정보 보호는 개인정보를 수집 또는 제공받은 기업이 반드시 지켜야 하는 의무이자 책임이다.

1인 창업 또는 창업 초기 기업은 기업의 규모와 기업 활동을 전개한 기간이 길지 않기 때문에 수집, 저장하고 있는 개인정보의 양이 많지 않을 것으로 예상된다. 그러나 수집, 저장하고 있는 개인정보의 양에 상관없이 개인정보를 수집, 저장하고 있기 때문에 창업 기업은 법에서 정한 규정을 준수하며 개인정보를 수집, 저장해야 해야 하며, 개인정보 유출에 따른 책임과 의무 또한 다 해야 한다.

이러한 개인정보의 누설금지 법률은 기업의 업무 담당자가 반드시 지켜야 하는 것이며, 만약 그 법률을 위배한 경우에 기업 또는 그 담당자가 감당하게 되는 법률적 책임은 다음과 같다. 다음은 앞의 개인정보의 누설금지 조항을 위반 하였을 경우에 부가되는 법률적 조치 사항을 나타낸 것이다.

제71조 (벌칙)

다음 각 호의 어느 하나에 해당하는 자는 5년 이하의 징역 또는 5천만원 이하의 벌금에 처한다.

5. 제28조의2제1항(제67조에 따라 준용되는 경우를 포함한다)을 위반하여 이용자의 개인정보를 훼손·침해 또는 누설한 자
6. 제28조의2제2항을 위반하여 그 개인정보가 누설된 사정을 알면서도 영리 또는 부정한 목적으로 개인정보를 제공받은 자

이 법률의 기본 내용은 수집한 개인정보의 관리 책임을 다하지 못했거나 법에서

[3]물론 '제 3자'에 해당하는 기업들의 명칭이 포함되어 있어야 하며, 그렇게 개인정보를 제공받는 기업은 반드시 '제 3자'에 포함되는 기업 중에 하나이어야 한다.

정한 방법에 따라 수집한 개인정보가 아닌 것을 수집, 저장, 이용한 기업 또는 관련자에게 5년 이하의 징역 또는 5천만원 이하의 벌금을 부가하는 것이다. 이와 관련하여 법률적 제재를 받은 기업은 금전상의 손실보다도 기업 신뢰도 추락에 따른 무형의 손실이 더 심각한 영향을 줄 수 있다. 특히 창업 초기 기업은 개인정보 관리 소홀로 인한 기업 활동의 부정적 영향이 시장 안착을 지연시킬 수 있다.

형법

앞서 기업이 서비스 제공을 목적으로 개인정보를 수집하는 경우에 개인정보 수집에 대한 개인 동의를 받아야 하며, 개인 동의를 직접 받지 아니하더라도 개인정보 제공을 동의한 '제 3자' 이어야 함을 기술하였다. 이것은 기업이 합법적인 절차에 따라 개인정보를 수집, 보관, 이용하여야 함을 의미하는 것이다. 이와 관련하여 형법에서는 비밀침해와 관련한 법을 다음과 같이 정하고 있다.

> **제316조 (비밀침해)**
>
> 2. 봉함 기타 **비밀장치한 사람**의 편지, 문서, 도화 또는 전자기록 등 특수매체기록을 **기술적 수단을 이용하여 그 내용을 알아낸 자**도 제1항의 형(3년 이하의 징역이나 금고, 또는 500만원 이하의 벌금)과 같다.

이 법률이 비밀침해에 대해 정하고 있는 내용 중에 '비밀 장치한' 이라는 구절은 정보를 소유하고 있는 사람이 그 정보를 보호하기 위한 행위를 하고 있음을 의미한다. 즉, 개인, 기업 또는 조직이 그들이 보유하고 있는 정보를 보호하기 위해 암호화, 접근제어 등의 조치를 취하고 있음을 의미한다고 할 수 있다. 이처럼 보호되고 있는 정보를 대상으로 '기술적인 수단'을 통해 그 내용을 회득한 경우가 비밀침해라고 이 법률은 정의하고 있다[4]. 기업이 실행할 수 있는 '기술적 수단'의 형태로는 해킹을 통한 정보

[4] 2016년 초 미국 FBI가 테러범이 사용한 스마트 폰의 잠금해제를 스마트 폰 설계 업체에게 요청한 사례를 보면 공공의 안전과 개인정보 보호가 상호 대립적인 권리와 의무인 것으로 보인다. 잠금 설정이 되어 있는 스마트 폰을 잠근 해제하려는 FBI의 시도는 비밀침해에 해당하지만 그 목적이 공공의 안전을 위한 것이라면 비밀침해에 해당하는 가에 대한 논란은 여전히 있다. 이 책에서는 이처럼 특수한 경우가 아닌 기업의 일반적인 그리고, 일상적인 정보 수집 활동으로 한정하여 정보 보호에 대해 기술한다.

유출, 암호화 문서의 불법적 해제 등이 될 수 있다. 즉, 이 법률은 기업이 비밀침해로 분류될 수 있는 활동을 통해 정보를 수집하였다면 그것도 법률 위반이 됨을 명시하고 있다.

만약 정보를 소유하고 있는 개인, 기업이 그 정보를 보호하기 위한 조치를 취하지 않았고, 임의의 '기술적 수단'을 활용하지 않고 그 정보를 수집한 기업은 비밀침해에 해당한다고 할 수 없을 것이다. 먼저 그 정보를 보호하기 위한 정보 소유자의 행위가 없었고, 그 정보를 취득한 기업도 그 정보를 획득함에 기술적 수단을 활용한 것이 아니기 때문에 기업이 비밀침해를 하였다고 하기 어렵다. 그러나 기업이 그 정보를 소유자의 동의없이 사용을 하였다면 비밀침해에 해당하는 것이 아니라 저작권침해에 해당될 것이다. 따라서 수집한 정보를 사용하는 기업은 그 정보의 수집과정의 정당성과 사용권리 확보의 정당성을 확보하여야 한다.

정보통신망 이용촉진 및 정보보호등에 관한 법률

기업 활동과 관련한 많은 업무와 서비스 등이 인터넷을 통한 정보 교환을 통해 이루어지고 있다. 즉 인터넷이라는 정보 전송 매체를 통해 서비스를 제공 받고자 하는 측 –클라이언트, client– 은 서비스 요청 관련 정보를 전송하고, 서비스를 제공하는 측–서버, server– 은 클라이언트로 부터 수신한 정보를 기반으로 하여 관련 서비스를 제공한다. 이러한 동작은 앞서 23 쪽의 그림 2.1에서 설명을 한 바가 있다.

기업이 인터넷과 같은 정보통신망을 이용하여 각종 서비스를 제공할 때에 가장 중요한 요소 중의 하나가 정보통신망을 통해 전송되는 데이터의 무결성이다. 즉, 이것은 전송 매체를 통해 전송되는 중에 데이터가 불법적으로 변경되거나 훼손되지 않아야 함을 의미한다. 이를 위해 법 규정은 다음과 같다.

> **제49조 (비밀 등의 보호)**
> 누구든지 정보통신망에 의하여 처리·보관 또는 전송되는 **타인의 정보를 훼손**하거나 타인의 비밀을 침해·도용 또는 누설하여서는 아니된다.

보통의 기업은 그들의 활동을 위해 타인의 정보를 의도적으로 훼손하거나 왜곡을 하지 않을 것이다. 그러나 기업은 정보통신망을 통해 전송되는 정보를 변경하거나 훼손시키려는 불법적인 시도를 차단시킬 수 있는 조치를 사전에 취해야 한다. 즉, 타인의 정보에 대한 변경, 훼손 등이 예상되는 상황에서 그것에 대한 대응책을 적절하게 수립하고 실시하지 않아 발생하는 사고도 기업이 '비밀 등의 보호' 의무를 충실히 하였다고 볼 수 없다.

예를 들어, 3 쪽의 1.2.1 절에서 소개한 KT의 사례에서 KT는 타인의 비밀 즉, 개인정보를 '지극히' 정상적인 요청에 따라 제공을 했지만, 그 요청이 조작된 요청이라는 것을 확인하는 절차가 없었기 때문에 결국 수많은 개인정보를 누설하는 결과가 되었다. 이 사례에서 KT는 '비밀 등의 보호' 의무를 충실히 수행하였다고 할 수 없다고 생각된다. 왜냐하면 타인의 비밀을 보호해야 하는 책임을 가진 KT가 소프트웨어 설계상의 허점을 충분히 고려하지 않았고, 이것이 원인이 되어 타인의 비밀을 누설하였기 때문이다[5]. 비밀 등의 보호 의무를 다하지 못한 개인 또는 기업이 져야 하는 법적인 책임은 다음과 같다.

> **제71조 (벌칙)** 다음 각호의 1에 해당하는 자는 5년 이하의 징역 또는 5천만원 이하의 벌금에 처한다.
>
> 6. 제49조의 규정을 위반하여 타인의 정보를 훼손하거나 타인의 비밀을 침해 · 도용 또는 누설한 자

통신비밀보호법

기업의 컴퓨터 시스템 등에 저장되어 있는 정보 자산에 접근 권한없이 접근하는 것이 형법에서 정한 비밀침해에 해당된다면 통신망을 통해 전송되는 데이터를 엿보기하는 것은 통신비밀보호법의 통신 및 대화비밀의 보호에 위배되는 것이다. 이와 관련한

[5]KT의 입방에서는 다소 억울한 측면도 있지만 고객의 개인정보를 보호할 책임은 분명 KT에게 있다.

법은 다음과 같다.

> **제3조 (통신 및 대화비밀의 보호)**
>
> 1. 누구든지 이 법과 형사소송법 또는 군사법원법의 규정에 의하지 아니하고는 우편물의 검열·**전기통신의 감청** 또는 통신사실확인자료의 제공을 하거나 공개되지 아니한 타인간의 대화를 녹음 또는 청취하지 못한다.

인터넷을 통해 데이터를 교환하는 두 컴퓨터 시스템이 효율적이고 신뢰성있는 통신을 위해 제 4 장에서 소개할 TCP/IP 프로토콜을 사용한다. 프로토콜은 두 시스템 간 데이터 교환을 위해 지켜야 하는 통신 규약들로서 표준화된 통신 방법을 정의하고 있다. 따라서 누군가가 이 통신 규약을 이용하여 통신망을 통해 전송되는 데이터를 엿볼 수(감청) 있다. 이와 관련한 내용은 제 53 장에 있는 4.3 절에서 기술한다.

이 법에 의하면 형사소송법과 군사법원법의 규정에 의하지 않고 통신망을 통해 전송되는 데이터를 엿보는 것은 분명한 위법임이 명확하다. 하지만 표준 프로토콜을 이용하여 정보통신망을 통해 전송되는 데이터가 '엿보기'될 수 있음을 알고 인터넷을 통해 서비스를 제공하는 기업은 이를 위한 조치를 사전에 취하는 것이 필요하다. 특히 통신망을 통해 전송되는 데이터가 개인정보, 결재 정보 등과 같이 '엿보기'가 되었을 경우에 미치는 영향과 파장이 큰 경우에는 기업의 사전 조치가 요구된다. 즉 누군가가 통신망을 통해 전송되는 데이터를 '엿보기'하는 것이 불법이라는 사실이 이로 인한 중요 정보 유출의 책임에서 기업이 자유로울 수 없다. 특히 우리나라의 법이 적용되는 범위를 벗어나는 외국에서의 '엿보기' 시도와 그 결과에 따른 파장을 누군가에게 책임을 묻는 것은 현실적으로 어려움이 있을 것이다.

기업이 취할 수 있는 정보의 안전한 전송을 위한 간단한 조치 방법은 암호화 또는 보호 채널(secure channel)의 이용이다. 기업이 전송할 중요 정보를 암호화하여 전송을 한다면 누군가가 그 암호화된 데이터를 '엿보기'하였더라도 그 내용을 해독할 수 없거나 그 해독의 비용이 엿보기한 데이터의 가치보다 크다면 해독을 하지 않을 것이다. 암호화를 통해 기업은 중요 데이터 보호를 위한 최소한의 그러나 효과적인 활동을 하였다고 할 수 있다.

이 법에서 정의하는 비밀의 내용은 국가 기밀, 법령에 의한 직무상 비밀, 신용정보전산시스템의 정보 등이 있으며 이를 어겼을 때 적용되는 처벌 법규도 각각 별도 정하고 있다. 관련 법규의 자세한 내용은 개인정보보호 종합포털 시스템에 탑재되어 있다. 통신비밀보호법에서 정의하는 벌칙 규정은 다음과 같다.

제16조 (벌칙)

1. 다음 각호의 1에 해당하는 자는 10년 이하의 징역과 5년 이하의 자격정지에 처한다.
   a) 제3조의 규정에 위반하여 우편물의 검열 또는 전기통신의 감청을 하거나 공개되지 아니한 타인간의 대화를 녹음 또는 청취한 자
   b) 제1호의 규정에 의하여 지득한 통신 또는 대화의 내용을 공개하거나 누설한 자

3.1.1 주민등록법

우리나라는 각 개인을 식별하기 위한 세계에서 가장 강력한 식별 번호 체계인 주민등록번호를 운영하고 있다. 따라서 우리나라에서 발생하는 많은 개인정보 유출 사고에서 유출된 주요 정보로는 주민등록번호가 있다. 우리나라 정부에서는 주민등록번호 등과 같이 개인을 식별할 수 있는 주요 정보를 데이터베이스 등에 저장, 보관할 경우에 반드시 암호화하도록 정하고 있다. 개인정보보호 관련 주민등록법에서 정하고 있는 규정은 다음과 같다.

제7조 (주민등록표 등의 작성)

4. 주민등록표와 세대별 주민등록표 색인부의 서식 및 기록·관리·보존방법 등에 필요한 사항과 주민등록번호를 부여하는 방법은 대통령령으로 정한다.

주민등록번호를 부여하는 것은 우리나라 정부가 하지만 그것을 이용하여 개인에게 각종 서비스를 제공하는 것은 기업이기 때문에 주민등록번호를 수집하고 보관하며 이용하는 과정에 있어 그 정보가 다른 목적으로 사용되지 않도록 관리하는 것은 기업의 책임이자 의무이다. 따라서 기업은 개인의 주민등록번호를 수집할 때 수집의 목적을 명확히 밝히고, 그 목적을 이해한 개인으로부터 사용 동의를 받아야 한다. 기업은 수집한 주민등록번호를 자기 디스크, 그 밖에 유사한 방법으로 파일 또는 데이터베이스에 저장할 때 안전하게 보관을 해야 한다. 또 기업은 개인이 동의한 사용 목적을 달성한 경우에는 주민등록번호를 안전하게 파기 또는 삭제하여야 한다.

3.2 해킹 관련 법규

해킹(hacking)은 " 전자 회로나 컴퓨터의 하드웨어, 소프트웨어, 네트워크, 웹사이트 등 각종 정보 체계가 본래의 설계자나 관리자, 운영자가 의도하지 않은 동작을 일으키도록 하거나 체계 내에서 주어진 권한 이상으로 정보를 열람, 복제, 변경 가능하게 하는 행위를 광범위하게 이르는 말"이라고 정의된다[7].

최초 해킹은 다른 사람이 시도하지 않은 창의적 방법을 사용하는 긍정적 의미로 사용이 되었다면 최근에는 다른 사람의 컴퓨터 시스템 또는 통신망에 정당한 접근 권한없이 접근하여 시스템 또는 통신망을 파괴 또는 정보를 유출하는 행위로 이해되고 있다. 따라서 각종 정보보호 관련 사고가 발생했을 때 해킹 또는 해커(hacker, 해킹을 하는 사람)라는 용어가 각종 언론 매체의 보도 자료에 집중적 인용되고 있다.

사실 해킹하는 행위 자체는 범죄로 보기에 다소 무리가 있지만 그 행위로 인해 개인 또는 조직에 직간접적인 피해가 발행하거나 그럴 의도를 가지고 있다면 범죄행위로 분류될 수 있다. 따라서 이 절에서는 범죄행위로서의 해킹과 관련된 법 규정을 소개한다.

정보통신기반 보호법

기업은 그들이 저장하고 있는 정보 자산을 보호하는 기본적인 활동은 접근 제어이다. 즉, 접근 권한을 갖지 않은 누군가가 기업의 정보 자산에 접근하지 못하도록 조치하는 것이다. 그러나 합법적인 접근 권한을 갖지 않은 해커가 기업의 정보 자산에 접근 시도하는 것을 방지할 수는 없다. 이와 관련한 법규정은 다음과 같다.

제12조 (주요정보통신기반시설 침해행위 등의 금지)

누구든지 다음 각호의 1에 해당하는 행위를 하여서는 아니된다.

1. 접근권한을 가지지 아니하는 자가 주요정보통신기반시설에 접근하거나 접근권한을 가진 자가 그 권한을 초과하여 저장된 데이터를 조작·파괴·은닉 또는 유출하는 행위

이 법에서는 두 가지 종류의 행위 즉,'접근 권한을 가지지 아니하는 자가 접근하는 것'과 '접근 권한을 초과하여 접근하는 것'을 이 법규의 제목에서 표현한 침해 행위를 위한 시도로 규정하고 있다. 즉 기업의 정보 자산에 접근할 수 있는 권한을 가진 사람이 그에게 부여된 접근 권한으로는 접근할 수 없는 정보 자산에 접근하려는 시도도 침해행위를 목적으로 한 시도로 정의되고 있다.

이 법에 의하면 침해행위는 접근 권한이 없는 사람이 저장된 데이터를 조작, 파괴, 은닉 또는 유출 행위이다. 따라서 침해 행위를 목적으로 반복적인 접근 시도를 하는 행위 자체는 침해 행위라고 할 수 없다. 또 반복적인 접근 시도의 결과 기업의 정보 자산에 대한 접근에 성공했지만 정보 자산에 대한 조작, 파괴, 은닉 또는 유출하는 행위를 하지 않고 접근 제어가 되어 있는 정보 자산에 '접근하는 것' 자체에 목적[6]을 두었다면 침해행위라고 할 수 없을 것이다. 그러나 정보통신기반 보호법에는 '접근 시도' 자체를 처벌할 수 있는 벌칙 규정을 다음과 같이 정의하고 있다.

[6]많은 해커들은 해킹 활동을 통해 어떤 금전적 이익을 취하기 보다는 '접근에 성공'했다는 것 자체를 목적에 두고 있기도 하다.

제28조 (벌칙)

1. 제 12 조의 규정을 위반하여 주요정보통신기반시설을 교란·마비 또는 파괴한 자는 10 년 이하의 징역 또는 1 억원 이하의 벌금에 처한다.
2. 제 1 항의 미수범은 처벌한다.

이 벌칙 규정은 침해행위로 인해 주요정보통신기반시설이 교란, 마비, 파괴된 경우에 벌칙 정의하고 있다. 따라서 접근 시도만 한 경우는 이 벌칙 규정에 정의한 교란, 마비, 파괴에 해당하지 않기 때문에 이 규정에 따른 제재를 할 수 없다. 물론 '접근 시도' 자체를 주요정보통신기반시설에 대한 교란으로 볼 수 있다면 이 벌칙 규정 1 항에 따라 처벌할 수 있을 것이다. 그러나 '접근 시도'에 대한 처벌 규정은 이 벌칙 규정 2항에서 명확히 하고 있다. 즉 제 1항의 '미수범'은 처벌한다라고 정의하고 있는 2 항은 '접근 시도'를 했지만 접근에 성공하지 못한 경우에도 처벌할 수 있는 법적인 근거를 마련하고 있다.

기업은 자신의 정보 자산에 대한 침해행위 또는 그것을 위한 시도가 있는 경우에 그 근원지와 침해행위를 한 사람을 찾을 수 있는 경우에 이 법을 근거로 하여 제재를 법원에 요청을 할 수 있다. 그러나 기업 등의 정보 자산에 인증 받지 않는 접근 시도는 그 근원지가 우리나라의 법 적용이 되지 않는 외국인 경우가 많으며, 침해행위자를 명확하게 밝힐 수 있는 경우가 많지 않은 것으로 보인다. 따라서 기업은 그들의 정보 자산을 보호하기 위한 적극적인 정보보호 활동이 요구된다. 이를 위한 구체적 활동으로는 기업의 정보 자산이 외부에 노출되지 않도록 방화벽 등을 이용하여 네트워크 보호를 강화하고, 불필요한 접근 요청은 사전에 차단될 수 있도록 네트워크 보안을 실행해야 한다. 또 침해행위자가 기업의 정보 자산에 접근하는데 성공하여 유출되었다고 하였더라도 그 내용을 해독할 수 없도록 암호호하는 등의 조치를 취함과 동시에 정보의 조작, 파괴, 은닉이 되었을 때 즉시 복구할 수 있는 적절한 백업 체계도 갖추어야 한다.

기업이 보유하고 있는 정보 자산의 양과 질은 기업의 경쟁력을 결정하는 중요한 요소 중의 하나이다. 따라서 많은 기업들은 경제 흐름, 시장 상황, 고객의 성향 등과 관련된 정보 수집을 위해 다양한 방법을 사용하고 있다. 특히 창업 초기의 기업은 관련 정보의 양과 질의 측면에서 이미 시장에 안착해 있는 다른 기업들에 비해 부족하기 마련이다. 따라서 정보의 부족으로 어려움을 겪는 창업 초기의 기업은 정보 수집의 한 방법으로 다른 기업의 정보 자산에 접근하여 관련 정보를 유출하고자 하는 유혹이 있을 수 있다. 이 방법은 짧은 시간 내에 대량의 고품질 데이터를 확보할 수 있는 방안으로 보이기 때문이다. 그러나, 이것은 타 기업의 정보 자산에 대한 침해행위임이 명백하다. 이러한 침해행위를 한 기업은 향후 극복할 수 없는 정도의 심각한 제재와 더불어 기업 신뢰성 하락으로 인한 시장에서의 퇴출까지도 발생할 수 있다. 따라서 창업 기업을 포함한 기업들은 자신의 정보 자산이 보호되어야 함과 같이 타 기업의 정보 자산도 보호되어야 함을 인식하는 것이 필요하다.

3.3 인터넷사기 관련 법규

인터넷의 일반화는 다양한 분야에서 새로운 서비스를 개발, 제공할 수 있는 기반이 되었다. 따라서 과거[7]에는 반드시 대면(face-to-face)을 기반으로 한 서비스가 지금은 비대면 서비스가 가능하게 되었다.

인터넷을 통한 대표적 비대면 서비스는 물품의 거래 즉, 쇼핑이다. 예전에는 물품을 공급하는 공급자와 그것을 소비하는 소비자가 같은 시간에 같은 장소에 모여 거래 물품을 확인하고, 구입 금액을 지불함으로써 거래가 이루어 졌다. 그러나 현재는 소위 '인터넷 쇼핑'을 통해 소비자는 자신이 있는 장소와 편한 시간에 구입하고자 하는 물품을 선택할 수 있으며, 전국에 있는 공급자가 공급하는 물품의 가격을 비교하고, 물품에 대한 평을 조사하여 주문을 한다. 물품 구입 금액의 결재는 신용카드, 휴대폰 결재, 자금 이체 등의 방법을 통해 이루어 지며, 주문된 물품은 공급자가 택배

[7]과거라고 하더라도 수 십여년 전이 아닌 수년 전을 의미한다.

서비스를 이용하여 소비자에게 전달한다. 이처럼 물품을 거래하는 동안에 소비자와 공급자가 만날 필요가 없는 비대면 서비스가 일반화되었다. 비대면 서비스는 서비스 이용의 편리함때문에 많은 사람들이 이용을 하지만 한편으로는 비대면이기 때문에 정당하지 않는 거래 행위 즉, 사기 행위가 발생할 수 있다.

형법

형법에서는 사기 행위을 사람을 기망하여 재물의 교부를 받거나 재산상의 이익을 취하는 것이라고 정의하고 있으며, 이와 관련한 다양한 법 규정을 제정하고 있다. 형법에서 정의한 법률 중에서 정보보호의 관점에서 관점을 가져야 하는 법규정은 다음과 같다.

> **제347조의2(컴퓨터등 사용사기)**
> 컴퓨터등 정보처리장치에 허위의 정보 또는 부정한 명령을 입력하거나 권한 없이 정보를 입력·변경하여 정보처리를 하게 함으로써 재산상의 이익을 취득하거나 제3자로 하여금 취득하게 한 자는 10년 이하의 징역 또는 2천만원 이하의 벌금에 처한다.

이 법규정은 허위 또는 권한없는 정보 입력을 통해 재산상의 이익을 취하는 행위를 컴퓨터등 사용사기라고 정의하고 있다. 많은 기업들이 인터넷을 기반으로 한 많은 종류의 서비스를 제공하고 있으며, 대부분이 웹 기술을 이용한 서비스 제공이다. 이러한 서비스들은 서비스를 이용하는 클라이언트에서 서비스와 관련한 정보를 제공하면 서비스를 제공하는 서버는 그 정보를 기반으로 하여 맞춤형 서비스를 제공하고 있다. 예를 들어, 통신사는 사용자가 본인의 정보, 과금 정보 등을 확인할 수 있는 웹 기반 서비스를 제공하고 있다. 이 서비스는 사용자가 ID와 비밀번호를 제공함으로서 사용자에게 관련 정보를 제공할 수 있다. 이러한 정보를 허위로 입력하거나 기계적으로 생성하여 제공하는 행위는 사기임을 형법은 정의하고 있다.

이것은 기업이 제공하는 인터넷 기반 서비스도 누군가가 허위 정보 또는 조작된 정보를 기반으로 재산상의 이익을 취하려는 시도의 대상이 될 수 있다는 것이다. 기업이 사기 행위를 하는 것이 아니라 기업이 제공하는 서비스가 사기 행위에 이용될 수 있다는 것이다. 따라서 기업이 인터넷을 기반으로 한 비대면 서비스를 제공하고 있다면 서비스를 제공하기 전에 입력된 데이터가 조작되었는지 또는 기계적으로 생성된 입력 데이터인지를 확인할 필요가 있다. 이것은 기업이 제공하는 서비스가 사기의 대상이 됨으로써 그 서비스의 신뢰도 하락을 사전에 방지하기 위한 목적이다.

3.4 악성프로그램 관련 법규

악성 프로그램은 컴퓨터에 악영향을 끼칠 수 있는 모든 소프트웨어의 총칭하는 것으로 과거에는 저장매체를 통해 전파되었으나 최근 인터넷 사용이 일반화됨에 따라 이메일 등을 통해 전파되는 경우가 훨씬 많아졌다[6]. 악성 프로그램은 여러 경로를 통해 기업의 컴퓨터 시스템에 설치될 수 있으며, 이로 인해 컴퓨터 시스템의 부하 증가, 기업의 내부 네트워크 보안 약화, 기업의 각종 정보 자산의 유출, 훼손 등과 같은 다양한 영향을 줄 수 있다.

정보통신망이용촉진 및 정보 등에 관한 법률

악성 프로그램의 유호와 관련한 법규정은 다음과 같다. 컴퓨터 시스템의 정상적인 운용을 방해하고 저장하고 있는 각종 데이터에 대한 허가되지 않은 변경을 시도하는 프로그램의 전달 또는 유포를 금지하는 것이다.

제48조(정보통신망 침해행위 등의 금지)

2. 누구든지 정당한 사유없이 정보통신 시스템, 데이터 또는 프로그램 등의 훼손·멸실·변경·위조 또는 그 운용을 방해할 수 있는 프로그램(이하 "악성프로그램"이라한다)을 전달 또는 유포하여서는 아니된다.

최근에는 많은 기업들이 전자메일을 이용하여 다양한 기업 활동을 하고 있으며, 이것을 이용하여 다양한 데이터를 교환하고 있다. 악성 프로그램 제작자들은 그들이 제작한 프로그램을 유포하기 위한 간단한 그러나 매우 효과적인 방법으로 전자메일을 이용하고 있다. 전자메일의 첨부파일 형태로 유포되는 악성 프로그램은 그 전자메일을 수신한 사람이 첨부 파일을 열어 실행되는 순간 컴퓨터 시스템을 감염시켜 정상적인 운영을 방해함과 동시에 네트워크 상에 있는 다른 컴퓨터 시스템에게도 감염시키기 위한 시도를 한다. 또 MS-오피스의 매크로 기능을 이용한 악성 프로그램은 MS-오피스 문서를 해당 프로그램으로 열기를 한 순간에 매크로가 작동을 하여 컴퓨터를 감염시킨다.

기업 내 컴퓨터에 악성 프로그램이 여러 경로를 통해 설치되어 실행되면, 그 기업이 거래하고 있는 다른 기업의 컴퓨터 시스템들에게도 악성 프로그램을 전파시킬 수 있다. 예를 들어, 악성 프로그램이 설치되어 있는 컴퓨터를 사용하고 있는 기업의 업무 담당자가 협업하고 있는 다른 기업의 담당자와 전자메일을 교환할 때 그 전자메일을 통해 악성 프로그램이 다른 기업의 컴퓨터 시스템에 전파될 수 있다. 따라서 기업 내 컴퓨터 시스템들을 대상으로 한 악성 프로그램 전파로 인한 유무형의 피해 규모는 예측하기 어렵다.

분명 악성 프로그램을 작성하고 유포하는 행위는 불법이지만 보통의 범죄 사건과 달리 악성 프로그램을 작성, 유포한 제작자를 찾는 것은 상당히 어려울 수 있다. 그 제작자가 우리나라의 법 적용이 되지 않는 외국인일 경우에는 그 제작자를 찾았다고 하더라도 이 법률을 적용하여 제재를 하기가 쉽지 않다. 따라서 기업은 그들의 컴퓨터 시스템에 여러 경로를 통해 악성 프로그램이 설치될 가능성이 있음을 알고 적절한 대비를 해야 한다. 특히 1인 기업 또는 창업 초기의 기업은 상대적으로 정보 시스템의 규모가 적고, 주기적인 백업 등의 정책을 실행하기 어렵기 때문에 그들의 컴퓨터 시스템이 악성 프로그램으로 인해 서비스 장애가 있는 경우에 기업 업무 수행에 많은 영향을 줄 수 있다.

따라서 기업은 악성 프로그램으로 인한 정보의 훼손, 악의적 변경 및 위조 등을 방지하여 그들의 정보 자산을 보호할 수 있는 적극적인 활동을 수행해야 한다. 그러나 악성 프로그램은 매우 다양하고, 그 프로그램이 전파되는 방법, 시스템에 침투하는 방법 등이 매우 다양하기 때문에 1인 기업, 창업 초기 기업을 비롯한 대부분의 기업은 악성 프로그램을 진단하고, 동작하지 못하도록 하는 조치를 취하는 것은 매우 어렵다. 이 경우에 기업은 악성 프로그램을 분석, 진단, 제거 등을 할 수 있는 전문 업체의 도움을 받거나 그들이 공급하고 있는 악성 프로그램 방지 솔루션 등의 도입을 고려해야 한다.

3.5 저작권 침해 관련 법규

컴퓨터프로그램보호법

제29조(프로그램저작권 침해행위 등)

1. 누구든지 정당한 권원없이 다른 사람의 프로그램저작권을 복제·개작·번역·배포·발행 및 전송의 방법으로 침해하거나 다른 사람의 프로그램배타적발행권등을 복제·배포 및 전송의 방법으로 침해하여서는 아니된다.
2. 정당한 권원없이 프로그램저작자의 실명 또는 이명을 변경 또는 은닉하거나 프로그램의 명칭 또는 제호를 변경하여서는 아니된다.
3. 다음 각호의 사항을 허위로 하여서는 아니된다.
   a) 제23조의 규정에 의한 프로그램의 등록
   b) 제24조의 규정에 의한 프로그램의 복제물의 제출
   c) 제26조의 규정에 의한 프로그램저작권의 이전등록 등
4. 다음 각호의 사항의 경우 해당 프로그램저작권을 침해하는 것으로 본다.
   a) 프로그램저작권의 침해가 되는 프로그램을 국내에서 배포할 목적으로 수입하는 행위
   b) 프로그램저작권을 침해하여 만들어진 프로그램의 복제물(제1호의 수입프로그램을 포함한다)을 그 사정을 알면서 취득한 자가 이를 업무상 사용하는 행위
   c) 정당한 권한없이 고의로 권리관리정보를 제거 또는 변경하거나 그 사실을 알면서 원프로그램 또는 그 복제물을 배포하거나 배포할 목적으로 수입 또는 전송하는 행위

1인 기업 또는 창업 초기의 기업은 정보 보호 관련 솔루션을 활용함에 있어 본의 아니게 저작권을 침해 하는 경우가 많다. 개인 또는 가정에서 사용하는 것을 전재로 무료로 제공되는 컴퓨터 소프트웨어 중 많은 종류가 기업에서 활용하기 위해서는 구

입하거나 라이선스 획득이 필요하다. 즉 예비 창업자가 무료로 사용하고 있었던 많은 소프트웨어들이 창업과 동시에 구입을 해야 하는 경우가 발생한다. 소프트웨어 사용과 관련된 라이선스에 대해 많은 고려를 하지 않은 창업가는 본의아니게 프로그램저작권을 침해하는 경우가 발생한다.

프로그램 보호법에 의하면 프로그램 저작권 침해행위는 프로그램 저작권에 대한 침해와 프로그램 배타적 발행권에 대한 침해로 나뉘어 진다. 앞서 창업하기 전에 무료로 사용하였던 컴퓨터 프로그램을 창업 후 별도의 라이선스 계약을 하지 않고 계속 사용할 경우에 기업은 프로그램 저작권을 침해한 결과가 된다. 또 기업이 특별히 고려해야 하는 프로그램저작권 침해 행위는 각종 문서에서 사용하는 글꼴에 대한 저작권이다. 기업에서 작성한 문서를 돋보이기 위해 다양한 폰트를 사용할 수 있는데 그 폰트들 중에는 컴퓨터 프로그램과 같이 개인용, 가정용으로 사용할 때에는 무료로 제공되지만 기업에서 상업적 목적으로 사용할 경우에 반드시 사용 라이선스를 취득해야 한다.

3.6 스팸메일 관련 법규

스팸메일[8]은 전자메일, 인터넷 포털의 쪽지기능 등을 이용하여 불특정 다수의 사람들에게 전송하는 광고성 메일이나 메시지를 의미한다. 1인 기업 또는 시장에 진입을 시도하는 창업 초기 기업은 그들이 제공하는 제품 또는 서비스를 많은 사람들에게 알리기 위한 다양한 시도를 한다. 특히 인터넷을 기반으로 한 서비스를 제공하는 기업은 각종 SNS와 전자메일 등을 이용하여 그들의 서비스 및 제품 을 홍보하고 있다. 기업이 전자메일을 이용하여 홍보를 하기 위해서는 대량의 홍보성 전자메일을 다수의 불특정 사용자들에게 전송을 해야 하는데 이것이 스팸 메일이다. 스팸 메일과 관련된 법규는 정보통신망 이용촉진 및 정보보호등에 관한 법률에서 정하고 있다.

[8]국립국어원에서는 이를 '쓰레기 편지'라고 정의했다.

정보통신망 이용촉진 및 정보보호등에관한 법률

다음의 법규정은 기업이 전송해서는 안되는 광고성 메일을 정의하고 있다. 법률에서 금지하고 있는 불법 행위 또는 불법 서비스를 위한 광고성 메일은 전송되어서는 안된다. 불법 행위 또는 서비스로는 마약, 금지 약물, 개인정보 등이 있으며 이를 광고하는 내용을 포함하고 있는 메일이 금지 대상이 된다.

> **제50조의8(불법행위를 위한 광고성 정보 전송금지)**
> 누구든지 정보통신망을 이용하여 이 법 또는 다른 법률에서 금지하는 재화 또는 서비스에 대한 광고성 정보를 전송하여서는 아니 된다.

바꾸어 말하면 법률에서 금지하고 있는 불법 행위 또는 서비스가 아닌 것을 제공하는 기업이 이를 광고하기 위해 전자메일을 이용하는 것은 법규 위반이 되지 않음을 의미한다. 건전한 기업은 합법적인 제품 또는 서비스를 시장에서 제공하고 있기 때문에 이러한 제품 또는 서비스를 홍보하기 위해 전자메일을 이용할 수 있음을 의미한다.

이러한 스팸메일을 이용한 제품 또는 서비스에 대한 광고의 효과에 대한 것은 다소 의문이 있다. 왜냐하면 구글, 네이버, 다음 등과 같은 포털에서 서비스하고 있는 메일 시스템은 이러한 광고성 스팸메일을 따로 분류, 보관을 하기 때문에 사용자가 그 스팸메일 보관함을 열어 확인을 하지 않은 이상 광고가 사용자에게 노출되지 않기 때문이다. 물론 기계적으로 메일을 분류하기 때문에 스팸 메일로 분류되지 않아야 할 메일이 간혹 스팸 메일로 분류되는 경우도 있지만 자동 분류의 효과성 때문에 많은 사용자들이 이용하고 있다.

청소년유해 콘텐츠를 포함하고 있는 매체물을 광고하는 내용의 정보를 포함하고 있는 메일도 전송되어서는 안된다. 보통 전자메일은 여러 경로로 수집한 전자메일 주소를 이용하게 되는데, 전자메일 주소의 소유자 즉, 전자메일 수신자가 청소년인지 또는 성인인지에 대한 정보가 전혀 없기 때문에 청소년 유해 콘텐츠를 담고 있는 광고가 청소년에게 전송될 가능성이 있다. 이를 방지하기 위해 다음의 법규정이 제정되어 있다.

제42조의2(청소년유해매체물의 광고금지)

누구든지 청소년보호법 제7조제4호의 규정에 의한 매체물로서 동법 제2조제3호의 규정에 의한 청소년유해매체물을 광고하는 내용의 정보를 정보통신망을 이용하여 부호·문자·음성·음향·화상 또는 영상 등의 형태로 동법 제2조제1호의 규정에 의한 청소년에게 전송하거나 청소년 접근을 제한하는 조치없이 공개적으로 전시하여서는 아니된다.

기업은 청소년 유해 콘텐츠가 아닌 제품 또는 서비스를 광고하기 위한 정보를 포함한 전자메일을 불특정 다수에게 전송할 수 있다. 이것도 메일 시스템이 스팸으로 분류할 가능성이 많다.

3.7 개인정보보호 10가지 원칙

앞에서 기업이 정보보호와 관현한 여러 법규를 소개하였다. 이러한 법 중에는 기업이 준수해야 하는 것도 있지만 법에서 침해행위로 정의한 것에 대한 대응 방안을 마련해야 함을 논하였다. 이러한 법들과 더불어 행정자치부는 사업자 즉, 기업이 실천해야 하는 개인정보보호 10가지 원칙을 다음과 같이 안내하고 있다.

- 무분별한 개인정보 수집자제
- 개인정보 수집 시 서비스 제공에 꼭 필요한 필수정보와 선택정보 구분
- 주민등록번호 등 고유식별정보와 종교, 건강정보 등 민감정보는 원칙적 처리금지
- 홍보·판매 목적으로 개인정보 위탁 시 고객에게 고지하고 철저히 관리
- 개인정보파일은 DB보안프로그램, 암호화소프트웨어 등 안전한 방법을 사용하여 보관
- 보관이 필요한 증빙서류는 법령에서 정한 보유기간 숙지하여 준수

- 개인정보파일을 수집 당시 사용목적에 따라 이용한 후에는 알아볼 수 없도록 파기
- CCTV에는 반드시 안내판 설치
- 개인정보보호에 관한 지침, 문서 등을 반드시 구비
- 개인정보유출통지, 집단분쟁조정, 단체소송에 대비

첫번째 **무분별한 개인정보 수집자제**는 기업이 제공하는 서비스를 위해 수집하는 개인정보의 범위와 양을 최소화해야 함을 의미한다. 수집하는 개인정보의 양이 증가하면 보호 대상이 되는 정보의 범위가 넓어지며, 관리소홀 등으로 인한 유출 사고 발생 확률이 증가될 수 있다.

두번째 **개인정보 수집 시 서비스 제공에 꼭 필요한 필수정보와 선택정보 구분**은 기업이 서비스를 제공할 때 반드시 필요하지 않은 개인정보는 선택적으로 입력될 수 있도록 제공하여야 하며, 개인정보의 제 3자 제공 동의도 선택적으로 할 수 있도록 해야 함을 의미한다. 선택정보 제공에 사용자가 동의하지 않았더라도 기업은 서비스를 차별없이 제공해야 한다. 또 기업은 서비스를 제공함에 있어 반드시 필요한 정보의 종류를 최소화할 수 있도록 하여야 한다.

개인정보보호 세번째 원칙은 기업이 고유식별정보와 민감정보를 수집하는 것은 원칙적으로 금지되어 있음을 의미한다. 서비스 제공을 위해 이러한 정보들이 필요한 경우 기업은 정보를 제공하는 각 개인으로부터 별도의 수집 및 활용 동의를 받아야 하며, 수집한 개인정보파일을 암호화거나, 각종 안전한 방법을 사용하여 보관해야 한다.

개인정보보호 네번째 원칙은 기업이 개인정보처리업무를 다른 기업 또는 조직에게 위탁하고자 할 경우에 개인정보의 당사자에게 반드시 알려야 함을 의미한다. 이때 개인정보의 관리 책임은 개인정보처리업무를 위탁한 기업에 있기 때문에 그 기업은 개인정보를 위탁받아 업무를 처리하는 기업이 그 목적에 한정하여 개인정보를 처리할 수 있도록 관리, 감독을 철저히 해야 한다. 만약 위탁받아 업무를 처리하는 기업이 개

인정보 누출 등의 사고를 발생시켰을 경우에 그 기업에게 개인정보처리업무를 위탁한 기업이 여러 가지 법률적 책임과 손해 배상을 해야 한다. 따라서 기업은 개인정보처리업무를 다른 기업에 위탁하여 처리할 것인가에 대한 충분한 검토가 있어야 한다. 물론 1인 기업 또는 창업 초기의 기업은 다른 기업의 도움을 받아 개인정보처리를 수행할 업무가 많지 않을 것으로 예상되지만 기업이 제공하는 서비스의 종류에 따라 1인 기업 또는 창업 초기의 기업이 직접 하지 못하는 개인정보처리업무가 있을 수도 있다.

다섯번째 원칙은 개인의 동의를 받아 수집한 개인정보를 안전하게 보관 또는 저장할 수 있는 방법을 마련하고 그 방법에 따라 시행해야 함을 의미한다. 다양한 정보보호 정책을 마련하고 그 정책에 따라 정보보호 업무를 전개하더라도 저장 또는 보관하고 있는 개인정보유출 사고는 발생할 수 있다. 따라서 기업은 데이터베이스 접근제어, 방화벽 등과 같은 개인정보유출 방지를 위한 노력을 기울여야 함과 동시에 유출되었을 때를 대비한 개인정보의 암호화 등의 사전 조치를 취해야 한다.

여섯번째와 일곱번째 원칙따라 기업은 개인정보를 수집함에 있어 그 목적에 따라 보관 또는 저장 기간을 설정하고 이를 준수해야 하며, 개인정보수집의 목적이 달성되었거나 사전에 정한 보관 또는 저장 기간이 끝난 경우에는 복구가 될 수 없도록 파기 또는 삭제하여야 한다. 종이에 인쇄된 문서는 문서 파쇄기 이용 또는 소각의 방법을 통해 파기되어야 한다. 컴퓨터 시스템에 저장되어 있는 개인정보 파일은 보안옵션을 이용한 삭제되어야 한다. 만약 HDD와 같은 저장매체를 파기하는 경우에는 데이터 복구가 불가능하도록 물리적으로 파괴를 하거나 강력한 자력을 이용하여 저장된 데이터를 완전히 소거할 수 있도록 조치를 취해야 한다.

여덟번째 원칙은 정보보호를 위한 정보가 보관되어 있는 장소 또는 컴퓨터 시스템 설치 장소 등에 대한 물리적인 접근 제어 및 모니터링을 위해 CCTV를 설치하는 경우에는 그 설치 목적 등을 안내할 수 있는 안내판을 설치해야 함을 의미한다.

아홉번째 원칙은 개인정보보호관련 매뉴얼 또는 내부 지침을 작성하여 구비해야 함을 의미한다. 즉 기업 내에서 개인정보를 수집, 저장, 보관, 사용할 때 수행해야 하는 절차들을 명확히 함으로써 개인정보유출로 인한 사고를 사전에 방지하기 위함이다.

열번째 원칙인 **개인정보유출통지, 집단분쟁조정, 단체소송에 대비**는 기업이 개인정보가 유출되었음을 알게되며 지체없이 그 사실을 개인정보 수집에 동의한 개인들에게 알리고, 추가적인 피해를 방지하기 위한 다양한 조치를 취해야 함을 의미한다. 또 개인정보유출로 인해 피해를 당한 개인, 조직이 소송을 제기할 수 있기 때문에 이에 대비하기 위한 준비도 해 두어야 한다. 1인 기업 또는 창업 초기 기업은 개인정보유출에 의해 피소에 대비하기가 사실상 어려움이 있다.

개인정보보호 수칙을 위해 행정자치부에서 정의한 개인정보보호조치가이드에는 다음과 같은 보호 조치를 취할 것을 권고하고 있다.

접근권한 관리, 비밀번호 관리, 접근통제시스템설치 및 운영, 암호화, 접속기록 보관 및 관리, 보안 프로그램 설치 및 운영, 수집, 이용 동의 획득, 개인정보처리방침 작성 및 공개, 파기, 프로그램 유지보수

창업 초기의 기업도 적은 비용 투자를 통해 이들 보호조치들을 충분히 취할 수 있으며, 이를 통해 일정 수준 이상의 정보보호를 실시할 수 있다. 이것은 대규모 재원 투자가 아니라 정보보호에 대한 창업자의 인식이 정보보호의 성공 여부를 결정짓는다.

CHAPTER 4

네트워크 보안

기업의 정보 보호 특히, 네트워크에 연결되어 있는 컴퓨터 시스템을 운용하고 있는 기업은 네트워크 보안이 정보 보호를 위한 기본적인 보안 정책이다. 기업의 정보 보안이 네트워크 보안, 시스템 및 데이터베이스 보안, 웹 서비스 보안으로 구성된 계층형 구조를 갖는다면 네트워크 보안은 가장 하위 레벨이 되며, 기본적인 보안 시스템이다. 네트워크 보안 관련 장비 운영 및 보안 관련 설정 등이 필요하며 초기 투자 비용이 요구되기 때문에 예비 창업자 또는 창업 초기에는 네트워크 보안에 많은 투자를 하기 어려운 것이 현실이다. 하지만 데이터 전송을 위해 네트워크가 동작하는 방법에 대한 이해와 이와 관련한 정보 보안 침해 기술에 대한 이해는 향후 네트워크 보안 정책 수립에 꼭 필요하다. 이 장에서는 인터넷을 위한 네트워크 프로토콜인 TCP/IP와 네트워크를 통한 정보 보안 이슈들에 대해 소개를 한다.

4.1 네트워크 프로토콜

프로토콜은 네트워크를 통해 데이터를 전송할 때 사용하는 통신 규약이다. 네트워크를 통해 데이터를 교환하는 두 시스템은 데이터 교환을 위해 전송하는 패킷의 형식, 전송 방법, 전송 및 수신 여부 확인 방법, 오류 검출 방법 등에 대해 사전에 약속이 되어 있어야 한다. 이처럼 데이터를 교환하는 두 시스템 간의 통신을 위한 약속이 프로토콜이다.

두 시스템 사이의 효과적이고 신뢰성있는 데이터 교환을 위해 프로토콜은 여러 계층으로 구성되어 있다. 따라서 각 계층은 효과적인 통신을 위해 각각 고유의 기능을 수행하며, 이를 위해 프로토콜에서 정의한 포맷에 따라 구성된 메시지를 각각 자신의 상위 또는 하위 계층과 교환을 한다. 각 계층에서의 메시지는 상위 계층으로부터 전달된 데이터[1]에 그 계층에서 사용하는 정보를 포함하는 헤더(header)를 붙여 메시지를 구성하고, 이를 더 하위 계층으로 전달을 한다. 반대로 각 프로토콜 계층은 그 계층에서 사용하는 정보를 포함하고 있는 헤더를 하위 계층으로부터 전달된 메시지에서 제거하고 그 메시지의 '데이터' 부분만 상위 계층으로 전달을 한다. 그림 4.1은 각 계층에서 사용하는 메시지의 교환을 개념적으로 나타낸 것이다.

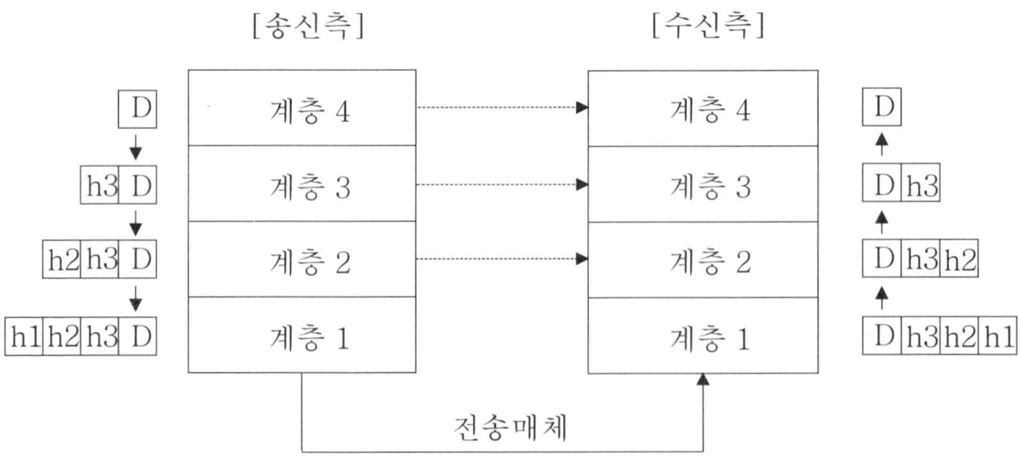

그림 4.1: 프로토콜 계층의 메시지 교환

송신측의 최상위 계층인 프로토콜 계층 4에서 수신측으로 전송할 데이터 D를 계층 3으로 전달하면, 데이터 전송을 위해 계층 3이 사용하는 정보인 헤더 $h3$을 붙여서 하위 계층으로 전달을 한다. 계층 2도 계층 3에서 전달한 데이터–$h3+D$–에 그 계층에서 사용하는 헤더 정보 $h2$를 삽입하여 계층 1로 전달을 한다. 계층 1의 프로토콜

[1]하위 계층에 전달된 상위 계층의 메시지는 그 계층에서 처리해야 하는 '데이터'이다.

스택도 상위 계층에서 전달된 데이터–*h2+h3+D*–에 헤더 정보 *h1*을 삽입한 후 이를 전송 매체를 통해 수식측에 전송을 한다.

전송 매체는 계층 1에서 전송할 메시지에 대응하는 신호를 전송하기 위한 것으로 통신을 하는 두 시스템 또는 두 시스템 간의 통신을 위한 통신 경로상에 있는 통신 전송 장비들이 연결되는 방법에 따라 유선 또는 무선으로 구분될 수 있다. LAN(Local Area Network) 케이블이라고 불리우는 것으로 연결한 것은 유선 연결이며, WiFi[2]는 무선 연결에 해당한다.

수신측의 프로토콜 계층 1은 송신측에서 전송한 메시지–*h1+h2+h3+D*–에서 그 계층에서 처리해야 하는 헤더 *h1*을 제거한 후 상위 계층으로 전달을 한다. 동일한 방법으로 계층 2와 계층 3도 각각 그 계층에서 사용하는 정보인 헤더 *h2*, *h3*를 제거한 후 계층 4에게 데이터 *D*를 전달한다. 수신측의 계층 4는 송신측에서 전송한 데이터를 이용하여 사용자에게 서비스를 제공할 수 있다.

앞서 기술한 프로토콜 스택이 동작하는 기본 개념에 의하면 각 계층은 상대측의 대응하는 계층과 논리적으로 데이터를 교환하는 것으로 정의할 수 있다. 송신측의 계층 3과 2는 수신측의 계층 3과 2에게 각각 데이터를 전송한다고 할 수 있다. 송신측의 계층 4도 수신측의 계층 4에게 데이터를 전송한다고 할 수 있다. 따라서 프로토콜의 최상위 계층 즉, 계층 4에 해당하는 응용 프로그램은 상태측 응용 프로그램과 데이터를 교환하며 사용자에게 서비스를 제공할 수 있다. 물론 최하위 계층인 계층 1은 유선 또는 무선 전송 매체를 통해 '물리적'으로 상태측의 계층 1에게 데이터를 전송한다.

통신을 위한 프로토콜 계층의 수와 각 계층의 기능은 각종 프로토콜에 따라 다르다. 이 절에서는 대표적 프로토콜이라고 할 수 있는 OSI 7-layer 프토코콜, TCP/IP 프로토콜에 대해 소개를 한다.

---

[2]WiFi는 WiFi Alliance의 상표명으로 그 의미가 공식적으로 알려진 바는 없지만 많은 이들은 Wireless Fedelity의 의미를 갖는다고 생각한다.

4.1.1 ISO OSI 7-layer 프로토콜

ISO OSI(Open System Interconnection) 7 계층은 국제 표준화 기구인 ISO(International Standardization Organization)에서 정의한 표준 통신 프로토콜로서 일곱 개의 계층으로 구성되어 있다. 그림 4.2은 OSI 7 계층을 나타낸 것이다. 각 계층은 시스템간 데이터 교환을 위해 요구되는 기능들을 수행하며, 인접한 상위 또는 하위 계층과 프로토콜 메시지를 교환할 수 있다.

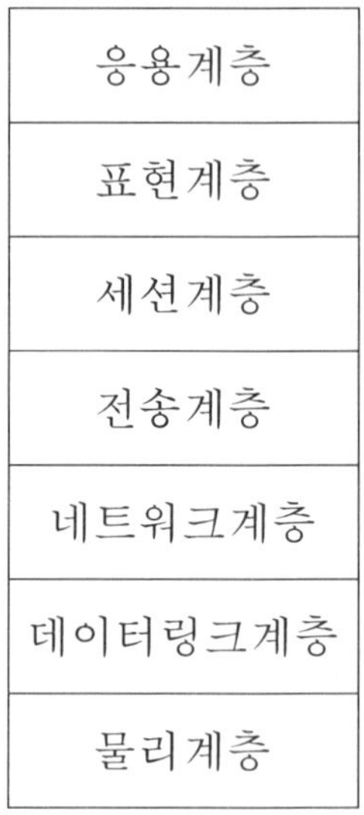

그림 4.2: ISO OSI 7 계층 모델

OSI 7 계층은 개념적 기능에 따라 네트워크 노드간(node-to-node) 전송, 호스트간(host-to-host) 전송, 끝점(end-to-end) 전송, 사용자 응용으로 분류될 수 있다. 그림 4.3는 노드간 전송, 호스트간 전송, 끝점 전송, 사용자 응용을 나타낸 것이다. 노드간 전송은 프로토콜 메시지 전송을 위해 거쳐야 하는 네트워크 노드들 간의 전송을 담당하는 것으로 계층 1, 2, 3이 수행하는 기능이다. 대부분의 경우에 메시지를 송신하는 시스템과 수신하는 시스템이 직접 연결되어 있지 않기 때문에 송신 시스템과 수신 시스템의 사이에 있는 각종 네트워크 장비들이 메시지 전송을 위해 사용된다. 네트워크 장비들의 기능에 따라 계층 1, 2 또는 계층 1, 2, 3의 프로토콜을 수행한다. 스위칭 허브는 한 시스템이 허브에 연결되어 있는 다른 시스템에 데이터를 전송할 경우에 수신하는 시스템의 물리적 주소만을 이용하여 직접 전송하는 기능을 수행하기 때문에 프로토콜의 계층 1, 2 만으로 사용한다. 반면 라우터(router)는 수신한 데이터를 전달해야 하는 다음 데이터 전송 경로를 결정하는 기능을 수행하기 때문에 프로토콜의 계층 1, 2, 3을 이용한다. 이처럼 데이터 전송 중에 거쳐가는 각종 네트워크 장비는 그 기능에 따라 수행하는 프로토콜 계층이 다르다.

송신 시스템에서 전송을 한 메시지는 네트워크를 구성하는 중간 노드들을 거쳐 최종적으로 수신 시스템에 도착을 하게된다. 즉 중간 노드들은 메시지 전달을 위해 최고 프로토콜 계층 1, 2, 3을 이용하지만 수신 시스템에 도착한 메시지는 계층 4에 전달된다. 논리적으로는 송신 시스템의 계층 4에서 전송한 데이터가 수신 시스템의 계층 4에 도착한 것으로 이를 호스트간 전송이라고 한다. 수신 시스템에는 많은 응용 프로그램이 실행되고 있기 때문에 계층 4는 하위 계층으로 부터 전달된 메시지를 적절할 응용 프로그램에게 배분하는 역할을 수행한다. 따라서, 프로토콜 계층 4는 노드간 전송을 담당하는 하위 계층들과 끝점 전송을 수행하는 상위 계층들을 연결해 주는 역할을 수행한다.

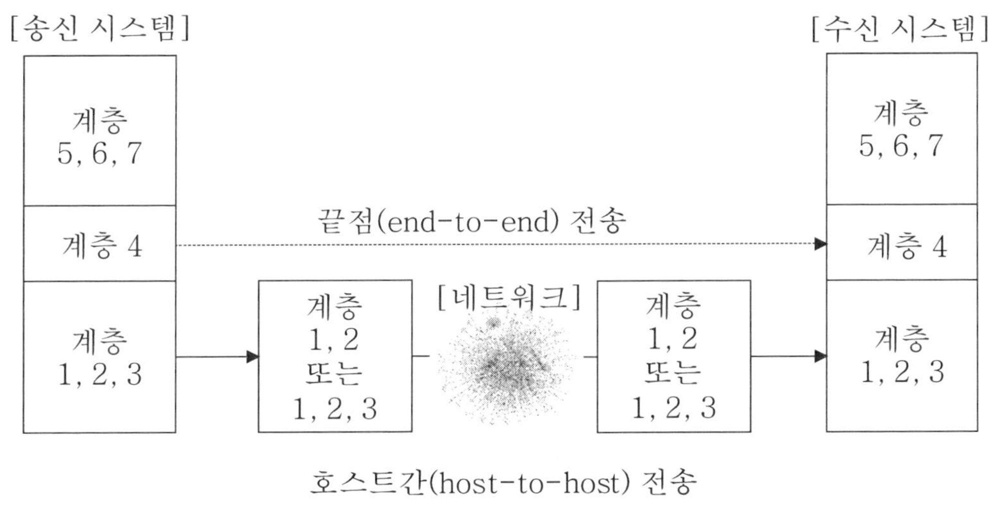

그림 4.3: 기능에 따른 프로토콜 계층 분류

끝점 전송에서 끝점은 사용자 응용에 해당하는 특정한 응용 프로그램이다. 앞의 23쪽 그림 2.1에 나타낸 클라이언트-서버 모델에서 클라이언트측의 끝점은 서버로 부터 수신한 데이터를 이용하는 응용 프로그램으로서 클라이언트측 컴퓨터 시스템에서 실행되고 있는 수 많은 응용 프로그램 중의 하나이다. 또 서버측 끝점은 클라이언트에게 서비스를 제공하기 위한 서버 응용 프로그램으로서 서버측 컴퓨터 시스템에서 실행되고 있는 응용 프로그램 중의 하나이다. 즉, 끝점은 데이터를 교환하는 두 시스템에서 실행되고 있는 많은 응용 프로그램 중의 하나를 의미한다.

그림 4.4는 끝점 전송의 예를 나타낸 것으로 송신 시스템에서 실행되고 있는 어떤 응용 프로그램 *T1*이 수신 시스템에서 실행되고 있는 응용 프로그램 *R1*에게 데이터를 전송하고 있는 것이다. 메시지 교환의 끝점인 응용 T1은 전송할 데이터를 호스트간 전송을 담당하는 프로토콜 계층 4에게 전달하면, 이 계층은 노드간 전송을 담당하는 하위 계층을 통해 메시지를 수신 시스템의 계층 4에게 수신된다. 수신 시스템의 계층 4는 하위 계층으로 부터 전달받은 메시지의 헤더 정보를 분석하여 수신 시스템에서 실행되고 있는 많은 응용 중에서 *R1*에게 데이터를 전달한다.

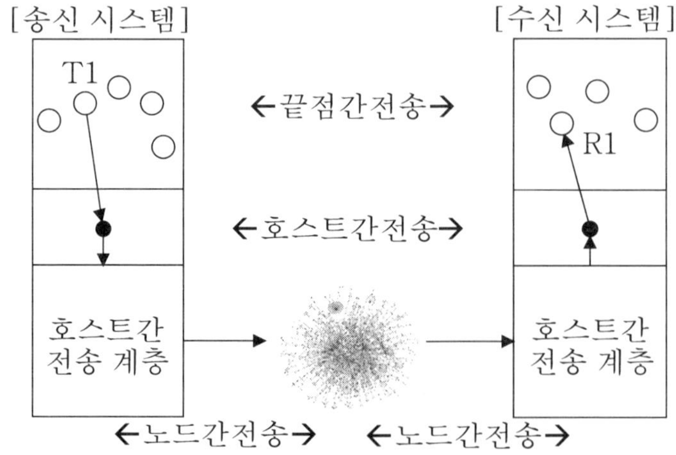

그림 4.4: 끝점 전송의 예

사용자 응용으로 분류될 수 있는 프로토콜 계층은 계층 5, 6, 7이다. 이 계층에서는 각종 데이터의 변환, 암호화 및 사용자 서비스 제공을 위한 응용 프로그램 등으로 구성되며, 그림 4.4에서 끝점에 해당하는 *T1*, *R1* 등의 응용 프로그램이다.

노드간 전송, 호스트간 전송, 끝점간 전송, 사용자 응용을 위해 OSI 7계층 프로토콜의 각 계층은 각각 정해진 기능과 수행하며, 이 기능은 인접한 상위 또는 하위 계층과의 메시지 교환을 통해 이루어 진다. 각 계층에서 다루는 각 메시지의 포맷[3]과 의미는 이 책의 범위를 벗어나기 때문에 이 책에서는 각 계층의 기능을 간단히 기술한다. 창업 기업의 관점에서 네트워크 보안은 각 프로토콜 계층의 자세한 메시지 포맷과 동작 방법에 대한 이해보다는 각 계층의 기능을 이해함으로써 적절한 보안 장비의 도입 또는 보안 정책을 수립할 수 있다.

물리 계층

물리 계층(physical layer)은 유무선의 통신 매체를 통해 전송되는 신호 및 전송 매체에 대한 규약을 정의한 것으로 상위 계층인 데이터 링크 계층에서 전달된 데이터를 전송 매체를 위한 신호로 변환하여 전송하거나 전송 매체를 통해 수신한 신호를 데이터 링크 계층으로 전달하는 역할을 수행한다. 데이터 전송을 위한 전송 매체가 유선이라면 이 프로토콜 계층에서는 전송을 위해 사용되는 케이블의 규격, 전송 선의 수, 연결 방법, 신호 교환 방법 등에 대한 규약, 무선이라면 통신을 위한 주파수 등에 대한 규약을 정의하고 있다. 또 컴퓨터 시스템에서 처리하는 기본 정보 단위인 비트(bit, binary digit)를 전송 매체를 통해 전송할 수 있는 적절한 신호로 코딩하거나 전송 매체를 통해 수신한 신호를 비트로 디코딩하는 방법에 대한 규약도 정의하고 있다.

물리 계층의 프로토콜이 정상적으로 동작을 하고 있다면 네트워크을 구성하는 두 노드간의 비트 단위의 데이터 교환이 정상적으로 수행되고 있다고 할 수 있다. 네트워크를 구성하는 노드는 컴퓨터 시스템 및 스위치 허브, 게이트웨이, 브리지, 라우터 등과 같은 네트워크 장비이다. 최근의 네트워크 환경에서 두 컴퓨터 시스템이 데이터 교환

[3]각 계층에서 다루는 메시지 포맷과 의미에 대한 상세한 내용은 컴퓨터 네트워크 관련 별도의 전문 서적을 참고하여야 한다.

을 위해 직접 연결되는 경우는 거의 없으며, 대부분의 경우에 컴퓨터 시스템은 스위칭 허브 또는 게이트웨이 장비와 연결된다. 그리고 또 원격지에 있는 컴퓨터 시스템에게 데이터를 전송하기 위해 각종 네트워크 장비들이 중간 전달자 역할을 수행한다.

데이터 링크 계층

데이터 링크 계층의 기능은 비트 신호의 전송, 오류 제어, 흐름 제어 등의 기능을 수행하여 비트 데이터 교환의 신뢰성을 높이는 것이다. 상위 프토코콜 계층인 네트워크 계층으로 부터 전달된 데이터를 효과적 전송을 위해 적절한 크기로 분할 한 다음, 각각 이 계층에서 사용하는 정보를 포함하고 있는 헤더를 붙여 물리 계층으로 전달을 한다. 물리 계층을 통해 전송된 메시지에 오류가 있는 경우에 이 계층은 상대측에게 재전송을 요구하는 등의 오류 제어 기능을 수행한다.

흐름 제어는 메시지가 정상적으로 전송이 되었는지 또는 그렇지 않은 경우에 대처하는 방법을 정의한 것이다. 또 메시지를 교환하는 두 시스템 간의 전송 속도를 맞추는 것도 흐름 제어의 기능 중에 하나이다. 간단한 흐름 제어 방법으로는 정지 대기(stop and wait) 방식이 있다. 그림 4.5은 정지 대기 흐름 제어를 나타낸 것이다. 송신측은 메시지를 전송한 후 수신측이 그 메시지를 성공적으로 수신했음을 알리는 응답 신호(ACK, acknowledgement)를 전송할 때까지 대기를 한다. 수신측에서 전송한 응답 신호를 수신한 송신측은 다음 메시지를 전송한다. 만약 일정한 시간동안에 수신측으로부터 응답 신호를 수신하지 못했거나 부정 응답 신호(NAK, non-acknowledgement)를 수신한 경우에 송신측은 메시지를 다시 전송을 한다.

네트워크 계층

네트워크 계층은 데이터를 교환하는 네트워크 노드 간의 접속 설정, 유지, 통신 경로 결정 등의 기능을 수행한다. 네트워크에 연결되어 있는 각 컴퓨터 시스템은 각각을 식별하기 위한 논리적인 주소를 갖고 있다. 따라서 이 계층은 상위 계층으로부터 전달된 데이터에 컴퓨터의 논리 주소와 관련된 정보를 갖는 헤더를 붙여 하위 계층에

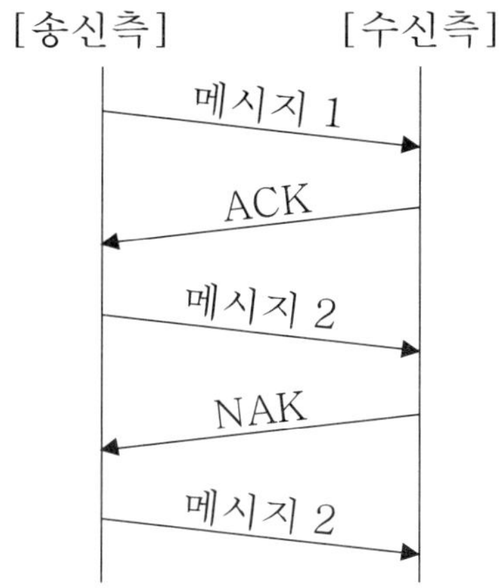

그림 4.5: 정지 대기 흐름 제어의 예

전달하거나 하위 계층에서 전달된 메시지에서 헤더 정보를 제거하여 상위 계층으로 전달한다.

네트워크 계층은 데이터를 송신하는 컴퓨터 시스템과 수신하는 컴퓨터 시스템의 논리적 주소를 이용하여 데이터를 전달할 다음 네트워크 노드를 결정하는 통신 경로 결정한다. 네트워크 장비 중의 하나인 라우터(router)는 수신한 네트워크 메시지를 전달할 다음 노드를 결정하는 경로 결정 기능을 수행한다. 경로 결정을 위해서는 메시지의 최초 송신 컴퓨터 시스템와 최종 수신 컴퓨터의 논리 주소를 이용하게 된다. 따라서 라우터는 네트워크 계층 아래의 프로토콜 계층만을 이용한다.

전송 계층

전송 계층은 송신측과 수신측 사이의 신뢰성있는 데이터 전송을 위한 기능을 수행한다. 이를 위해 전송 계층은 송, 수신측 간의 연결 설정, 유지, 오류 복구와 흐름 제어를 실행한다. 데이터 링크 계층에서의 흐름 제어는 전송 매체를 통해 직접 연결되어 있는 인접한 두 개의 네트워크 노드간의 데이터 전송을 대상으로 한다면 이 계층에서의 흐름 제어는 송신측 컴퓨터와 수신측 컴퓨터 간의 데이터 전송을 대상으로 한다고 할 수 있다. 이 계층에서 수행하는 연결 설정 및 오류 복구는 송신측 컴퓨터의 응용이 전송한 데이터와 수신측 컴퓨터의 응용이 수신한 내용이 동일함을 보장한다. 즉, 이 계층은 데이터가 네트워크를 통해 전송되는 중에 변형, 소실, 순서 바뀜 등이 발생하지 않도록 하는 것이다.

전송 계층은 상위 계층으로 부터 전달된 데이터에 컴퓨터 시스템의 논리 네트워크 주소를 포함하는 정보 헤더를 붙인 후 하위 계층이 네트워크 계층으로 전달을 한다. 역으로 이 계층은 네트워크 계층으로 부터 전달된 메시지의 헤더에서 상위 계층의 응용 프로그램을 구분할 수 있는 정보를 이용하여 그 응용에게 수신한 메시지를 전달하는 역할을 수행한다. 따라서 이 계층은 상위 계층의 여러 응용 프로그램에게 네트워크 계층으로 부터 전달된 메시지를 헤더에 있는 정보를 이용하여 데이터를 분배하는 역할울 수행한다고 할 수 있다.

세션 계층

전송 계층이 송신측 컴퓨터와 수신측 컴퓨터 간의 연결 설정, 유지 기능을 수행한다면, 세션 계층은 송신측 컴퓨터와 수신측 컴퓨터 상에서 실행되고 있는 두 응용 프로그램 간의 논리적 연결 설정, 유지 등을 위한 기능을 수행하는 프로토콜 계층이다.

표현 계층

표현 계층은 응용 계층으로 부터 전달된 데이트를 세션 계층에서 다룰 수 있는 데이터 형태로 변환하는 기능을 수행하는 프로토콜 계층이다. 이 계층에서 수행하는 대표적 데이터 변환은 암호화, 압축이다. 이 계층에서 수행하는 송신을 위한 암호화 기능은 응용 계층으로 부터 전달된 데이터를 암호화하며, 그 결과인 암호문을 세션 계층으로 전달을 한다. 또 수신측의 표현 계층은 세션 계층으로 부터 전달된 암호화된 데이터를 복호화하여 상위 계층인 응용 계층으로 전달하는 역할을 수행한다.

이 계층에서 수행하는 압축 기능은 송신측과 수신측이 다른게 동작을 한다. 송신측의 표현 계층은 응용 계층으로 부터 전달된 데이터를 압축하여 세션 계층으로 전달을 하며, 수신측의 표현 계층은 세션 계층으로 부터 압축된 데이터를 전달받아 압축 해제한 후 그것을 응용 계층으로 전달을 한다.

응용 계층

응용 계층은 사용자에게 서비스를 제공하는 응용 프로그램에 해당하는 것으로 각 응용 프로그램 또는 서비스가 데이터 교환을 위해 사용하는 데이터 길이, 형식 등은 각각 다를 수 있다.

4.1.2 TCP/IP 프로토콜

기업의 많은 서비스들이 인터넷(internet)을 통해 제공되고 있음을 앞에서 밝힌 바 있다. 인터넷은 '네트워크의 네트워크'를 구성하여 모든 컴퓨터 시스템을 연결하기 위한 것이다. 이것은 조직, 기관에 따라 구성된 다양한 형태의 서브 네트워크들이 상호 연결되어 하나의 '거대한' 네트워크를 구성한 것으로 TCP/IP(Transmission Control Protocol/Internet Protocol)는 인터넷을 위한 표준 프로토콜이다. 그림 4.6은 TCP/IP 프로토콜을 나타낸 것이다.

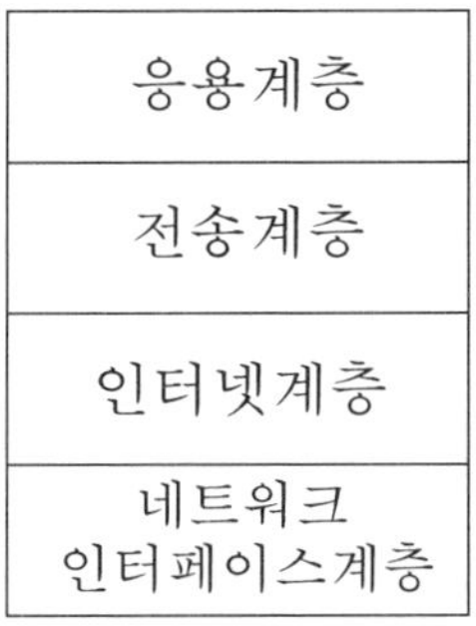

그림 4.6: TCP/IP 프로토콜

TCP/IP 프로토콜은 네 개의 계층으로 구성되어 있다. TCP/IP의 프로토콜 계층은 OSI 7-계층 프로토콜의 각 계층과 일대일 관계가 있지는 않다. 각 프로토콜의 계층에서 제공하는 서비스의 종류와 기능이 각각 다르기 때문에 여러 기능을 중심으로 두 프로토콜의 계층 간의 관계를 설정하는 것은 다소 무리가 있다. 그러나 기본적인 기능은 비슷하기 때문에 기본 기능을 중심으로 각 계층들 간의 연관성을 정의할 수 있다. 그림 4.7은 OSI 7-계층과 TCP/IP 프로토콜의 각 계층 간의 관계를 각 프로토콜 계층이 제공하는 기본 기능을 중심으로 나타낸 것이다.

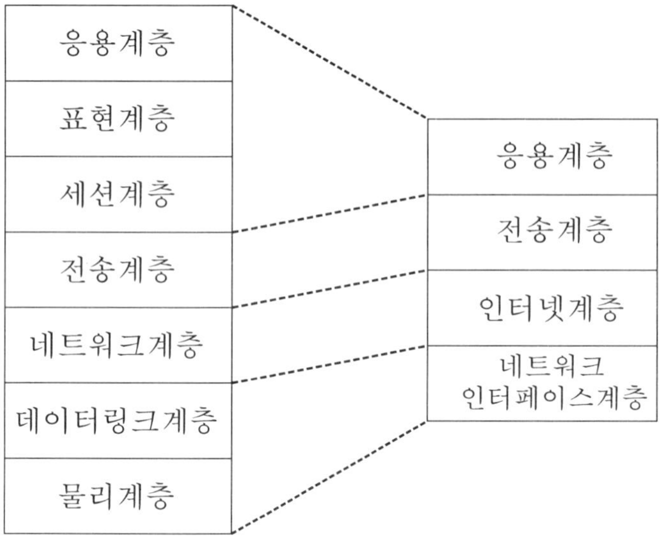

그림 4.7: 제공하는 기본 기능을 기준으로 한 OSI 7-계층과 TCP/IP의 프로토콜 계층의 연관성

TCP/IP 프로토콜의 최하위 계층인 네트워크 인터페이스 계층은 OSI 7-계층 프로토콜의 데이터 링크와 물리 계층의 역할 수행하며, 네트워크 계층은 TCP/IP 프로토콜의 인터넷계층과 연관성을 설정할 수 있다. 또, TCP/IP의 전송 계층은 OSI 7-계층 프로토콜의 전송 계층의 기능을 수행하고 있으며, 응용 계층은 응용, 표현, 세션 계층의 기능을 수행하고 있다고 할 수 있다. TCP/IP의 각 프로토콜 계층의 기능은 다음과 같다.

네트워크 인터페이스 계층

네트워크 인터페이스 계층은 상위 프로토콜 계층에서 전달된 메시지 즉, TCP/IP 패킷(packet)을 유, 무선의 신호 전송 매체를 통해 전송하거나 전송 매체를 통해 수신된 패킷을 상위 프로토콜 계층으로 전달하는 기능을 수행한다. 이 계층은 전송 매체 접근 방법, 전송하는 데이터의 단위인 프레임의 형식 등을 각 네트워크에 맞도록 정의하고 있기 때문에 다양한 형태의 네트워크를 지원할 수 있어, 인터넷의 기본 개념인 '네트워크의 네트워크'을 효과적으로 구성할 수 있다. 이 프로토콜이 하부 네트워크 구성에 독립적인 패킷 전송을 지원하기 때문에 상위 계층들은 네트워크의 종류, 형태에 독립적으로 동작을 할 수 있어 다양한 서비스 개발 및 제공이 가능하다.

이 계층은 네트워크에 연결되어 있는 각 네트워크 노드– 컴퓨터 시스템, 각종 네트워크 장비 –를 식별하기 위해 물리적인 MAC 주소를 사용한다. 이 주소는 신호 전송 매체를 통해 신호를 송, 수신하는 네트워크 인터페이스 카드가 생산될 때 물리적으로 부여되는 주소를 의미한다. 컴퓨터 시스템에 부착되어 있는 네트워크 인터페이스 카드의 MAC 주소는 MS-윈도의 '명령 프롬프트' 창에서 'ipconfig /all' 명령어[4]를 실행했을 때 표시된다. 그림 4.8은 MS-윈도에서 'ipconfig /all' 명령어를 실행한 것을 나타낸 것으로 네모로 표시한 부분에 컴퓨터에 설치되어 있는 네트워크 인터페이스 카드의 MAC 주소가 표시되어 있다. 앞서 기술한 것과 같이 MAC 주소는 네트워크 인터페이스 카드마다 다르기 때문에 각 컴퓨터에서 표시하는 주소는 다르다.

인터넷 계층

인터넷 계층은 논리적 주소를 다루며 라우팅 기능을 수행하는 것으로 IP(Internet Protocol), ARP(Address Resolution Protocol), ICMP(Internet Control Message Protocol) 등의 프로토콜이 이 계층에서 수행되는 프로토콜이다.

IP는 논리적 주소라고 할 수 있는 IP 주소와 관련된 기능을 수행하는 것으로 패킷 전달을 위한 경로 결정, 패킷의 분할 및 재 조립 등의 기능을 수행한다. IP 주소는 각 네트워크 인터페이스 카드에 설정된 논리적 주소로 IPv4(IP version 4)와 IPv6(IP version 6)가 있다. IPv4는 32 비트 주소로서 0부터 255사이의 십진수 네 개를 이용하여 표현하며, 각 십진수는 점(.)으로 구분하여 나타낸다. 그림 4.9은 MS-윈도의 '명령

[4]리눅스 또는 OSX 시스템의 경우에는 쉘에서 'ifconfig' 명령어를 실행하면 된다.

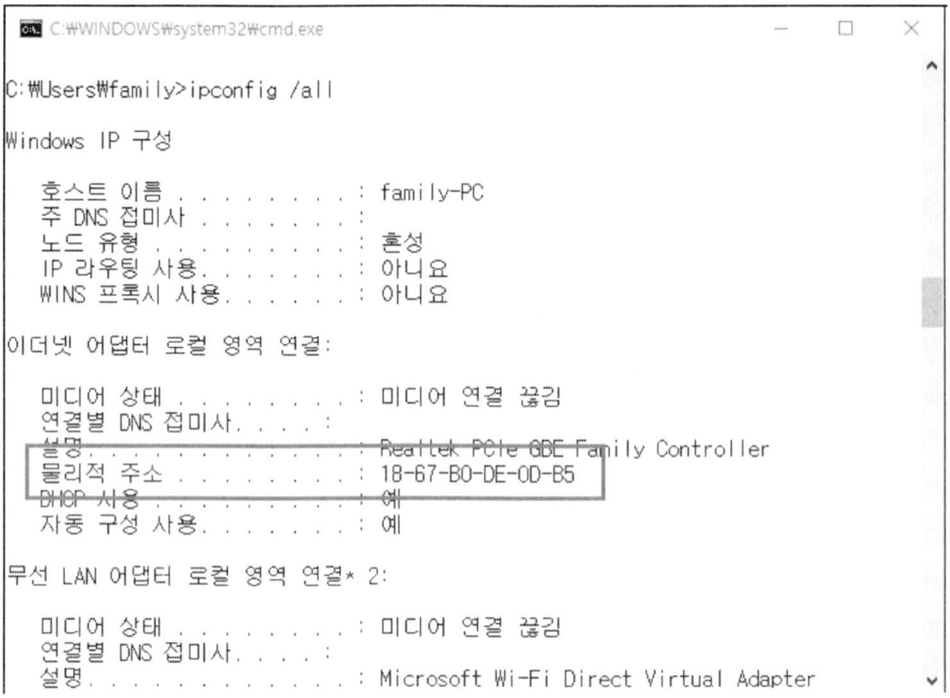

그림 4.8: MAC 주소 확인의 예

프롬프트' 창에서 'ipconfig'를 실행한 것으로 네모로 표시한 부분에 컴퓨터에 설치되어 있는 네트워크 인터페이스 카드에 설정되어 있는 IP 주소가 표시되어 있다. 이 예에서 표시된 IP 주소는 점(.)으로 구분된 네 개의 십진수 192, 168, 0, 109로 구성되어 있다.

네트워크 인터페이스 카드의 MAC 주소는 그 카드가 생산될 때 결정되어 있으며 변경할 수 없지만 IP 주소는 변경을 할 수 있다. 예를 들어 기업 창업자가 자신의 노트북을 사무실과 집에서 사용할 때 인터넷 서비스를 제공하는 네트워크 사업자가 다르거나 서비스 지역이 다른 경우에 각각 다른 IP 주소를 사용해야 한다. 즉, 노트북에 설치되어 있는 네트워크 인터페이스 카드는 동일하지만 인터넷 서비스를 제공받기 위해 연결하는 네트워크가 다른 경우에는 IP 주소가 달라 진다. 따라서 IP 주소는 네트워크 서비스 사업자로 부터 할당받아 사용해야 한다.

한 컴퓨터라고 하더라도 연결되는 네트워크에 따라 IP 주소는 적절하게 설정이 되어야 하지만 IP 주소를 임의로 변경하는 것은 다른 컴퓨터 시스템과의 IP 주소 충돌이

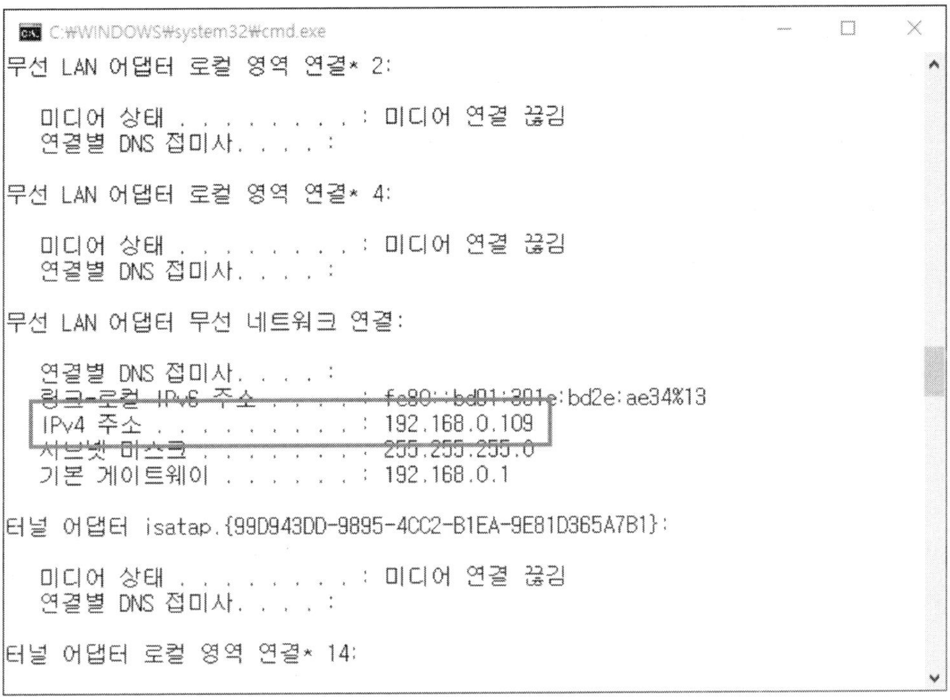

그림 4.9: IP 주소 확인의 예

발생할 수 있으며, 이로 인해 인터넷을 사용하지 못하는 경우가 생긴다. 또 적절하지 않은 IP 주소를 이용하여 패킷을 전송하려고 할 경우 인터넷 서비스 사업자는 잘못된 IP 주소로 판단하여 패킷을 차단하기 때문에 인터넷을 사용할 수 없다.

사물 인터넷(IoT) 등으로 인해 IP 주소를 필요로 하는 장치의 수가 기하급수적으로 증가함에 따라 사용할 수 있는 여분의 IPv4 주소가 급격하게 감소되어 새로운 IP 주소 체계가 필요하게 되었다. IPv6는 사용 가능한 IPv4 주소의 감소 문제를 해결하기 위한 것으로 128 비트를 이용하여 IP 주소를 표현한다. IPv6 표현을 위해 16진수 네 자리로 표현한 16 비트를 콜론(:)으로 구분하여 여덟 자리로 나타낸다. 즉, IPv6 주소는 'abdd:0dbc:1328:07c2:8be2:1322:fe80:bd2e'와 같은 형태로 표현된다. IPv6가 128 비트를 사용하기 때문에 나타낼 수 있는 IP 주소의 수는 2^{128}개로 거의 무한대로 사용할 수 있을 것으로 기대를 하고 있다. 2016년 현재를 기준으로 할 때 IPv4가 IPv6보다 더 많이 사용되고 있고 있지만 수년 내에 사물인터넷의 일반화로 인해 IPv6가

더 많이 사용될 것으로 예상된다.

전송되는 패킷의 경로를 결정하는 라우터는 이 계층의 프로토콜만을 사용한다. 즉, 라우터는 수신한 패킷의 IP 주소를 분석하여 이 패킷을 전송해야 하는 '다음' 네트워크를 결정하여 그 네트워크로 패킷을 전송한다. 이러한 전송 경로 결정 과정은 송신 시스템이 전송한 데이터가 수신 시스템에 도착할때 까지 반복되며, 데이터를 전달하는 중간 네트워크 노드들은 인터넷 계층의 프로토콜만을 수행한다. 따라서 인터넷 계층의 프로토콜은 노드간 전송을 담당한다고 할 수 있다.

전송 계층

전송 계층은 인터넷 계층에서 전달된 메시지를 응용 계층의 응용 프로그램들에게 분배하거나 응용 계층에서 전달된 메시지를 인터넷 계층으로 전달하는 역할을 수행한다. 앞에서 인터넷 계층의 프로토콜은 노드간 전송을 담당한다면 전송 계층은 호스트간 전송을 담당한다. 즉, 중간 노드를 거쳐 수신 시스템에 도착한 패킷은 인터넷 계층의 프로토콜을 거쳐 전송 계층으로 전달된다.

전송 계층의 대표적 프로토콜은 TCP(Transmission Control Protocol)와 UDP(User Datagram Protocol)이다. TCP는 연결 지향의 신뢰성 있는 데이터 교환을 지원하는 프로토콜이다. 이것은 송신 시스템에서 전송한 데이터와 동일한 데이터가 수신 시스템에 도착하는 것을 보장함을 의미한다. 반면 UDP는 비연결 지향의 프로토콜로서 데이터를 분할하여 각각 별도로 전송되는 패킷이 전송 순서대로 수신되는 것을 보장하지 않는다. 따라서 이 프로토콜은 한 개의 패킷으로 전송할 수 있는 정도의 짧은 데이터를 전송하거나 패킷의 송신 순서와 수신 순서가 동일하지 않아도 되는 응용에 사용된다.

연결 지향의 TCP 프로토콜은 송신측 시스템과 수신측 시스템이 데이터 교환을 하기 전에 상호 연결(connection)을 해야 하는데 이를 위해 3-way 핸드셰이킹(handshaking)을 사용한다. 그림 4.10은 연결을 수립하기 위해 송신측 시스템과 수신측 시스템이 3-way 핸드셰이킹하는 과정을 나타낸 것이다. 송신측 시스템은 먼저 수신측 시스템에게 'SYN' 메시지를 전송을 하여 연결을 요청한다. 이 메시지를 수신한 수신측 시스템은 송신측 시스템이 전송한 'SYN' 메시지를 정상적으로 수신하였음을 알리기 위한 'ACK'와 더불어 연결 요청을 확정하기 위한 'SYN'를 하나의 메시지에 넣어 송신측 시스템에게 전송을 한다. 이 메시지를 수신한 송신 시스템은 수신측 시스템이 전송한 'SYN+ACK' 메시지를 정상적으로 수신하였음을 알리기 위해 다시 'ACK' 메시지를 전송함으로써 송신측 시스템과 수신측 시스템간의 연결이 확립된다. 송신측 시스템과 수신측 시스템의 논리적 연결이 확립된 이후 두 시스템간의 데이터 교환이 이루어 진다.

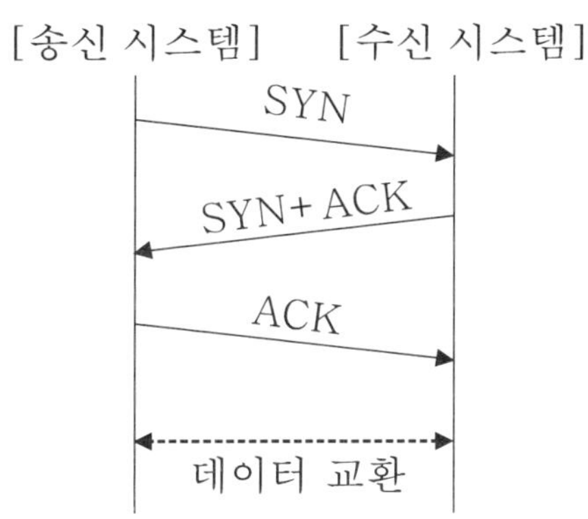

그림 4.10: 3-way 핸드셰이킹

전송 계층의 프로토콜은 인터넷 계층으로부터 도착한 데이터를 상위의 응용 프로그램에게 전달하는 기능을 수행한다고 하였다. 이를 위해 전송 계층에서 조직하고 처리하는 메시지–세그먼트–는 응용 프로그램에게 전달할 데이터와 전송 계층의 프로토콜이 데이터를 전달할 응용 프로그램을 결정하기 위한 정보 즉, 포트(port) 번호를 포함하고 있는 헤더로 구성되어 있다. 즉, 이 계층의 프로토콜은 세그먼트 헤더에 있는 포트 번호 필드의 값을 이용하여 인터넷 계층으로부터 전달된 데이터를 전달할 응용 프로그램을 결정한다. 포트 번호는 16 비트의 정수 값으로 각종 응용 프로그램에서 제공하는 서비스에 따라 포트 번호를 달리하여 사용하고 있다. 예를 들어, 웹 서버(web server) 소프트웨어는 웹 서비스 제공을 위해 포트 번호 80번을 사용하고 있으며,

암호화된 터미널 서비스인 ssh(secure shell) 서비스는 22번 포트로 사용하고 있다.

TCP 프로토콜은 송신측과 수신측의 IP 주소와 포트번호 쌍을 소켓(socket)이라고 한다. 이 소켓은 전송 계층의 TCP 프로토콜과 응용 계층의 서비스 간의 인터페이스 역할을 하는 것으로 응용 계층의 서비스 즉, 응용 계층에서 실행되는 프로그램은 이것을 이용하여 상태측과 데이터를 교환한다. 즉 소켓은 TCP/IP 프로토콜을 이용하여 데이터를 전송할 수 있는 논리적인 플러그[5]로서 동작을 한다.

응용 계층

응용 계층은 서비스 제공을 위해 네트워크 접근이 요구되는 응용 프로그램을 의미한다. 서비스 제공을 위해 응용 계층에서 사용하는 프로토콜은 각 응용 프로그램마다 다르다. IE, 크롬 등과 같은 웹 클라이언트와 웹 서버 간에 웹 문서 전송을 위해 사용하는 프로토콜로는 HTTP(Hpyertext Tranfer Protocol)이 있으며, 파일 전송을 위해서는 FTP(File Transfer Protocol)이 있다. 또, 전자메일 전송을 위해서는 SMTP(Simple Mail Transfer Protocol)을 사용한다. 이러한 프로토콜들은 표준화되어 있으며, 그 프로토콜을 정확하게 구현하는 응용 프로그램은 그 종류에 상관없이 정상적인 서비스 제공이 가능하다. 즉, MS-윈도 시스템에 기본적으로 설치되는 IE, 엣지(edge)와 구글에서 개발하여 공개한 크롬(chrome)은 HTTP 프로토콜을 사용하여 웹 서버로 부터 웹 문서를 수신한다. 따라서 두 웹 브라우저가 다르지만 웹 서버로 부터 웹 문서를 수신하는 것에 문제가 없다.

기업의 업무를 위해 개발된 응용 프로그램이 데이터 교환을 위해 사용하는 프로토콜은 공개되어 있지 않는 것이 많지만 이들 프로토콜도 응용 계층에서 실행되는 것이라고 할 수 있다. 각종 서비스 제공을 위해 기업에서 사용하는 컴퓨터 시스템이 사용하는 프로토콜도 TCP/IP의 응용 계층에 해당한다.

---

[5]전기를 사용하기 위해 벽에 있는 콘센트에 플러그를 삽입하는 것과 같이 인터넷을 통한 데이터 전송을 위해 TCP 프로토콜에 "논리적" 플러그를 삽입한다고 생각하면 된다. 당연한 것이지만 TCP 프로토콜에 물리적인 콘센트는 없다.

응용 계층에 해당하는 DNS(Domain Name Service)에 대해 간단히 기술하면 다음과 같다. 인터넷 사용자는 여러 개의 십진수 또는 십육진수로 표현되는 IP 주소를 기억하고 사용하기 쉽지 않다. 기억하기 쉽지 않은 IP 주소 대신 컴퓨터 시스템의 제공하는 서비스 또는 기업의 이름을 사용하는 것이 인터넷 사용의 편이성을 높일 수 있다. 하지만 TCP/IP 프로토콜을 이용한 데이터 교환에는 반드시 IP 주소가 필요하기 때문에 'www.naver.com' 또는 'www.daum.net'과 같이 사용자가 기억하기 쉬운 이름을 IP 주소로 변환해 주는 서비스가 필요하다. 컴퓨터 시스템을 식별하기 위해 IP 주소 대신 사용되는 이름을 도메인 이름(domain name)이라고 하며, 이 이름을 IP 주소로 변환해 주는 서비스를 DNS라고 한다.

TCP/IP와 같이 인터넷을 이용한 데이터 전송을 위한 네트워크 프로토콜이 잘 설계되어 있고, 표준화되어 있기 때문에 각종 네트워크 서비스 이용에 어려움이 없다. 하지만 다양한 의도를 가진 익명의 보안 공격자는 네트워크 보안을 고려하지 않은 프로토콜 설계 또는 프로토콜 자체의 보안 취약점을 이용하여 네트워크 보안을 무력화시키거나 기업의 서비스 제공을 방해할 수 있다. 네트워크 보안 무력화 또는 서비스 방해를 위한 기술로는 서비스 거부 공격, 스니핑, 스푸핑 등이 있다.

4.2 서비스 거부 공격

DoS(Denial of Service)라고 불리우는 서비스 거부 공격은 각 프로코콜 계층의 기능을 이용하여 정상적인 서비스를 방해하는 것이다. 서비스 거부 공격은 기업의 정보 자산인 내부 정보에 대한 불법적 접근을 시도하거나 유출을 하려는 것이 아니기 때문에 정보 보호의 관점에서 서비스 거부 공격 방지를 위한 정책 또는 조치의 우순 순위가 다소 낮은 것은 사실이다. 하지만 이것은 기업이 보유하고 있는 정보 자산을 이용하여 제공하는 정상정인 서비스를 방해하거나 제한한다는 점에서 그것을 방지하거나 훼피하기 위한 방안을 마련하는 것이 중요하다고 할 수 있다.

죽음의 핑, Ping of Death

'ping' 서비스는 통신을 하고자 하는 상태측 시스템의 연결 상태를 검사하기 위한 것으로 65 쪽에서 기술한 TCP/IP 프로토콜의 인터넷 계층에 해당하는 ICMP를 이용하는 것이다. 정상적인 경우에 이 프로토콜에 따라 패킷을 수신한 시스템은 ICMP 응답 패킷을 되돌려 보내야 하며, 이 응답 패킷을 수신한 시스템은 상대측 시스템이 네트워크에 연결되어 있으며, 정상적으로 동작하고 있다고 판단할 수 있다.

기업에서 제공하는 서비스를 방해 또는 제한하려는 목적을 가진 어떤 임의의 사람이 ICMP 패킷 프로토콜에서 규정한 크기보다 큰 ICMP 패킷을 기업의 정보 시스템에 전송하면 그 패킷은 한 번에 전송되는 것이 아니라 네트워크를 통해 효율적으로 전송될 수 있는 작은 크기로 나뉘어 각각 전송이 되고, 최종 목적지 컴퓨터 시스템에서 재 조합되어 처리된다. 이때 최종 목적지 컴퓨터 시스템에서 실행되고 있는 인터넷 계층의 프로토콜 소프트웨어 모듈은 작은 크기의 수 많은 ICMP 패킷 분할을 처리하는 과정에 정상적인 동작을 하지 못하게 되며, 이로인해 기업 정보 시스템은 서비스를 정상적으로 제공할 수 없게 된다.

기업의 정보 시스템이 죽음의 핑 공격을 받으면 인터넷 계층의 ICMP 프로토콜 모듈이 'ping' 서비스를 위한 패킷 처리로 인해 기업이 제공하는 서비스를 제공할 수 없게 된다. 즉 이 서비스 거부 공격은 TCP/IP 인터넷 계층의 ICMP 프로토콜의 기능을 이용한 것이다.

SYN Flooding 공격

앞의 68 쪽에서 TCP/IP 전송 계층의 프로토콜로서 TCP는 연결 지향 프로토콜이라고 하였다. 이 프로토콜은 데이터 교환 전에 연결이 확립되어야 하며, 이를 위해 그림 4.10에 보인 3-way 핸드셰이킹이 필요하다고 하였다.

SYN Flooding 공격은 TCP 프로토콜의 3-way 핸드셰이킹 단계를 왜곡시켜 시스템이 계속 대기 상태를 유지하도록 함으로써 기업의 정보 시스템이 정상적인 서비스를 하지 못하도록 한다. 그림 4.11은 SYN Flooding 공격에서 핸드셰이킹 단계를 왜곡시킨 것을 나타낸 것이다. TCP 프로토콜의 정상적인 3-way 핸드셰이킹 단계는 수신측 시스템 즉, 기업의 서비스를 제공하는 정보 시스템이 외부의 시스템으로 부터 'SYN' 메시지를 수신하면, 그 시스템에게 'SYN+ACK' 메시지를 전송한 후 상대측으로 부터 'ACK' 메시지를 수신할 때 까지 대기 상태를 유지하며, 상대측 시스템은 'ACK' 메시지를 전송하여 연결이 수립된다. 하지만 SYN Flooding 공격은 공격 대상이 되는 시스템 즉, 기업의 정보 시스템에게 연결 요청을 위해 'SYN' 메시지를 전송한 후 공격 대상 시스템이 'SYN+ACK' 메시지를 전송하더라도 'ACK' 메시지를 전송하는 것이 아니라 계속적으로 'SYN'를 전송한다. 이 메시지를 수신한 공격 대상 시스템은 다시 'SYN+ACK' 메시지를 전송을 하고 'ACK' 메시지를 수신할 때까지 대기 상태를 유지한다. 이처럼 SYN Flooding[6]은 공격 대상 시스템에게 반복적으로 'SYN' 메시지를 전송함으로써 그 시스템이 계속적으로 대기 상태를 유지하도록 하여 정상적인 서비스를 제공할 수 없도록 하는 것이다.

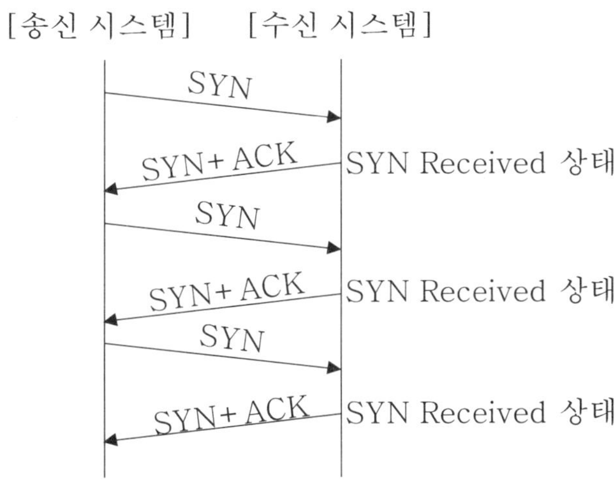

그림 4.11: SYN Flooding 공격

이 공격은 TCP/IP 프로토콜의 취약점을 이용한 것이 아니라 전송 계층의 TCP

[6]홍수, 범람이라는 'flooding'의 뜻과 같이 이 공격은 물밀듯이 많은 SYN를 공격 대상 시스템에 전송함으로써 서비스를 마비시키는 것이다.

프로토콜이 메시지 교환을 위한 상호 연결 과정의 단계의 부작용(side-effect)을 활용한 것이라고 할 수 있다.

4.3 스니핑, sniffing

'킁킁거리며 냄새를 맡는'이라는 뜻을 가진 영어 단어 'sniffing'이 의미하는 것과 같이 스니핑은 네트워크 또는 기업의 정보 시스템의 서비스에 직접적인 영향을 주기 보다는 각 시스템이 교환하는 각종 데이터를 '엿듣기'위한 것이다. 인터넷에 연결되어 있는 각 시스템은 네트워크 인터페이스 카드에 설정되어 있는 고유한 식별자인 MAC 주소와 TCP/IP 프로토콜의 인터넷 계층에서 사용하는 IP 주소를 이용하여 전송 매체를 통해 전송되는 각종 데이터를 무시할 것인지 또는 수신하여 여러 프로토콜 계층에서 처리하도록 할 것인가를 결정한다. 즉, 네트워크 인터페이스 카드는 유무선의 데이터 전송 매체를 통해 감지된 신호의 헤더를 분석하여 신호의 목적지 MAC 주소가 자신의 MAC 주소와 동일하면 그 신호를 수신하여 상위 프로토콜 계층으로 전달하여 처리하도록 한다. 인터넷 계층의 프로토콜은 네트워크 인터페이스 계층으로 부터 전달된 메시지에 있는 목적지 IP 주소를 검사하여 설정된 자신의 IP 주소와 동일한 경우에 해당 메시지를 처리하여 다시 상위 프로토콜 계층으로 전달하게 된다. 물론 네트워크 인터페이스 카드는 전송 매체를 통해 수신한 신호에 포함되어 있는 MAC 주소가 자신의 MAC 주소와 일치하지 않으며 그 신호들을 무시한다. 또 인터넷 계층의 프로토콜은 네트워크 인터페이스 계층에서 전달된 메시지의 목적지 IP 주소가 설정된 자신의 IP 주소와 동일하지 않다면 역시 그 메시지를 무시한다.

스니핑은 수신한 신호 또는 메시지에 있는 목적지 MAC와 IP 주소를 검사하는 기능을 비활성화하여 신호 전송 매체를 통해 전송되는 모든 신호와 패킷을 수신하여 분석함으로써 네트워크를 통해 전송되는 모든 정보를 '엿듣기'가 가능하다. 이것은 전송 매체를 통해 전송된 신호에 변형을 가하거나 차단하기 않기 때문에 기업의 정보 시스템도 정상적인 서비스를 제공한다. 따라서 정보 보안의 관점에서 스니핑은 탐지하기 쉽지 않으며 기업의 정보 시스템이 정상적으로 서비스를 제공하고 있기 때문에 시스템 관리자 등이 인지하지 못한 상황에서 기업의 정보 자산이 누출될 수 있기 때문에 서비스 거부 공격보다 더 심각한 피해를 줄 수 있다.

4.4 스푸핑, spoofing

'위장하기'라는 뜻을 가진 영어 단어 'spoofing'이 의미하는 것과 같이 스푸핑은 네트워크 프로토콜에서 사용하는 각종 주소를 위조 또는 변조하여 불법적으로 기업의 정보 자산을 취하거나 네트워크의 흐름을 변경하여 기업의 정보 시스템이 정상적으로 동작하는 것을 방해한다. 기업의 정보 시스템 또는 네트워크에 불법적으로 침입하려는 익명의 공격자는 기업의 네트워크 내에 있는 각종 시스템의 MAC 주소, IP 주소, TCP 프로토콜의 포트 번호 등 식별 정보를 위장함으로써 침입의 목적을 달성할 수 있다.

ARP 스푸핑

TCP/IP 프로토콜을 이용하여 두 시스템이 통신을 하기 위해서는 IP 주소와 함께 MAC 주소가 필요하다. 서비스를 제공받기 위해 연결 요청을 개시하는 클라이언트는 서비스를 제공하는 서버의 IP 주소– 도메인 이름을 이용하더라도 앞서 기술한 것과 같이 DNS 서버를 통해 매핑된 서버의 IP 주소를 이용한다.–를 사용한다. 그러나 네트워크 인터페이스 계층은 데이터 교환을 위해 IP 주소가 아닌 상대측 네트워크 인터페이스 카드의 MAC 주소가 필요하다. 따라서 인터넷 계층의 프로토콜은 상대측 IP 주소를 이용하여 MAC 주소 정보를 수집할 수 있어야 한다. 인터넷 계층의 프로토콜인 ARP(Address Resolution Protocol)은 네트워크 노드의 IP 주소에 대응하는 MAC 주소 정보를 제공하기 위한 프로토콜이다.

ARP 스푸핑은 ARP 프로토콜을 이용하여 클라이언트가 서버의 MAC 주소 정보를 수집하기 ARP 패킷을 전송하면 접근 권한이 없는 익명의 사용자가 ARP 스푸핑 공격을 위해 사용하는 시스템이 이 패킷에 반응하여 실제 서버의 MAC 주소가 아닌 자신의 MAC 주소를 전송함으로써 클라이언트가 수신한 MAC 주소가 서버의 것인 것으로 알게 한다. 따라서 클라이언트는 그 MAC 주소를 이용하여 각종 정보를 서버로 위장한 시스템에게 전송을 하며, 이 시스템은 수신한 정보를 획득할 뿐만 아니라 정상적인 서비스처럼 보이도록 '진짜' 서버에게 클라이언트로 부터 수신한 정보를 전송한다. 서버도 '위장된' 클라이언트로 부터 수신한 정보를 기반으로 서비스 제공을 위한 정보를 그 클라이언트에게 전송한다[7]. '위장된' 클라이언트는 서비스 제공을 위해 서버가 전송한 정보를 수신하면 그 정보를 탈취함과 동시에 '진짜' 클라이언트에게도 전송을 한다. 따라서 '진짜' 클라이언트와 서버는 정상적인 프로토콜에 따라 서비스 요청과 제공이 이루어 졌기 때문에 자신들이 교환한 정보가 중간에 탈취되고 있음을 알 수 없다.

IP 스푸핑

네트워크에 연결되어 있는 시스템간 신뢰 관계(trust)가 설정되어 있는 경우에 시스템은 별도의 로그인 절차 또는 인증 절차 등을 거치지 않고 상대측 시스템에 접속을 할 수 있다. 신뢰 관계의 설정은 양 시스템의 시스템 관리자에 의해 수행되는 것이기 때문에 사용자는 로그인 등 번거로운 절차를 거치지 않고도 상호 접속 및 서비스를 이용할 수 있다.

일반적으로 신뢰 관계의 설정은 IP 주소를 기반으로 하고 있기 때문에 IP 주소가 위조면 신뢰 관계가 설정되어 있는 모든 시스템의 보안에 영향을 줄 수 있다. IP 스푸핑은 신뢰 관계가 설정되어 있는 시스템의 IP 주소를 위장하는 것이다. 일반적으로 IP 스푸핑 공격은 DoS와 함께 이루어지는 경우가 많다. 만약 IP 주소를 보유한 시스템이 네트워크 상에서 정상적으로 동작을 하고 있다면 IP 주소를 위장하더라도 IP 주소 충돌로 인해 공격자는 정보 탈취 등과 같은 이득을 취할 수 없다. 즉, IP 스푸핑

[7]서버는 정상적인 프로토콜에 따라 수신한 클라이언트의 서비스 요청이 위장되었음을 알 수 있는 방법이 없다.

공격자는 기업의 정보 자산을 운영하고 있는 서버 또는 시스템과 신뢰 관계 설정이 되어 있는 시스템 중에서 상대적으로 취약한 시스템에 DoS 공격을 가하여 그 시스템을 마비시킴으로써 그 시스템의 IP 주소가 네트워크 상에 존재하지 않도록 한다. 그 후 공격자는 그 시스템의 IP 주소를 사용함으로써 기업의 정보 자산에 별도의 인증 절차 없이 접근을 할 수 있다.

4.5 창업 기업의 간단한 네트워크 보안

창업을 계획하고 있는 예비 창업자 또는 창업을 하였더라도 그 기간이 길지 않은 창업자는 창업 준비 또는 기업의 성공적 시장 진입을 위해 가용 자원의 많은 부분을 할애하게 된다. 많은 경우 정보 보호는 투자 또는 가용 자원 투입의 우선 순위가 상대적으로 높지 않다. 따라서 예비 창업자 또는 창업자들은 정보 보호를 위한 정책 수립 및 투자를 소홀히 하게 되는 문제가 있다. 특히 1인 창업은 비교적 소규모, 소자본으로 시작을 하기 때문에 창업 분야가 네트워크, 보안 소프트웨어 분야가 아니라면 창업 초창기에는 정보 보호를 위한 투자가 상대적으로 어려운 것이 사실이다. 또 창업 분야가 IT 관련 분야가 아닌 대부분의 창업자들은 정보 보호에 대한 개념을 충분히 갖고 있지 않은 경우도 있다. 그럼에도 불구하고 창업 기업의 많은 업무들이 인터넷에 연결되어 있는 컴퓨터 시스템을 이용하여 이루어 지고 있기 때문에 네트워크를 통한 기업 정보 자산의 유출 방지를 위해 최소한 네트워크 보안을 실시해야 한다.

일정 수준 이상의 네트워크 보안을 위해서는 침입 탐지 장비, 방화벽 장비 등 다양한 네트워크 장비를 갖추어야 한다. 하지만 창업 준비 또는 창업 초기에 창업가가 넉넉하지 않은 가용 자원을 이러한 장비에 투자하는 것은 어려운 일이라 할 수 있다[8]. 따라서 창업 초기에 보안 장비를 도입하지 않고서도 간단히 할 수 있는 정보 보호 방법을 소개한다.

[8]물론 창업 기업의 주요 제품 또는 서비스가 정보 보안과 관련된 것이라면 당연히 이러한 장비들에 투자를 해야 할 것이다.

4.5.1 공유기를 활용한 보안

창업 기업이 기업 활동을 위해 또는 서비스를 위해 여러 대의 컴퓨터 시스템을 인터넷에 연결하여 사용하고 있다면 기업은 인터넷 회선 사업자[9]로 부터 각 컴퓨터 시스템을 위한 공인 IP를 할당을 받아 사용해야 한다. 그러나 각 컴퓨터 시스템마다 별도의 공인 IP를 사용하는 것은 각 IP 마다 별도로 회선 사용료를 납부해야 하는 비용상의 문제와 더불어 기업 활동 또는 제공하는 서비스와 상관없이 기업이 운용하고 있는 모든 컴퓨터 시스템이 외부에 노출된다는 것이 정보 보호의 관점에서 보면 더욱 큰 문제가 된다. 컴퓨터 시스템이 외부에 노출되는 것을 방지하는 방법으로는 방화벽 장비를 이용하면 되지만 앞서 기술한 것과 같이 예비 창업 또는 창업 초창기의 창업자가 비교적 고가의 방화벽 장치에 가용 자원을 투자하는 것은 쉽지 않다.

이러한 문제를 간단히 해결할 수 있는 것은 공유기를 사용하는 것이다. 공유기는 하나의 인터넷 회선을 기업이 운영하는 여러 대의 컴퓨터 시스템이 공유할 수 있도록 하는 라우터(router)이다. 그림 4.12는 많이 보급되어 있는 공유기[10] 중의 하나를 표시한 것으로 인터넷 회선 사업자가 제공하는 인터넷 포트와 직접 연결되어 있다. 유무선 공유기는 몇 개의 유선 연결 포트와 무선 연결을 지원을 하며, 그 공유기에 연결된 컴퓨터 시스템 간의 통신을 위해 스위치 역할을 수행한다. 또한 공유기는 외부로 전송해야 하는 패킷을 연결된 인터넷 회선으로 전송하는 경로 결정 기능도 수행한다.

인터넷 회선과 연결된 공유기는 회선 사업자가 부여한 공인 IP를 갖는다. 이 공인 IP는 공유기에 유무선으로 연결된 여러 컴퓨터 시스템들에 의해 공유되며, 이들 컴퓨터 시스템은 서브 네트워크를 구성하며 내부 IP 주소를 갖는다. 각 컴퓨터에게 부여되는 IP 주소는 일반적으로 공유기에 의해 할당이 되며, 이를 위해 DHCP를 이용한다. 동적 호스트 구성 프로토콜(DHCP, Dynamic Host Configuration Protocol)은 호스트 컴퓨터의 IP 주소 구성 관리를 위한 프로토콜로서 DHCP 서버는 DHCP 클라이언트에게 IP 주소를 동적으로 할당을 한다. 여러 개의 컴퓨터 시스템이 공유기

[9]우리나라는 SK, KT, LG와 각 지역에 유선방송 사업자들이 인터넷 회선 서비스를 하고 있다.
[10]i*TIME 사의 공유기 사진이며, 그 기업의 홈페이지에서 캡쳐한 것이다.

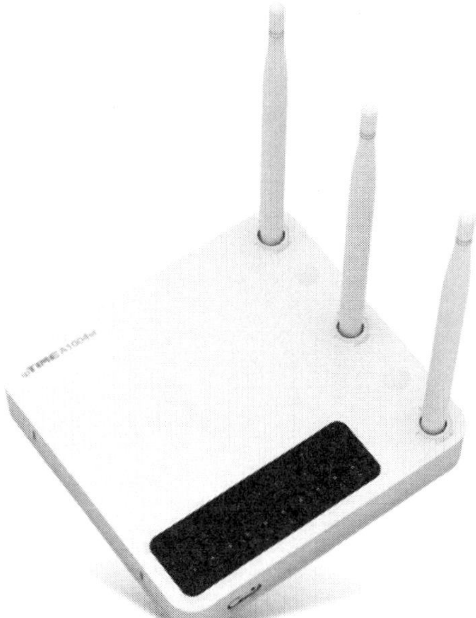

그림 4.12: 인터넷 공유기

에 연결되어 있는 환경에서는 일반적으로 공유기는 DHCP 서버 역할을 수행하며, 각 컴퓨터 시스템은 DHCP 클라이언트가 된다.

최근에 판매되고 있는 대부분의 공유기는 웹 기반 관리 도구를 포함하고 있다. 그림 4.13은 i*TIME 사의 공유기에서 제공하는 웹 기반 관리 도구의 첫 화면을 나타낸 것이다. 물론 공유기마다 관리 도구의 사용자 인터페이스(UI)는 같지 않지만 화면에 표시하는 내용은 큰 차이가 없다. 따라서 이 절에서는 i*TIME 사의 공유기에서 제공하는 웹 기반 관리 도구의 UI를 이용하여 표시되는 각 내용에 대해 설명을 한다.

그림 4.13에서 'a. 공인 IP'로 표시된 부분에는 인터넷 회선 사업자로 부터 할당된 공인 IP를 표시하고 있다. 일반적으로 공인 IP는 인터넷 회선을 설치할 때에 부여되고, 그 주소를 공유기에 설정을 해야 한다. 'b. DHCP 서버'라고 표시된 것은 현재 공유기가 DCP 서버로서 동작을 하고 있음을 나타낸 것으로 이 공유기에 연결되는 컴퓨터 시스템의 IP 주소는 이 공유기가 DHCP 프로토콜에 따라 적절하게 할당을 하게 된다. 'c. IP 할당 범위'라고 표시된 부부은 이 공유기가 할당하는 IP 주소의 범위를

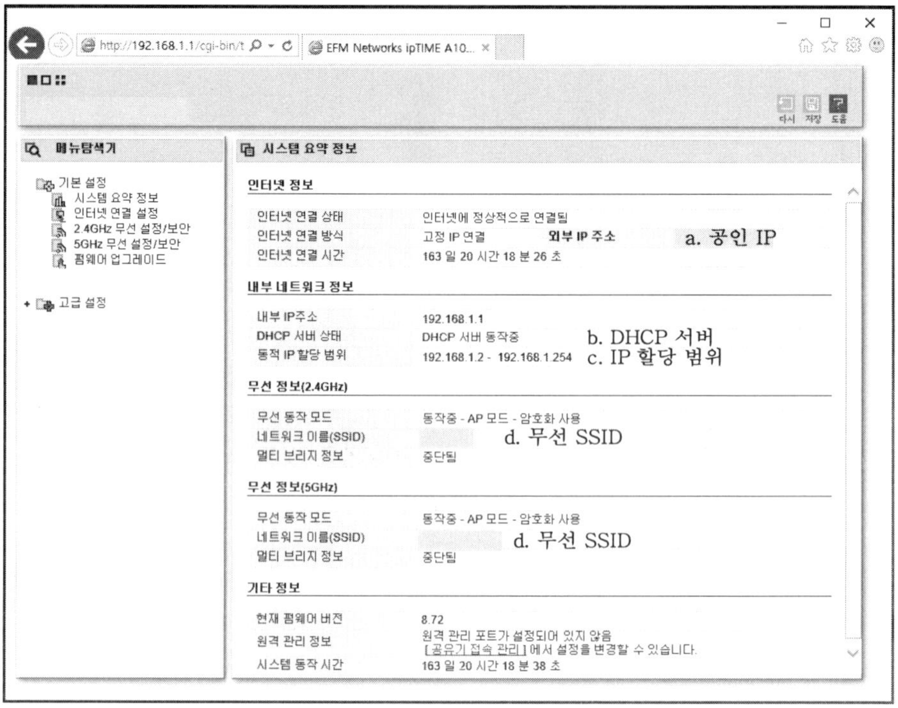

그림 4.13: 공유기의 웹 기반 관리 도구 화면의 예

나타낸 것으로, 이 공유기의 경우에는 192.168.1.2와 192.168.1.254 사이의 IP 주소[11]를 할당할 수 있음을 나타내고 있다. 할당할 수 있는 주소의 범위를 보면 이 공유기에 유무선으로 연결할 수 있는 컴퓨터 시스템의 수는 최대 253개 임을 알 수 있다. 그러나 공유기의 성능 등을 고려하면 너무 많은 컴퓨터 시스템을 하나의 공유기에 연결하는 것은 효율적이지 않다. 또, 'd.무선 SSID'는 무선 인터넷 신호의 이름을 의미한다.

최근의 많은 공유기들은 네트워크 보안과 관련된 많은 기능을 제공하고 있다. 따라서 창업 초기의 기업은 다수의 컴퓨터 시스템이 한 개의 인터넷 회선을 공유할 수 있도록 공유기를 사용하기 보다는 1차적인 네트워크 보안 장비로써 사용하는 것이 좋다. 물론 기업은 공유기 사용으로 인한 비용 절감을 기대할 수 있지만 그것보다는 비교적 저렴한 비용을 투자하여 1차적인 네트워크 보안을 실행할 수 있음에 공유기

[11]이 공유기 자신이 사용하는 IP 주소는 192.168.1.1이다. 각 공유기가 사용하는 내부 IP 주소는 공유기의 사용 설명서를 참고한다.

사용의 의미를 두는 것이 좋다. 즉, 기업이 보유하고 있는 인터넷 연결용 컴퓨터 시스템이 한 개만 있더라도 네트워크 보안을 위해 공유기를 사용하는 것이 좋다. 공유기를 이용한 간단한 네트워크 보안을 위해 기업 창업자가 확인 또는 설정해야 하는 것은 다음과 같다.

관리자 암호 설정

사용되고 있는 대부분의 공유기들은 제작될 때 공유기 관리 도구를 위한 관리자 ID와 비밀번호가 설정되어 있거나 비워져 있다. 관리자 ID와 비밀번호가 설정되어 있는 공유기라고 하더라도 ID와 비밀번호가 각각 'admin', 'admin'인 경우가 많다. 따라서 공유기를 1차적인 네트워크 보안 장비로 사용하기 위해 창업 기업이 취해야 하는 첫번째 단계는 바로 관리자 ID와 비밀번호를 설정하는 것이다. 이 과정은 인가되지 않은 익명의 사용자가 공유기에 접속하여 비록 작업 규모이긴 하지만 창업 기업의 내부 네트워크에 불법적으로 접근하여 창업 기업의 정보 자산에 접근할 수 있는 가능성을 1차적으로 차단할 수 있다.

그림 4.14는 관리자 ID와 비밀번호를 설정할 수 있는 공유기 관리 도구의 화면을 나타낸 것이다. 이 절에서 사용하는 공유기는 관리자 ID와 비밀번호가 기본적으로 설정되어 있지 않아 별도로 설정을 해야 한다. 그림에서 '**a.**'라고 표시된 부분은 관리자 ID와 비밀번호를 설정하는 것이다. 관리자 ID와 비밀번호가 기본적으로 설정되어 있는 공유기도 이와 비슷한 사용자 인터페이스를 제공하며, 그것을 이용하여 비밀번호 등을 변경할 수 있다.

그림 4.14에서 '**b.**'이라고 표시한 부분은 관리자로 로그인을 한 후 일정 시간동안 사용하지 않을 경우에 처리하는 것을 설정할 수 있다. 보안을 위해서 관리자가 일정 시간동안 사용을 하지 않은 경우에 자동으로 로그 아웃을 하는 것으로 설정하는 것이 안전하다. 이 설정은 공유기의 관리 도구에 관리자로 로그인을 한 후 잠시동안 자리를 비웠을 때 공유기 설정에 허용되지 않은 접근을 방지하기 위한 것이다. 물론 공유기마다 관리자 설정을 위한 방법과 범위가 다르지만 이러한 과정은 반드시 필요하다고

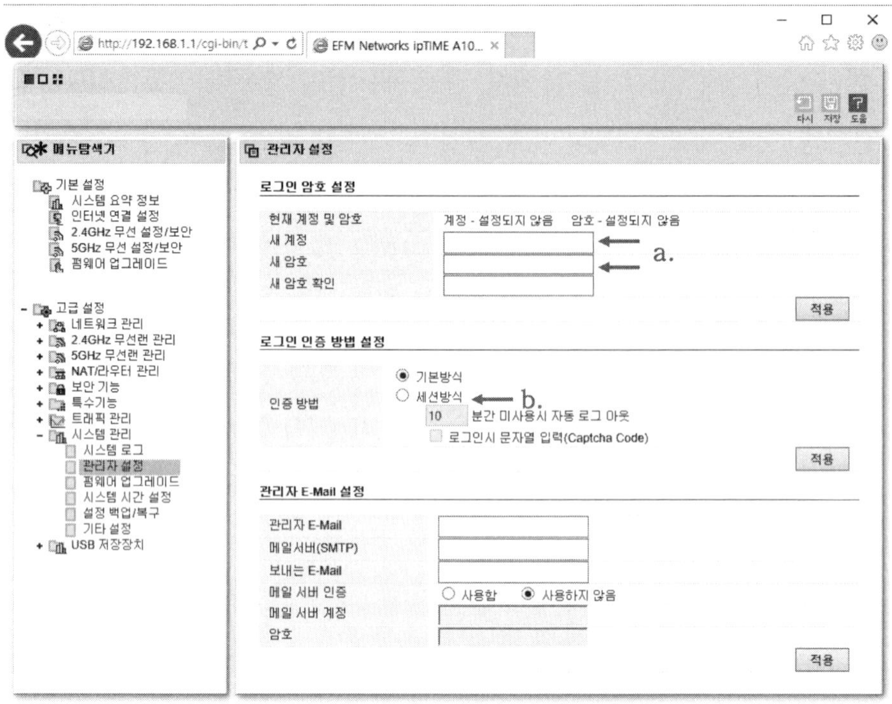

그림 4.14: 공유기의 관리자 ID와 비밀번호 설정을 위한 화면

할 수 있다.

공유기 관리 접속 제한

앞서 최근에 판매되는 공유기들은 웹 기반 공유기 관리 도구를 제공하고 있다고 하였다. 즉, 기업의 네트워크 관리 담당자가 웹 브라우저를 이용하여 공유기 관리 도구에 접속하여 공유기와 관련된 각종 설정 변경, 정책 변경, 접속 관리 등을 수행할 수 있다. 앞에서 공유기 관리자를 위한 암호를 설정하는 것이 인증되지 않은 익명의 사용자가 공유기 관리 도구에 접근하는 것을 방지함으로써 공유기를 이용한 간단한 네트워크 보안을 이루기 위함이다. 관리자의 암호 설정과 함께 관리를 위해 공유기 접속 제한도 네트워크 보안 강도 향상에 기여할 수 있다.

그림 4.15는 공유기 관리 도구에 접속할 수 있는 권한을 외부, 내부로 각각 별도

설정을 할 수 있는 화면을 나타낸 것이다. 만약 창업 기업의 관련자가 외부에서 시연 등을 위해 공유기를 이용한 내부 망에 접근을 해야 할 필요가 있는 경우에 공유기의 설정을 변경해야 할 경우가 있다. 이때 관련자가 외부에서 원격으로 공유기 관리 도구에 접근하여 필요한 설정을 변경할 수 있어야 하는데 이를 위해 원격에서 공유기에 접속할 수 있어야 한다. 이를 위해 원격에서 접속을 할 때 사용할 '원격 관리 포트 사용'을 설정한 후 접속할 포트 번호를 지정한다. 기업의 관련자가 원격 접속 포트를 설정하였다고 하더라도 원격에 있는 임의의 컴퓨터 시스템이 접속하는 것을 제한하기 위해 원격 접속을 허용할 IP 주소를 직접 지정할 수 있다. 이는 원격 접속 포트를 이용하더라도 허용된 IP 주소를 갖는 컴퓨터 시스템 만이 공유기 관리 도구에 접속할 수 있음을 의미한다. 그러나 공유기를 이용한 네트워크 보안이라는 측면에서는 원격에서 공유기의 설정을 변경할 수 있는 외부 접속을 차단하는 것이 효과적이다.

그림 4.15: 공유기 관리 접속 제한 설정 화면

앞서 공유기의 DHCP를 이용하여 공유기에 유무선으로 연결되는 컴퓨터 시스템들은 자동으로 IP 주소를 할당받을 수 있다고 하였다. 관리자는 공유기에 연결되어 있는 컴퓨터 시스템들의 공유기 관리 도구 접속을 제한할 수 있다. 이 공유기의 '내부 접속 보안' 설정은 설정된 IP 주소를 할당받은 컴퓨터 시스템만이 공유기 관리 도구에 접근할 수 있도록 제한한다. 따라서 공유기에 연결되어 있는 모든 컴퓨터 시스템이 공유기 관리 도구에 접근할 필요가 없다면 관리자 컴퓨터에 할당된 IP 주소만이 이 공유기 관리 도구에 접근할 수 있도록 설정하는 것이 네트워크 보안 나아가 정보 보호 강화에 도움이 된다.

네트워크 보안

앞서 공유기는 한 개의 공인 IP 주소를 다수의 컴퓨터가 공유하기 위한 목적으로 사용된다고 하였다. 물론 창업 기업의 초기에는 공인 IP 주소를 여러 컴퓨터가 공유함으로써 비용을 다소간 절감할 수 있지만 정보 보안이라는 측면에서는 공인 IP 공유로 인한 비용 절감보다 일정 수준의 네트워크 보안을 공유기를 이용할 실현할 수 있다고 기술한 바가 있다. 즉, 네트워크 규모가 크지 않은 초창기 창업 기업은 네트워크 보안을 위해 각종 네트워크 장비를 갖추는 것은 현실적으로 다소 어렵다. 또 1인 창업 등 원천적으로 그 규모가 크지 않거나 IT 관련 기업이라고 하더라도 제공하는 서비스의 종류에 따라 네트워크 규모가 확장될 필요가 없는 경우에도 네트워크 보안 장비를 구비하는 것은 어렵다. 그럼에도 불구하고 창업 기업의 각종 정보 자산 유출, 네트워크 보안 문제로 인한 서비스 중단 또는 지연 방지를 위해 창업 기업이 간단하게 네트워크 보안을 실현할 수 있는 방법이 필요하다. 이런 경우에 창업 기업은 공유기를 이용함으로써 간단하지만 비교적 강력한 네트워크 보안을 실현할 수 있다.

이 책에서 사용한 공유기의 경우에 '보안기능' 메뉴 내에 '기타 보안 설정' 기능에 각종 네트워크 보안과 관련된 설정을 할 수 있다. 이 공유기는 앞서 설명한 'SYN Flood', 'IP Spoofing', '죽음의 PING', 'ARP Snoofing' 뿐만 아니라 'Smurf', 'IP source routing' 등의 공격을 방지하는 네트워크 보안 기능을 수행한다. 따라서 창업 기업의 네트워크 관리자[12]가 공유기의 네트워크 보안 기능을 활성화시키는 것은 외부로부터의 불법적인 접근 시도 또는 서비스 거부 공격을 회피하거나 피할 수 있는 효과적인 방법이다.

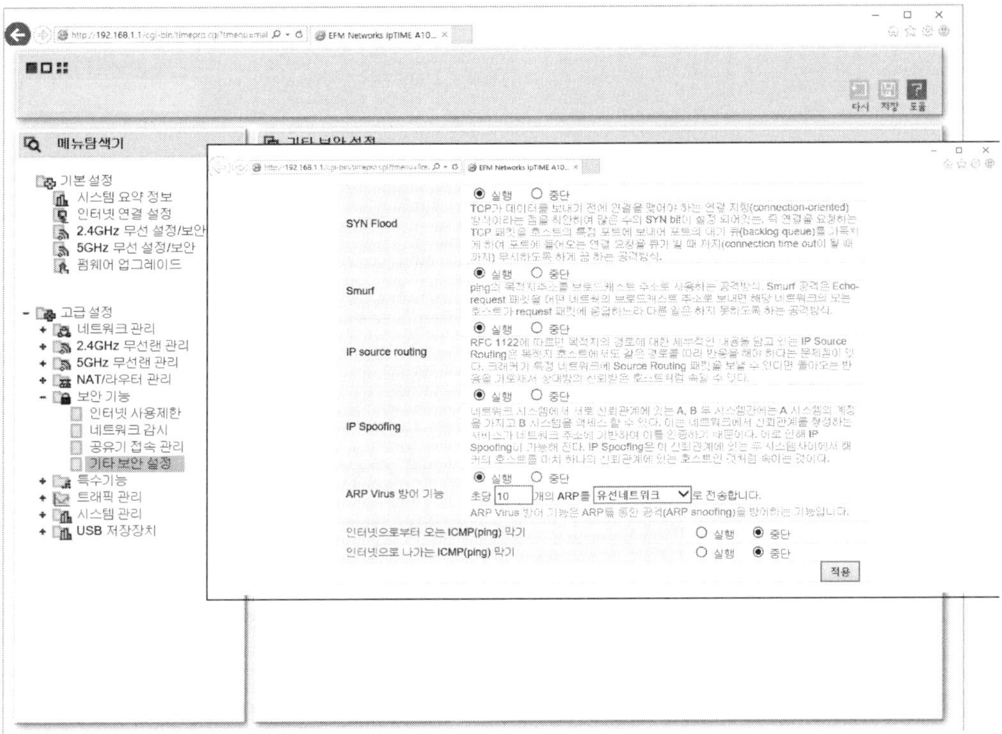

그림 4.16: 공유기의 네트워크 보안 기능

이 공유기는 외부에서 수신되는 ICMP와 외부로 송신되는 ICMP를 각각 차단할 수 있는 기능을 제공하고 있다. 공유기가 외부에서 수신되는 ICMP 패킷을 차단하는 것은 앞서 기술한 'Ping Snoofing' 공격을 방어하기 위한 것이며, 외부로 송신되는 ICMP 패킷을 차단하는 것은 바이러스 또는 악성 코드에 감염된 컴퓨터가 공유기를 통해 다른 시스템에게 가하는 'Ping Snoofing' 공격을 차단하기 위한 것이다.

이러한 네트워크 보안 설정을 통해 공유기는 1인 기업 또는 소규모 창업 기업의 네트워크 보안을 실현할 수 있는 현실적인 대안이 될 수 있다. 따라서 창업자는 공인 IP

[12]1인 창업 또는 창업 초기에는 창업자가 네트워크 관리도 해야할 것이다.

를 여러 컴퓨터 시스템들이 공유할 수 있는 것으로 생각하기 보다는 저렴한 비용으로 기본적인 네트워크 보안을 할 수 있는 네트워크 장비라는 관점으로 공유기를 사용할 필요가 있다. 이런 측면에서 한 개의 공인 IP에 한 대의 컴퓨터만 사용하는 창업 기업이라고 하더라도 네트워크 보안이라는 측면에서 공유기를 사용하는 것이 좋을 것으로 생각된다.

4.5.2 서비스 제공을 위한 포트 포워딩

앞서 인터넷의 표준 프로토콜인 TCP/IP에서 전송 계층에 해당하는 TCP 프로토콜은 연결 지향의 신뢰성 있는 데이터 전송을 보장하며, 데이터 교환을 하기 전에 그림 4.10에서 보인 방법에 따라 두 시스템 간의 논리적인 연결이 되어야 함을 기술한 바가 있다. 이때 접속을 요청한 즉, 3-way 핸드셰이킹을 시작한 시스템이 클라이언트가 된다. 이 방법에 따라 접속된 후 클라이언트와 서버에서 수행한 데이터 교환은 23 쪽의 그림 2.1에 따라 수행된다.

기업이 웹을 기반으로 한 서비스를 제공하거나 기업의 일상적인 업무를 위해 외부에서 공유기 내부에 있는 컴퓨터 시스템에 접속을 해야 할 경우에 외부의 클라이언트가 시작한 접속 요청도 공유기는 차단을 한다. 그림 4.17는 인터넷을 통해 기업에게 할당된 공인 IP를 이용하여 공유기에 접속된 내부 시스템에 접속 요청을 하는 것을 나타낸 것이다. 기업이 제공하는 서비스를 이용하고자 하는 클라이언트 컴퓨터는 공인 IP 또는 그 IP를 위한 도메인 이름을 이용하여 접속 요청을 한다. 이때 클라이언트가 사용한 IP 또는 도메인 이름은 공유기의 공인 IP 이기 때문에 이 접속 요청을 수신한 공유기는 그 요청을 서버에게 전달하는 것이 아니라 차단해 버린다. 따라서 클라이언트 컴퓨터가 전송 연결 요청은 공유기에 접속되어 있는 서버에게 전달되지 않아 서비스를 제공할 수 없다. 이것은 한 개의 공인 IP가 공유기를 통해 여러 컴퓨터 시스템들에 의해 공유되기 때문에 공유기는 인터넷을 통해 도착한 연결 요청 패킷을 자신에게 연결되어 있는 컴퓨터 시스템 중 어떤 시스템에게 전달해야 할지 명확하지 않기 때문이다. 이러한 공유기의 동작은 해킹, 정보 유출, 서비스 방해, 지연 등을 목적으로 접속하려는 여러 시도들을 차단하는 방화벽의 역할을 수행하는 긍정적 효과가 있다.

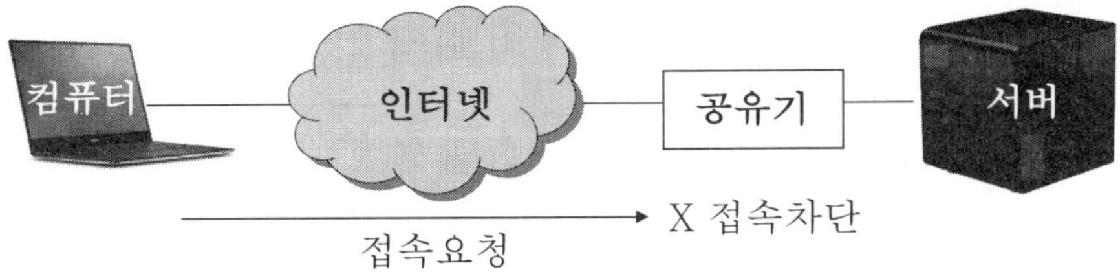

그림 4.17: 공유기 외부에서 접속 요청

공유기는 방화벽 역할을 수행하는 긍정적 역할도 있지만 이로 인해 정상적인 접속 요청까지 차단하여 기업의 서비스가 제대로 제공될 수 없는 부작용을 갖고 있다. 공유기의 DMZ(De-Millitarized Zone) 기능은 외부에서 도착한 패킷을 공유기에 연결된 특정 IP를 갖는 컴퓨터에게 전달하는 것으로 클라이언트 컴퓨터의 접속 요청도 이 컴퓨터에게 전송된다. 그러나 이 기능은 정상적인 접속 요청뿐만 아니라 해킹, 정보 유출 등을 목적으로 접속하려는 연결 요청도 함께 그 컴퓨터에 전송을 하기 때문에 이로 인해 네트워크 보안 체계가 무너질 수 있다. 즉, 설정된 특정 IP를 사용하는 컴퓨터에 공유기가 수신한 모든 접속 요청을 전달한다면 그 컴퓨터의 보안 취약점으로 누군가에 의해 탈취될 수 있으며, 이로 인해 공유기로 인해 형성된 공인 IP를 공유하는 컴퓨터 그룹들의 보안이 취약해질 우려가 있다. 따라서 그림 4.18에 나타낸 것과 같이 공유기의 DMZ를 사용하지 않는 것으로 설정하여야 한다.

공유기의 DMZ 기능을 사용할 경우에 네트워크 보안의 취약점이 노출되기 때문에 정보 보호의 측면에서 이 기능을 꺼 두어야 하지만, 공유기는 인터넷을 통한 정상적인 외부 접속 요청을 차단해 버린다. 따라서 공유기에 연결된 컴퓨터 시스템에서 제공하는 특정 서비스를 위한 연결 요청만을 그 컴퓨터에게만 전달하고 나머지 요청에 대해서는 차단할 수 있는 공유기의 기능이 필요하다. 이 기능을 위해 공유기는 포트 번호를 이용하여 특정 서비스를 구별한다. 포트 번호는 68 쪽에서 설명한 전송 계층의 프로토콜인 TCP가 사용하는 것으로 인터넷 계층의 프로토콜에서 전달해 준 세그먼트

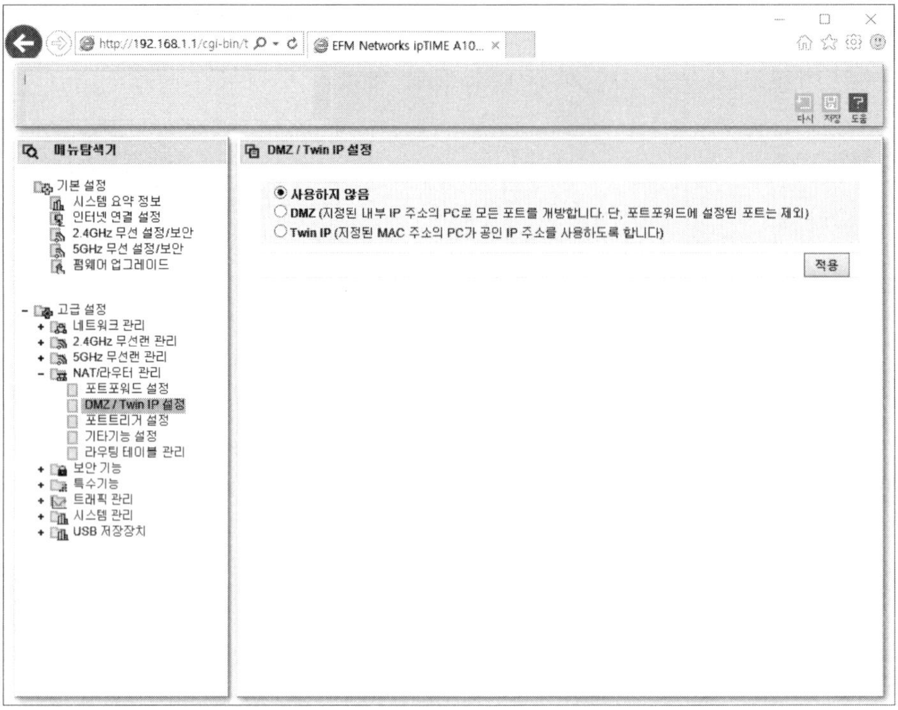

그림 4.18: 공유기의 DMZ 비활성화 화면

를 TCP가 세그먼트의 데이트를 전달할 응용 프로그램을 결정할 때 사용된다. 따라서 공유기는 외부에서 전송된 접속 요청의 포트 번호를 분석하여 공유기에 연결된 컴퓨터 시스템을 선택하여 그 접속 요청을 전달할 수 있다.

공유기의 포트 포워딩(port forwarding) 기능은 인터넷을 통해 도착한 접속 요청에 있는 포트 번호를 분석하여 적절한 컴퓨터 시스템에게 전달하는 기능이다. 그림 4.19는 공유기의 포트 포워딩을 위한 설정의 예를 나타낸 것이다. 이러한 설정을 가진 공유기는 포트 번호 80번으로 되어 있는 접속 요청을 그 공유기에 연결된 컴퓨터 시스템 중에서 IP 주소가 '192.168.1.101'인 시스템에게 전달한다. 따라서 실제 서비스를 제공하는 컴퓨터 시스템의 내부 IP 주소를 알지 못해도 공유기에 설정된 공인 IP와 서비스를 위한 포트 번호를 이용하여 공유기에 연결되어 있는 컴퓨터 시스템의 서비스를 제공받을 수 있다.

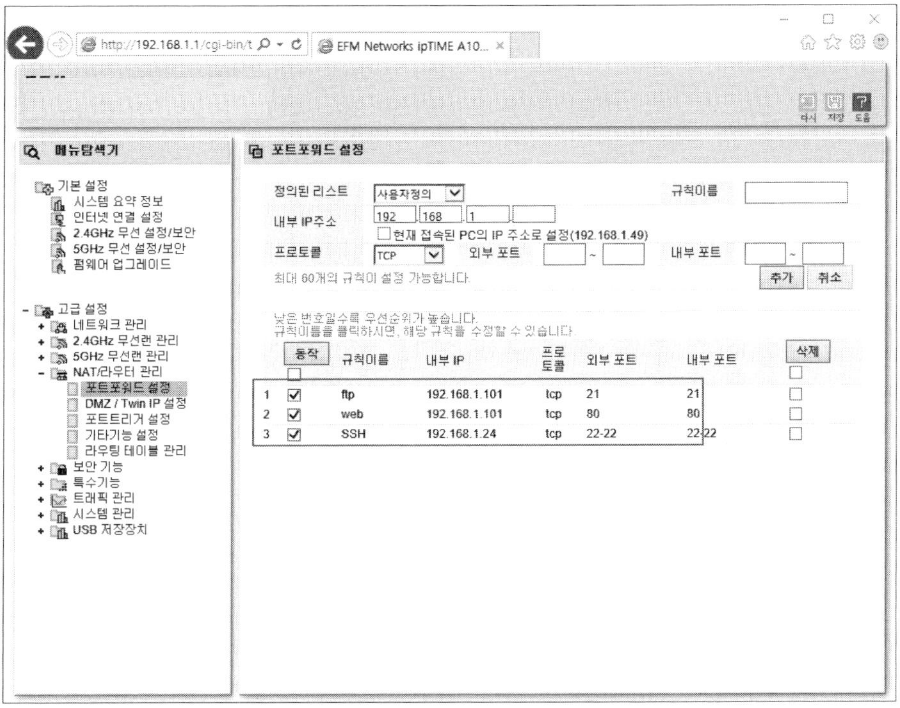

그림 4.19: 포트 포워딩 설정 화면

각 서비스를 위한 포트 번호는 서비스를 개발하고 제공하는 기업이 임의로 정해도 되지만 그 서비스를 위한 포트 번호를 알지 못하면 서비스를 이용할 수 없다. 따라서 기업이 제공하는 서비스를 위한 포트 번호는 잘 알려진 포트 번호(well-known port number)를 이용하는 것이 좋다. 예를 들어, 웹 기반의 서비스를 제공하기 위해 운영되는 웹 서버는 보통 80번 포트 번호를 사용하며, 파일 전송 프로토콜인 FTP 서버는 21번 포트 번호를 사용한다. 또 보안 접속을 지원하는 SSH 서버는 포트 번호 22번을 사용하고 있다. 앞의 2.2 절에서 설명한 URL 형식에서 포트 번호에 대해 언급한 바 있다. 일반적인 웹 서버는 기본적으로 포트 번호 80번을 사용하고 있으며, MS사의 IE, 구글의 Chrome 등과 같은 웹 브라우저도 URL 형식에 별도의 포트 번호를 명시하지 않으면 포트 번호 80을 사용하여 웹 서버에 접속 요청을 한다.

4.5.3 무선인터넷 보안

앞서 공유기는 유무선 전송 매체를 통해 컴퓨터 시스템과 연결되어 있다고 하였다. 유선 전송 매체는 컴퓨터 시스템과 공유기가 물리적으로 전송 라인으로 연결되어 있기 때문에 허가되지 않은 접속을 방지할 수 있다. 하지만 무선 전송 매체는 공유기와 컴퓨터 시스템이 물리적으로 연결되는 것이 아니기 때문에 공유기 근처에서 허가되지 않은 접속을 할 수 있다. 공유기와 무선 연결이된 컴퓨터 시스템은 공유기 내부 네트워크에 연결된 다른 컴퓨터 시스템과 동일하게 사용할 수 있기 때문에 내부 네트워크에 존재하는 기업의 정보 자산이 노출될 수 있다. 따라서 공유기에 대한 무선 접속은 허용된 컴퓨터 시스템만이 가능하도록 무선 연결에 대한 보안 조치가 필요하다.

무선 연결을 지원하는 공유기는 무선 보안을 설정할 수 있도로 제공하고 있다. 그림 4.20는 공유기의 무선 보안을 설정하는 화면을 나타내고 있다. 그림에서 '1.'로 표시한 네트워크 이름은 컴퓨터 시스템이 무선 신호를 탐색할 때 표시는 이름이다. 이 이름은 컴퓨터 시스템이 연결할 무선 접근점(access point)를 탐색하고 연결을 시도할 때 사용된다.

그림 4.20에서 '2.'로 표시된 네트워크 키는 컴퓨터 시스템이 무선으로 공유기에 연결할 때 사용할 키를 의미한다. 네트워크 키가 설정되어 있지 않으면 임의의 컴퓨터 시스템이 공유기에 무선으로 연결할 수 있어 앞서 기술한 다양한 네트워크 보안 문제 발생의 가능성이 있다. 따라서 무선 인터넷 보안을 위해서는 이 네트워크 키를 반드시 설정하여야 한다. 네트워크 키는 인증 방법과 암호화 방법에 따라 설정하는 키의 길이가 다를 수 있지만, '123456', 'abcde' 등과 같은 간단한 조합대신 문자, 숫자 등을 적절하게 조합한 것으로 설정하는 것이 좋다.

이 절에서는 1인 기업 또는 창업 초기에 소규모의 기업일 때 공유기를 이용하여 간단하게 네트워크 보안을 실현하는 것을 다루었다. 공유기를 비용 대비 효과적인 네트워크 보안 장비라는 관점에서 기업은 공인 IP를 사용하는 컴퓨터 시스템이 한 대라고 하더라도 공유기를 이용함으로써 초보적인 네트워크 보안을 실현할 수 있다.

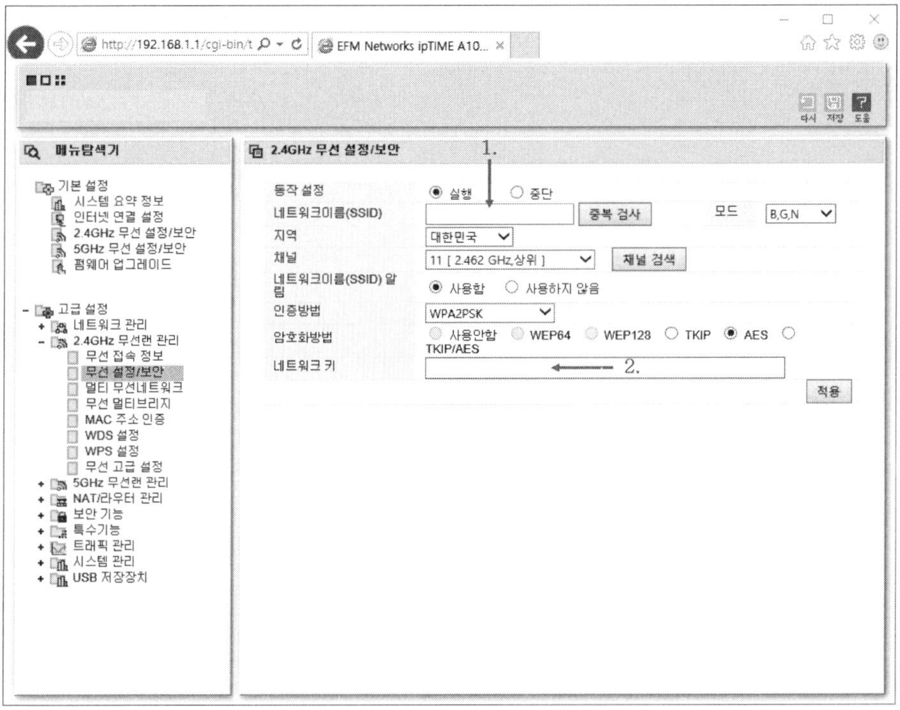

그림 4.20: 공유기의 무선 보안 설정

따라서 기업의 내부 정보 자산은 보호될 수 있으며, 인터넷을 기반으로 하는 각종 서비스도 중단없이 효율적으로 제공될 수 있다.

최근에 판매되고 있는 공유기의 종류와 기능은 매우 다양하다. 특히 이 장에서 기술한 네트워크 보안 기능을 위한 설정 방법 및 사용자 인터페이스는 공유기에 따라 다를 수 있다. 따라서 이 책에서 설정의 예를 나타낸 각 그림들은 공유기 마다 다를 수 있기 때문에 더 자세한 설정 방법 등은 공유기의 사용 설명서를 참고하여야 한다.

CHAPTER 5

시스템 및 데이터베이스 보안

규모가 작은 1인 기업조차도 많은 업무를 컴퓨터 시스템을 이용하여 처리하고 있다. 또 기업이 축적하고 있는 정보 자산은 파일에 저장되기 보다는 저장, 접근, 관리 등의 편리성, 효율성 등을 위해 데이터베이스에 저장된다. 따라서 기업의 정보자산을 보호하기 위해서는 네트워크 관련 정보보호 정책의 실행뿐만 아니라 업무 또는 기업이 제공하는 서비스를 위해 사용되는 컴퓨터 시스템 및 데이터베이스에 대한 보안 정책도 필요하다. 이 장에서는 정보보호 요소별 컴퓨터 시스템 및 데이터베이스 보안에 대해 기술을 한다.

5.1 사용자 계정과 비밀번호

5.1.1 사용자 접근 인증 개요

기업의 정보자산을 외부의 불법적인 접근으로 부터 방지하기 위해 다양한 네트워크 보안 정책을 실행하더라도 기업 내부에서 업무용 등으로 사용하는 컴퓨터 시스템을 대상으로 한 적절한 보안 정책이 수립, 실행되지 않으면 기업의 정보보호가 약화될 수 있다. 컴퓨터 시스템에 대한 불법적인 접근을 막는 가장 효과적인 방법은 컴퓨터 시스템을 사용할 수 있는 사용자 계정을 생성하고 각 사용자의 권한을 별도로 부여하여 관리를 하는 것이다. 사용하는 컴퓨터 시스템 즉, 운영체제에 따라 사용자 계정 생성 방법 및 권한을 부여하는 방법이 다르다.

기업에서 일반 업무용으로 많이 사용하고 있는 운영체제는 마이크로소프트사에서 개발, 공급하고 있는 MS-윈도[1] 시스템이다. 윈도 시스템은 다중 사용자 즉, 복수의 사용자가 한 시스템을 동시에 사용할 수 있도록 지원을 하지 않지만 여러 계정을 생성하여 여러 사용자가 한 컴퓨터를 공유할 수 있다. 컴퓨터 시스템[2] 즉, 운영체제의 사용자 계정 관리 시스템에 등록되어 있는 계정은 다른 계정으로 부터 식별하기 위해 계정 이름 또는 사용자 ID(identification)를 사용한다. 기업의 일상적인 업무를 위해 사용하는 시스템 특히, 윈도 운영체제가 사용되고 있는 컴퓨터 시스템은 적어도 한 개 이상의 사용자 계정이 등록되어 있으며, 많은 경우에 비밀번호 설정이 되어 있지 않은 것으로 생각된다. 따라서 업무 담당자가 자리를 비운사이에 접근 허용이 되지 않은 사용자가 컴퓨터 시스템에 접근하여 사용함으로서 정보보안 사고가 간혹 발생하고 있다. 따라서 각 사용자 계정의 사용자를 인증할 수 있는 인증 방안을 수립하고 실행해야 한다.

시스템 접근 권한을 부여하기 위한 대표적 인증 방법은 **알고 있는 것**, **가지고 있는 것**, **접근 위치**, **접근자 모습**이 있다. **알고 있는 것**을 이용한 인증 방법은 사용자가 알고 있는 정보를 이용하여 인증을 수행하는 것이다. 사용자가 알고 있는 정보는 사용자 계정 관리 시스템에 사전 설정되어야 하며, 이 정보와 접근을 시도하는 사용자가 알고 있는 정보를 비교함으로써 인증 과정을 수행하는 것이다. 만약 사용자 계정 관리 시스템에 등록된 정보와 접근을 시도하는 사용자가 알고 있는 정보가 같지 않을 경우에는 '정보'를 등록한 사용자 즉, 접근이 허가된 사용자가 아닐 가능성이 있기 때문에 접근을 허용하지 않는다. 이 방법을 이용하는 대표적인 인증 방법으로는 비밀번호가 있다[3].

[1]2016년에 현재 많이 사용하고 있는 것은 MS-윈도 7과 10이다.

[2]이 장에서 컴퓨터 시스템은 운영체제를 포함한 개념이다.

[3]스마트 폰에서 사용하는 '패턴으로 보안' 기능도 사용자가 **알고 있는 것**을 이용한 접근 제어 방법 중의 하나이다.

가지고 있는 것을 이용한 인증 방법은 접근을 시도하는 사용자가 물리적으로 소유하고 있는 것을 이용한 인증 수단이다. 사용자 계정 관리 시스템에 등록 정보와 사용자가 가지고 있는 것에 포함된 정보를 이용하여 컴퓨터 시스템 계정 접근 또는 사용을 인증하는 것이다. 이 방법을 이용한 인증 방법으로는 신분증 등에 삽입되어 있는 인증용 IC카드, 금융 거래용 보안카드, 공인인증서, OTP(one time password) 발생기 등이 있다.

접근 위치를 이용한 인증 방법은 원격에서 컴퓨터 시스템에 접근하고자 할 경우에 접근 위치에 따라 접속 인증 여부를 결정하는 방법이다. IP 주소의 클래스와 서브넷[4]의 주소는 국가, 지역에 따라 할당되어 있다. 따라서 인터넷을 통한 원격 접속을 시도하는 경우에 그 IP 주소를 이용하여 접속을 시도하는 위치를 대략 분석할 수 있다. 이를 이용하여 기업 내 정보 자원에 접근하려는 시도가 있다면 그 위치를 분석하여 접근 시도를 허용할 것인가를 결정할 수 있다[5]. 그러나 TeamViewer[6]와 같은 원격 접속 지원 소프트웨어를 이용하는 경우에는 접근 위치를 아는 것은 사실상 불가능하다고 할 수 있다. 따라서 접근 위치를 이용한 인증 방법은 기업의 정보보호 관점에서는 좋은 인증 방법은 아니라고 할 수 있다.

접근자 모습을 이용한 인증 방법은 사용자의 생체 정보를 이용한 인증방법이다. 생체 정보를 이용한 접근 제어의 대표적 방법은 지문 인식을 이용하는 것이다. 최근에 판매되고 있는 노트북 컴퓨터 중에 일부 모델은 지문 인식 기능을 장착하고 있어 그것을 이용하여 노트북 컴퓨터 사용을 인증하고 있다. 외근이 잦은 기업에서 사용하는 노트북 컴퓨터에 이러한 인증 방법을 이용하면 외근 중에 노트북 컴퓨터를 도난당한 경우에도 그 컴퓨터에 저장되어 있는 각종 기업 관련 정보와 데이터 들은 비교적 안전하게 보호할 수 있다.

---

[4]IP 주소 클래스(class)와 서브넷 주소에 대한 것은 이 책의 범위를 벗어나기 때문에 TCP/IP 프로토콜을 설명하는 네트워크 관련 서적을 참고한다.

[5]정보보호라는 측면에서는 접근 위치가 인증의 수단으로 사용될 수 있지만 사용자 지향의 서비스 제공이라는 측면에서는 접근 위치가 매우 중요한 사용자 정보가 될 수 있다. 예를 들어, 기업의 웹 서비스에 접근하려는 사용자의 위치가 영어를 사용하는 국가라면 1차적으로 영문으로 된 웹 서비스를 제공할 수 있으며, 그 위치가 대한민국이라면 1차적으로 한국어로 서비스를 제공할 수 있을 것이다.

[6]TeamViewer는 TeamViewer사의 등록상표임.

접근 위치를 이용한 접근 제어는 그것을 회피할 수 있는 방법이 있기 때문에 기업의 정보 보호 관점에서는 좋은 선택이 되지 못한다. 지문 등 사용자의 생체 정보를 이용하는 접근 제한은 외근 등이 잦은 경우에는 꼭 필요한 접근 제어 방법이지만 지문 인식기 등이 장착되어 있지 않는 대부분의 컴퓨터 시스템에서의 적용이 쉽지 않다. 또 기업에서 사용하고 있는 다수의 컴퓨터를 기업의 여러 담당자들이 공유하는 경우에는 그 담당자들의 생체정보 즉, 지문 등을 각 컴퓨터 시스템에 등록해야 하는 문제가 발생하며, 퇴사를 한 경우에는 등록된 정보를 찾아 삭제해야 하는 관리상의 문제가 발생할 수 있다. 또 신분증 등을 이용한 가지고 있는 것을 이용한 접근 제어는 주로 사실상 출입 제어에 사용될 수 있는 방법이기 때문에 컴퓨터 시스템 접근을 위한 인증 방법으로는 효과적이지 않다. 따라서 정보보호의 관점에서 기업이 사용하고 있는 각종 컴퓨터 시스템에 대한 현실적인 접근 제어 방법은 사용자 계정과 비밀번호를 이용하는 것이다.

5.1.2 MS-윈도 시스템에서 사용자 계정 및 접근 제어

마이크로소프트에서 공급하고 있는 윈도 시스템을 운영체제로 사용하는 많은 사용자들은 여러 이유로 비밀번호를 설정하지 않거나 비밀번호를 알지 못해도 접근하여 사용할 수 있도록 설정하여 컴퓨터 시스템을 사용하고 있다. 기업 또는 조직에서 근무하고 있는 많은 담당자들도 접근의 편리성을 위해 비밀번호를 설정하지 않은 채로 기업의 업무를 위해 컴퓨터를 사용하고 있다. 기업의 정보보호의 관점에서 이러한 상황은 기업의 정보보호 시스템을 약화시키는 가장 일반적이면서도 간단한 방법이다. 즉, 임의의 사용자는 접근 제어가 이루어지고 있지 않은 컴퓨터 시스템에 접근하여 기업의 정보 자산에 접근하거나, 허용되지 않는 소프트웨어를 설치하여 기업 외부에서 자신이 접근할 수 있도록 조치를 취할 수 있다. 이것은 기업이 정보보호를 위해 많은 자원을 투입하더라도 기업의 정보 자산에 대한 외부의 불법적인 접근에 취약할 수 밖에 없는 상황이 된다. 따라서, 윈도 시스템의 사용자 계정 관리 시스템을 이용하여 계정을 등록함과 동시에 비밀번호를 사용하여 인증할 수 있도록 설정하는 것은 기업의 정보 자산 보호를 위해 필요하다.

마이크로소프트사에서 제공하는 윈도 시스템에서 사용자 계정과 비밀번호는 'netplwiz'라는 명령어를 통해 등록 및 설정할 수 있다. 그림 5.1는 윈도10 시스템에서 사용자 계정 관리를 위한 화면 및 사용자 계정을 등록하는 화면을 나타낸 것이다. 그림 5.1a은 'netplwiz' 명령어를 실행했을 때의 화면 예를 나타낸 것이다. 윈도 시스템에는 윈도 시스템을 설치할 때 생성한 적어도 한 명의 사용자를 위한 계정이 등록되어 있으며, 그 계정은 시스템 관리와 관련된 권한을 갖고 있는 **Administrators** 그룹으로 설정되어 있다. 이 그룹에 속하는 사용자는 새로운 응용 프로그램을 설치하거나 삭제하는 등 시스템 관리와 관련된 작업을 수행할 수 있다.

그림 5.1a에서 'A'라고 표시된 것은 사용자가 암호를 입력하지 않아도 사용할 수 있도록 설정할 수 있다. 만약 암호를 입력하지 않고 컴퓨터 시스템을 사용하도록 허용을 하고자 할 경우에는 이것을 선택하지 않으면 된다. 그러나 암호를 사용하지 않고 시스템을 사용하도록 하면 앞서 기술한 것과 같이 기업의 정보보호에 취약점이 될 수 있기 때문에 반드시 사용자 이름과 암호를 입력해야 이 컴퓨터를 사용할 수 있도록 선택을 해야 한다. 즉, 기업의 정보보호를 위해서 이 선택사항는 반드시 선택이 되어 있도록 해야 한다.

컴퓨터 시스템에 윈도 운영체제를 설치할 때 추가된 사용자는 기본적으로 'Administrator' 그룹의 구성원으로서 시스템을 관리할 수 있는 권한을 가지고 있다. 따라서 시스템 관리 권한을 가지고 있는 사용자가 일상적인 업무를 위해 컴퓨터를 사용하는 것은 적절하지 않다. 이때 사용자가 업무 수행을 위해 인터넷 검색 등을 할 때 원치않은 소프트웨어가 설치되어 기업의 보안에 영향을 줄 수 있다. 따라서 시스템 관리 권한이 없는 일반 사용자를 위한 계정을 생성하여 그 계정의 사용자가 기업을 일반적인 업무를 수행하도록 하는 것이 필요하다.

윈도의 사용자 계정 관리 시스템에 일반 사용자를 등록하는 것은 그림 5.1a에 'B'

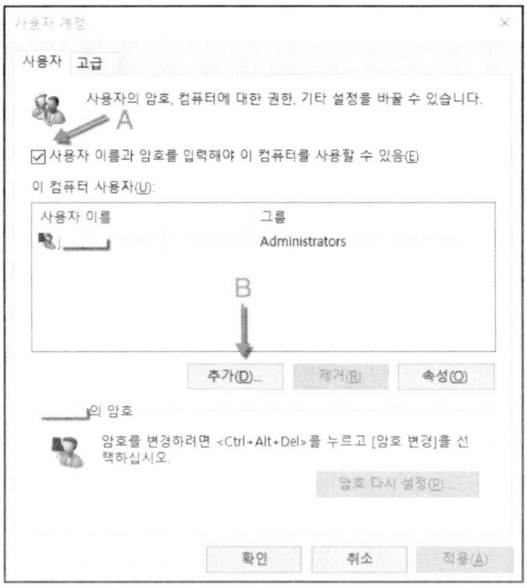

(a) 사용자 계정 관리 화면

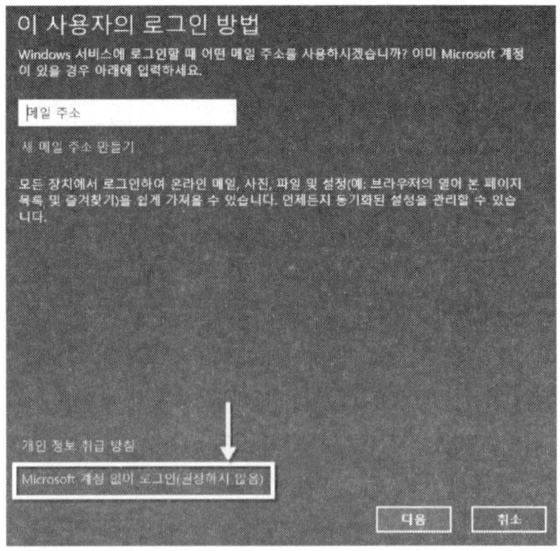

(b) 사용자 로그인 방법 설정

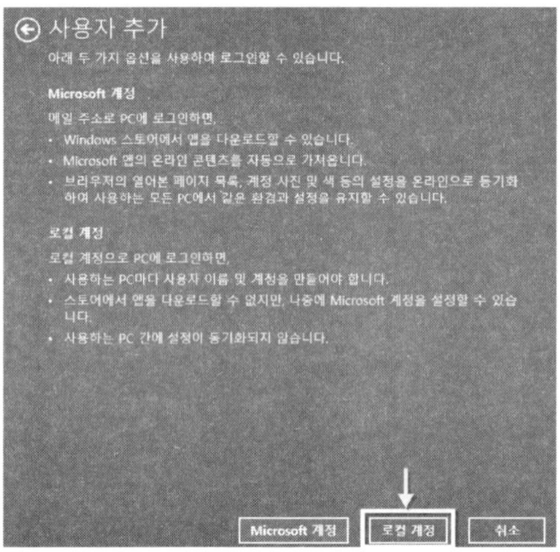

(c) 로컬 계정 추가

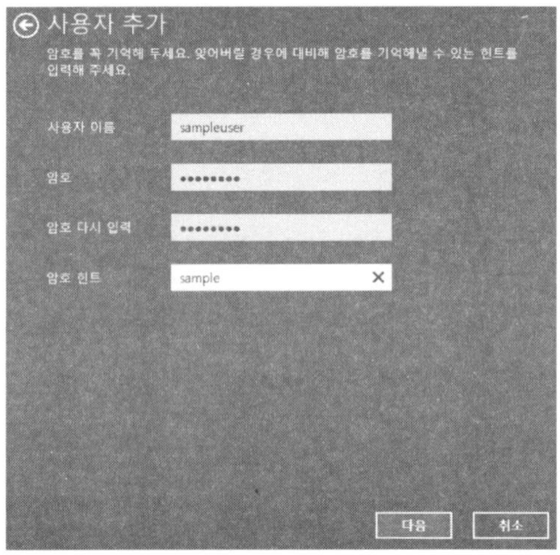

(d) 사용자 정보 입력

그림 5.1: 사용자 계정 관리

로 표시한 **추가** 버튼을 눌러서 할 수 있다. 이 버튼을 선택하면 그림 5.1b 화면이 표시된다. 이 화면은 사용자가 컴퓨터 시스템에 로그인 하는 방법을 선택하는 것으로 마이크로소프트는 그들의 전자메일 계정을 사용하도록 하고 있다. 그러나 기업의 업무 담당자들은 그 기업을 위한 도메인용 전자메일을 이미 사용하고 있기 때문에 마이크로소프트에서 제공하는 전자메일을 생성, 사용할 필요가 없다. 따라서 마이크로소프트에서 권장하지는 않지만 그림 5.1b에 보인 것과 같이 그들의 전자메일 계정을 사용하지 않고 로그인하는 것을 선택한다. 그림 5.1c은 로컬 계정을 추가하기 위한 선택 화면이다. 로컬 계정은 그 컴퓨터 시스템의 사용자 계정 관리 시스템에 사용자를 등록, 관리함으로 의미한다. 그림 5.1d은 추가하는 사용자를 위한 사용자 계정 이름과 암호를 입력하는 화면을 나타낸 것이다. 사용자 계정 이름과 암호 입력을 정상적으로 실행한 경우에 새로운 사용자가 생성된다.

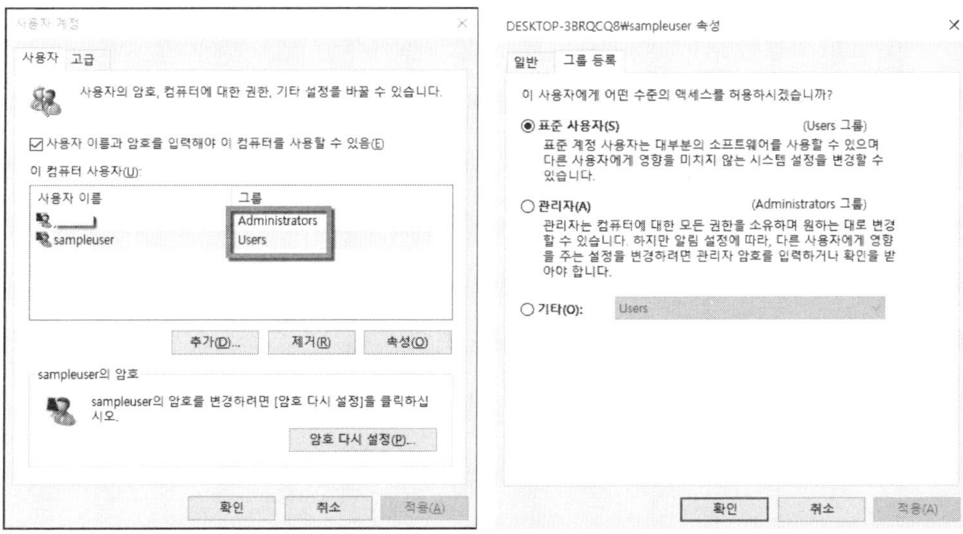

(a) 사용자 추가된 후 화면

(b) 사용자 정보 입력

그림 5.2: 사용자를 추가한 후 사용자 계정 관리 화면

그림 5.2은 사용자를 추가한 후 사용자 계정 관리 시스템을 나타낸 것이다. 특히 그림 5.2a은 앞에서 추가된 사용자 계정이 추가되어 있음을 확인할 수 있으며, 이 사용자의 그룹이 'Users'로 표시되어 있다. 윈도 시스템에 등록되어 있는 사용자 계정은 그 역할에 따라 관리자 권한을 갖는 'Administrators' 그룹과 일반 사용자 권한을 갖는 'Users' 그룹으로 나뉠 수 있다. 일반 사용자 권한을 가진 사용자는 컴퓨터 시스템과 관련한 사용에 특별한 문제는 없지만 프로그램 설치, 제거 등과 같은 시스템 관리와

관련된 작업만 제한을 가진다. 따라서 기업의 일상적인 업무는 'Users' 그룹의 사용자 계정으로 하는 것이 기업의 정보보호에 도움이 된다. 두 개의 기본적인 그룹 이외에 각 권한별 많은 종류의 그룹이 있지만 기업의 일상적인 업무를 위해서는 이 두개의 그룹 중에 하나를 이용하면 된다.

5.1.3 리눅스 시스템에서 사용자 계정 및 접근 제어

리눅스 시스템은 다중 사용자(multi-user), 다중 태스킹(multi-tasking) 시스템이다. 다중 사용자 시스템은 한 대의 컴퓨터 시스템에 여러 사용자가 동시에 접속하여 사용할 수 있도록 지원하는 것으로 기본적으로 네트워크를 통한 원격 접속을 지원한다. 따라서 리눅스 시스템은 다중 사용자를 지원하지 않는 윈도 시스템보다 더 강력한 보안 정책을 실행하고 있다. 동시에 많은 사용자가 접속하여 사용하기 때문에 리눅스 시스템은 각 사용자 구분을 위해 또, 사용자간의 권한 관리를 위해 각 사용자에게 사용자 계정과 비밀번호를 부여하고 있다. 사용자 계정을 생성하고 관리하는 관리자 계정을 'root' 계정이라고 하며, 이 계정을 가진 관리자가 시스템 관리와 관련된 모든 작업을 수행할 수 있다. 그림 5.3는 리눅스 시스템의 시스템 관리자가 'useradd' 명령어를 이용하여 새로운 사용자를 리눅스 시스템에 추가하는 것을 나타내고 있다.

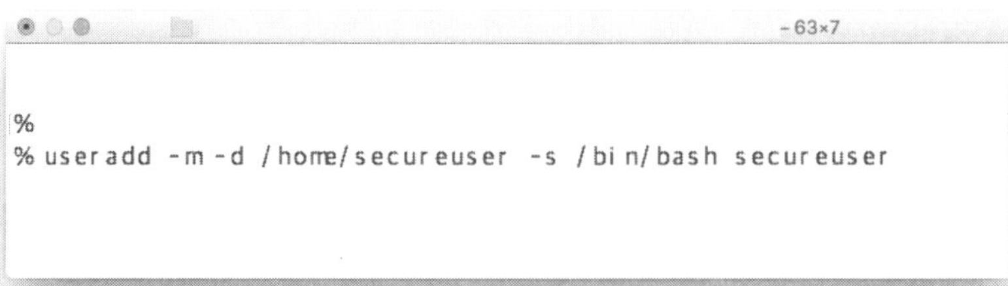

그림 5.3: 리눅스 시스템에서 사용자 계정 생성

사용자 계정을 가진 일반 사용자는 보통 원격에서 리눅스 시스템에 접속을 하며, 이때 반드시 설정된 비밀번호를 이용하여 접근해야 한다. 일반 사용자는 다른 사용자의 파일 등 리소스에 접근할 수 있는 권한을 가지고 있지 않다. 따라서 리눅스 시스템에 사용자 계정을 가지고 있다고 하더라도 그 시스템을 사용하고 있는 다른 사용자의 파일 또는 정보에 접근할 수 없다. 물론 각 파일 또는 정보에 접근할 수 있는 권한을 사용자 계정의 소유자, 소유자가 속해 있는 그룹, 기타 다른 사용자를 대상으로 한 접근 권한을 각각 설정할 수 있다. 즉, 리눅스 시스템은 윈도 시스템에서 설정할 수 있는 권한보다 더 정밀하게 각 파일 또는 디렉토리–윈도에서는 폴더라고 한다–에 접근 권한을 설정할 수 있다.

일상적인 업무를 위해 리눅스를 사용하는 기업이 많지 않기 때문에 윈도 시스템에 비해 상대적으로 많은 사람이 사용하고 있지 않다. 그러나 리눅스 시스템은 성능, 안정성 및 각종 권한 설정의 유연성 등의 특징을 갖고 있어 웹 기반의 서비스를 제공하거나 데이터베이스 시스템 운영 등을 위해 많이 사용되고 있다.

5.1.4 비밀번호

사용자 계정을 위한 인증 방법 중 가장 일반적인 것은 비밀번호를 이용하는 것이다. 전세계적으로 가장 많이 사용하는 비밀번호는 '12345'라고 모 언론이 조사, 발표하였다. 물론 이 기사는 많은 비밀번호가 '12345'라는 것에 기사의 초점을 두는 것이 아니라 단순하거나 누구나 예상할 수 있는 비밀번호의 사용이 정보보안 사고의 원인이 됨을 이야기하고 있다. 따라서 적절하게 설정된 비밀번호는 정보보안 사고 방지에 도움이 된다. 또 설정된 비밀번호를 주기적으로 변경하는 것도 기업에서 발생할 수 있는 정보보안 사고를 방지하는 것에 도움이 된다.

기업의 정보보안을 약화시킬 수 있는 비밀번호는 너무 짧은 것, 키보드 자판 배열의 조합, 사용자 관련 유추할 수 있는 것 등이 있다. 비밀번호의 길이가 너무 짧은 것은 몇 번의 시도만으로 비밀번호를 알아 낼 수 있기 때문에 비밀번호로서의 가치가 없다. 또 'qwert'와 같이 키보드에 있는 자판 배열을 연속하여 사용한 것도 쉽게 유추할 수 있는 비밀번호 중의 하나이다. 사용자 관련하여 전화번호, 생일 등을 이용하여 유추할 수 있는 것도 적절하지 않은 비밀번호이다. 따라서 이러한 세가지를 고려하여 비밀번호를 만드는 것은 기업의 정보 보호에 많은 도움을 줄 수 있다.

적절한 비밀번호는 영문자, 특수문자, 숫자를 조합하여 8 글자 이상으로 결정하는 것이 좋다. 그러나 이렇게 결정한 비밀번호는 사용자가 기억하기 쉽지 않은 것이 일반적이다. 즉 사용자가 기억하기 쉬운 비밀번호는 시스템 등의 접근 인증에 취약할 수 있지만, 강력한 비밀번호는 사용자가 기억하기 어려운 것이 일반적이다. 따라서 업무의 효율성이 중요시되는 기업의 업무 환경에서는 기억하기 어려운 비밀번호 보다는 기억하기 쉬운 비밀번호를 이용하거나 기억하지 않아도 되는 비밀번호 즉, 비밀번호 설정을 하지 않은 경우가 있다. 또는 기억하기 어려운 비밀번호를 설정을 했으나 그 비밀번호를 적은 메모지를 업무용 책상에 붙여두는 것도 기업의 정보보호 정책과 활동을 무력화시키는 원인이 된다.

기업의 업무 담당자가 기억해야 할 사용자 계정과 비밀번호의 수가 증가함에 따라 사용자 계정을 위한 비밀번호가 단순해 질 수 있다. 따라서 기업은 업무에 필요한 강력한 비밀번호의 생성과 더불어 업무와 관련된 다양한 사용자 계정을 관리하는 도구의 사용을 고려해 볼 필요가 있다. 특히 스마트폰의 사용이 일반화되어 있기 때문에 기업의 업무 담당자가 각종 사용자 계정과 비밀번호 관리를 위한 스마트폰용 응용 프로그램 즉, 앱을 이용하는 것은 기업의 정보보호 강화에 도움이 된다.

스마트폰을 이용한 사용자 계정 및 비밀번호 관리를 위한 대표적 앱은 '1password'와 'TrueKey'가 있다. 이 앱들은 제한된 수의 사용자 계정을 관리하는 무료 버전과 제한이 없는 유료 버전이 있지만 기업의 업무를 위해 제한된 수의 사용자 계정과 그 비밀번호를 관리하는 경우에는 무료 버전을 이용하는 것도 괜찮은 선택이 될 것이다. 이 앱은 사용자가 유일하게 기억해야 하는 마스터 비밀번호 또는 스마트 폰에 장착되어 있는 지문 인식 기능을 이용하여 많은 사용자 계정과 그 비밀번호를 관리할 수 있다. 따라서 기업의 업무 담당자가 그의 스마트폰을 잃어 버렸거나 도난을 당한 경우에도 각종 사용자 계정 정보에 접근하는 것은 불가능하다.

사용자 계정을 위해 이 앱이 생성하는 비밀번호는 사용자 정보와 관련하여 예측하거나 기계적인 방법으로 대입하여 알기 어려운 매우 강력한 보안성을 갖추고 있다. 예를 들어, 이 앱이 생성한 비빌번호의 예는 'i9]bT.eiZd7A8i'와 같다. 이것은 비밀번호의 길이를 14, 숫자와 기호의 길이를 각각 3, 2로 설정하여 생성된 것으로 동일한 조건으로 새로운 비밀번호를 생성하여도 생성된 비밀번호가 같을 확률은 매우 낮다고 할 수 있다. 또 이들 앱에서 관리하는 각종 사용자 계정 정보는 암호화되어 저장되기 때문에 마스터 비밀번호를 알지 못하거나 지문 인식에 실패할 경우에 각 계정 정보에 접근할 수 있는 방법이 없다[7]. 이 앱을 개발한 개발사는 각각 PC용 버전도 함께 공급을 하고 있으나 기업의 정보보호 취약점 발생 확률을 감소시키기 위해 이를 설치하지 않는 것을 추천한다.

5.2 웹 브라우저 사용정보

최근 기업이 업무 처리를 위해 사용하는 많은 서비스들은 웹을 기반으로 하는 경우가 많다. 이 경우에 기업의 담당자는 다양한 웹 브라우저를 이용하여 서비스를 이용하는데 이 경우에도 사용자 계정과 비밀번호를 입력하여 기업의 핵심 서비스에 접속을 할 수 있다. 이때 웹 브라우저가 사용자의 편의성을 위해 접속한 웹 사이트와 비밀번호를 저장하는 경우가 있다. 또 웹 서비스 중의 일부는 사용자가 다른 웹 서비스로 이동을 해도 로그인 상태를 계속 유지하는 경우가 있다. 이러한 경우에 업무 담당자가 업무를 마치고 웹 브라우저를 종료하거나 자리를 비운 동안에 인증되지 않은 사용자가 그 웹 브라우저를 이용하여 기업의 정보 자산에 접속할 가능성이 있다.

그림 5.4은 구글에서 제공하는 대표적 전자메일 서비스인 gmail의 접속 화면을 나타낸 것이다. 이 그림에서 화살표로 표시한 선택 옵션은 로그인을 한 후 그 상태 유지를 사용자가 선택하는 것이다. 이 선택 옵션을 사용자가 선택하여 체크를 한 것은 로그인 한 상태를 유지하는 것으로 웹 브라우저를 종료를 한 후 재 실행을 해도 비

[7]이 앱을 개발, 서비스하고 있는 개발사도 계정 정보를 해독하지 못하는 것으로 알려져 있다.

밀번호를 입력하지 않고 즉시 접근할 수 있게 된다. 따라서 기업의 업무를 수행하는 담당자는 이러한 옵션을 선택하지 않는 것이 기업의 정보보호에 도움을 줄 수 있다.

그림 5.4: gmail의 로그인 상태 유지 설정의 예

대부분의 웹 브라우저는 사용자 편의를 제공하기 위해 방문 기록 및 인터넷 사용 정보를 저장하고 있다. 이를 이용하여 사용자가 접속하려는 사이트 접속을 신속하게 할 수 있도록 지원하며, 필요하다면 각종 비밀번호도 저장을 하고 있다. 웹 브라우저의 이러한 사용자 편의 기능는 기업의 정보보호에 취약성으로 작용할 가능성이 있다. 따라서 기업은 주기적으로 웹 브라우저의 방문 기록 및 인터넷 사용정보를 삭제를 할 필요가 있다.

5.3 데이터베이스 접근 제어

기업은 자신의 정보 자산을 효과적으로 저장, 관리하기 위한 방법으로 데이터베이스를 사용하고 있다. 데이터베이스는 정보를 효과적으로 저장, 관리할 뿐만 아니라 사용자가 요구한 데이터를 적절하게 추출하여 제공한다. 이를 위해 데이터베이스는 정보를 저장하는 뿐만 아니라 각종 관리하는 기능을 포함하여 시스템을 구성하고 있어 이를 데이터베이스 관리 시스템(database management system, DBMS)이라고 불리 운다.

DBMS가 제공하고 있는 관리 기능 중에는 사용자 관리 기능도 있다. 이 기능은 윈도 또는 리눅스에서 제공하는 기능과 같게 데이터베이스를 사용하는 사용자 등록, 권한 부여, 제거 등의 기능을 수행한다. 일반적으로 DBMS에서 관리하는 사용자 계정은 운영체제에서 관리하는 사용자 계정과 완전히 분리되어 운영, 관리된다. 따라서 운영체제에 사용자 계정이 등록되어 있지 않은 사용자도 DBMS에 등록된 사용자는 데이터베이스 접근하여 사용할 수 있다. 그러나 마이크로소프트에서 제공하는 DBMS는 윈도서버와의 사용자 계정이 연동될 수 있기 때문에 운영체제 등의 사용자 계정을 효과적으로 관리해야 한다.

DBMS의 사용자 계정도 관리자 계정과 일반 사용자 계정이 있다. 관리자 계정은 DBMS 사용자 계정 등록, 데이터베이스 생성, 수정, 제거, 백업, 계정의 권한 부여 등의 작업을 수행할 수 있다. 따라서 기업 업무를 위한 일상적인 작업은 관리자 계정이 아닌 일반 사용자 계정으로 실행하는 것이 좋다. 왜냐하면 관리자 계정에서 수행하는 작업 중에서는 전체 데이터베이스 시스템에 영향을 줄 수 있기 때문이다. 일반 사용자 계정은 접근이 허용된 데이터베이스 또는 테이블을 대상으로 일반적인 작업을 할 수 있다. 따라서 일반 사용자 계정에서 동작하는 데이터베이스 관련 응용 프로그램은 버그 등으로 인해 접근 권한이 없는 다른 데이터베이스 또는 테이블의 잘못된 접근이 차단된다. 또 DBMS의 사용자 계정 관리 시스템은 인증되지 않은 사용자의 데이터베이스 접근을 차단하기 때문에 기업의 정보 자산을 보호할 수 있다.

정보보호 관점에서 기업에서 운영하고 있는 데이터베이스 시스템은 사용자 계정 관리를 통해 접근 권한 제어를 해야 하며, 각 사용자는 비밀번호를 설정하여 허가되지 않은 사용자가 접속을 할 수 없도록 해야 한다. 하나의 사용자 계정이 접근할 수 있는 데이터베이스의 수 또는 범위를 최소화하여 기업의 업무 처리에 반드시 필요한 정보만을 접근할 수 있도록 일반 사용자 계정의 접근 권한은 설정되어야 한다.

1인 기업 또는 창업 초기의 기업의 창업자는 직접 데이터베이스 시스템을 설치, 운영 하는 경우가 많지 않아 사용자 계정을 생성하거나 관리하지는 않을 것이다. 물론 데이터베이스 관련 아이템을 이용하여 창업을 한 창업자도 직접 데이터베이스 시스템을 운영하는 경우가 아니라면 이와 관련한 관리를 하지는 않는다. 많은 경우에 1인 기업 또는 창업 초기의 기업들은 데이터베이스 관련 서비스를 제공하는 사업자를 통해 데이터베이스를 사용할 것이다. 데이터베이스 사업자들은 고객을 위한 데이터베이스[8]를 생성하고, 이 데이터베이스에 접속할 수 있는 사용자 계정을 고객에게 제공함으로써 서비스하고 있다.

독자적인 데이터베이스 시스템 구축은 이 시스템을 운영할 컴퓨터 시스템을 위한 구축, 유지보수 비용과 더불어 데이터베이스 사용 라이선스[9] 비용 등 적지 않은 투자 비용이 필요하다. 따라서 창업 초기의 기업은 데이터베이스 시스템을 독자적으로 구축하는 경우보다는 데이터베이스 서비스 기업을 이용하는 경우가 많다. 이 경우에 기업은 데이터베이스 접근 제어보다는 할당받은 사용자 계정의 비밀번호에 대한 관리가 요구된다.

앞서 운영체제 접근 인증을 위해 사용하는 비밀번호를 주기적으로 변경하는 것이 기업의 정보보안 강화에 도움이 된다고 기술한 바가 있다. 데이터베이스 접근을 위한 사용자 계정의 비밀번호를 주기적으로 변경하는 것도 데이터베이스 보안에 많은 도움이 된다. 그러나 데이터베이스 사용자 계정의 비밀번호 변경은 시스템 사용자 계정의 비밀번호 변경과 다른 문제를 발생시킬 수 있다.

---

[8]DBMS는 테이블(table)을 이용하여 사용자 데이터를 저장, 관리하며, 이 테이블은 한 개의 데이터베이스를 구성한다. 따라서, DBMS에는 여러 개의 데이터베이스가 있으며 사용자 계정 별로 데이터베이스를 생성하여 할당하거나 접근할 수 있는 테이블을 제한할 수 있다.

[9]개인적인 목적으로 사용할 때 무료로 이용할 수 있는 데이터베이스도 상업적 용도로 사용할 때는 라이선스 비용을 지불해야 하는 것이 있다.

사용자에게 서비스를 제공하는 응용 프로그램에서 데이터베이스 접근이 필요한 경우 데이터베이스 접근을 위한 사용자 계정과 비밀번호는 응용 프로그램의 소스 코드에 직접 코딩되어 있는 경우가 대부분이다. 따라서 데이터베이스 사용자 계정의 비밀번호를 변경할 경우에 그 데이터베이스에 접근하는 모든 응용 프로그램을 수정해야 하는 문제가 발생한다. 따라서 데이터베이스를 위한 비밀번호를 주기적으로 변경하는 것은 현실적으로 다소 어려움이 발생할 수 있다. 따라서 기업은 주기적 비밀번호 변경 정책은 면밀하게 검토를 한 후 결정하여야 한다.

5.4 네트워크 장비의 접근 제어

큰 규모의 기업은 네트워크 트래픽의 균등화, 적절한 경로 설정, 외부 침입 방지, 내·외부망 분리 등을 위해 많은 종류의 네트워크 장비를 도입하여 운영을 한다. 많은 네트워크 장비들은 사용자 계정 관리 기능을 가지고 있지 않아 각종 설정은 딥(DIP) 스위치 등을 이용하여 수행하고, LED 등을 이용하여 상태를 확인한다. 하지만 최근의 네트워크 장비들 중 일부는 원격에서 접속하여 각종 네트워크 동작을 설정하거나 상태를 모니터링할 수 있는 기능을 가지고 있다. 이러한 네트워크 장비들은 사용자 계정 관리 기능을 가지고 있어, 각 계정의 권한에 따라 설정하거나 사용할 수 있는 메뉴 또는 기능을 달리하여 제공하고 있다.

창업 초기의 기업은 대규모의 네트워크 장비를 구축하여 운영하는 경우가 많지 않기 때문에 기업의 정보자산 보호를 위한 네트워크 장비의 접근 제어에 대한 고려는 상대적으로 적다고 할 수 있다. 다만 기업은 그들이 사용하는 네트워크 장비 중의 하나라고 할 수 있는 공유기에 대해 78 쪽의 4.5.1 절에서 기술한 것과 같이 비밀번호 설정 등을 함으로써 접근제어를 고려해야 한다.

CHAPTER **6**

웹 서비스 보안

2014년 한 통신사에서 발생한 정보 보안 사고의 주요 원인은 “보안 시스템의 설계 잘못”으로 알려져 있다. 통신사는 기업의 특성상 ‘통신’ 서비스 제공을 위해 이 서비스를 이용하고자 하는 사용자의 동의하에 개인정보를 비롯한 수많은 중요 정보들을 수집, 보관을 하며, 이들 정보의 유출은 그 피해 규모 및 파급 효과를 예상할 수 없을 만큼 크고 넓기 때문에 정보 보안을 위한 대규모의 투자를 하고 있다. 따라서 이들 기업이 구축한 정보 보안 시스템은 무척 견고해 보였고, 이 기업의 서비스를 이용하고 있는 사용자들은 안심하고 그들의 개인정보를 수집, 보관을 하도록 동의를 하였다. 그럼에도 불구하고 정보보안 사고가 발생한 원인으로 알려져 있는 것은 웹 서비스 설계 취약점이다.

웹 서비스는 24 쪽의 그림 2.2에서 나타낸 것과 같이 네트워크, 시스템 및 데이터베이스를 기반으로 제공되는 복합적인 것이다. 따라서 앞서 기술한 네트워크, 시스템 및 데이터베이스 단계에서 정보 보호를 위한 기업의 투자와 더불어 웹 서비스 단계에서의 정보보호 정책과 투자가 필요하다. 2014년에 통신사에서 발생한 사고는 그 통신사가 웹 서비스 하부의 인프라에서 정보보호를 위한 각종 투자를 했음에도 정보보호를 고려한 웹 서비스가 이루어지지 않았다. 이것은 기업이 제공하는 서비스가 다양한 단계에서 다양한 자원을 이용하는 것이라면 그 서비스 제공에 관련있는 모든 요소에 대해 정보보호를 고려하여 설계되고 구현되어야 함을 의미한다. 정보보호를 위해 고려되어야 하는 요소들 중에서 이 장에서는 웹 서비스에 대한 내용을 다룬다.

6.1 웹 서비스 보안 개요

네트워크, 시스템 및 데이터베이스는 정보보호를 위한 표준적인 방법들이 존재한다. 네트워크는 데이터 전송을 위해 프로토콜을 이용하고 있고, 이 프로토콜은 표준화되어 있다. 네트워크를 이용한 허용되지 않은 접근, 변형 등은 프로토콜의 취약점 또는 동작 특성을 이용하는 것이다. 따라서 기업은 표준화된 프로토콜의 취약점과 동작 특성을 분석하여 네트워크 보안을 위한 장비 또는 정책을 도입하여 네트워크 보안을 이룰 수 있다. 또 컴퓨터 시스템에서 동작을 하고 있는 운영체제와 데이터베이스 시스템에서 제공하는 각종 접근 제어 기능 등도 정형화된 방법이 있기 때문에 기업은 이를 위한 적절한 정책 수립 및 시행과 접근 제어 기능 이용 등을 통해 일정 수준 이상의 시스템 및 데이터베이스 보안을 이룰 수 있다.

네트워크와 시스템들이 제공하는 서비스가 표준화되어 있거나 정형화되어 있기 때문에 기업은 그 부분만을 고려하여 정보보호를 위한 정책 수립 및 실행을 위한 투자를 실시할 수 있다. 하지만 기업이 제공하는 웹 서비스의 종류는 매우 다양하며, 서비스 제공 방법도 모두 다르다고 할 수 있다. 즉 웹 서비스와 관련된 표준화된 서비스 제공 방법[1] 또는 기법 등이 없기 때문에 웹 서비스 제공에 있어 고려해야 하는 정보보호 요소들은 명확하게 정의되지 못한다.

물론 웹 서비스를 위한 어느 정도의 정형화된 절차와 방법이 있기 때문에 웹 서비스 보안과 관련한 솔루션이 있고, 웹 서비스를 제공하는 기업들은 그 웹 보안을 위한 솔루션을 도입, 운영하고 있기도 하다. 하지만 이들 솔루션 도입으로 웹 서비스 보안을 완성하는 것은 아니다. 앞서 밝히 것과 같이 기업이 제공하고 있는 각종 웹 기반 서비스들의 종류가 다양하고, 그 제공 방법도 다양하기 때문에 웹 보안 솔루션이

[1]물론 웹 서비스를 위해 클라이언트-서버 모델 기반의 웹 문서 요청 및 제공 방법은 표준으로 정의되어 있지만 이 방법들은 인터넷을 통한 웹 서비스 제공의 정보보호의 측면에서는 완전하지 않다.

이들 웹 서비스에 내포되어 있는 각종 보안 취약점을 제거할 것이라는 기대는 기업의 정보자산 보호의 측면에서 보면 신중하게 고려를 해야 하는 문제이다. 물론 웹 보안 솔루션을 도입, 운영하는 경우에 기업은 웹 기반 서비스와 관련한 많은 보안 문제를 해결할 수 있다는 것은 사실이기 때문에 웹 서비스 보안 강화를 위해 웹 보안 솔루션 도입을 적극 검토하는 것은 필요하다.

6.2 인터넷과 웹 서비스 개요

6.2.1 인터넷 개요

웹 서비스는 기본적으로 인터넷을 기반으로 제공되는 서비스이다. 인터넷(internet)의 원형은 1969년 미국 국방부의 고등 연구 계획국(ARPA, Advanced Research Project Agency)이 구성한 ARPAnet이다. 최초 발족할 당시 ARPAnet은 미국의 UCLA, 캘리포니아 대학교 산타바바라, 스탠퍼트 연구소, 유타대학을 연결하는 패킷 스위칭 네트워크로 구성되었으며, 데이터 전송을 위한 프로토콜은 NCP(Network Control Program)을 사용하였다. 1983년에 데이터 전송 프로토콜로 TCP/IP를 사용하면서 인터넷으로 발전하게 되었다. 우리나라는 1994년에 한국통신이 학술 교육 및 정보 교류용으로 제공한 '하나망'을 일반에 공개한 KORNET을 통해 인터넷 서비스를 제공하기 시작하였다.

인터넷은 네트워크(net) 상호간의 연결(inter) 즉, 지역 또는 기관 별로 구축되어 있는 서브넷을 상호연결하여 최종적으로는 전세계적으로 연결된 컴퓨터 네트워크이다. 소규모 서브넷이 연결된 네트워크가 거미집 모양의 망과 같다는 의미로 인터넷을 WWW(World Wide Web) 또는 웹(web)이라고 부른다. 이것은 인터넷에 연결되어 있는 컴퓨터 시스템은 지역의 한계를 넘어 인터넷에 연결되어 있는 어떤 컴퓨터 시스템이라도 정보를 교환할 수 있음을 의미한다. 즉, 우리나라와 지구 반대편에 있는 미국에 거주하는 사람이 우리나라에 있는 것으로 알려진 네이버(www.naver.com) 또는 다음(www.daum.net)에서 운영하고 있는 웹 서비스를 이용할 수 있다.

최초 인터넷은 주로 연구자들 간의 정보 교환을 목적으로 사용하였기 때문에 일반화되기 어려운 네트워크 환경이었다. 즉, 일반인이 인터넷을 이용하려 제공받을 수 있는(또는 제공할 수 있는) 서비스가 없었기 때문에 인터넷 사용이 확산되지는 못했다. 그러나 1989년 스위스 제네바에 있는 CERN 연구소에 있었던 팀 버너스 리(Tim Berners Lee)가 전 세계에 있는 연구자와 연구 결과 또는 정보를 공유하기 위한 목적으로 하이퍼텍스트(hypertext)를 기반으로 한 서비스 프로젝트를 시작함으로써 인터넷 사용한 다양한 서비스 제공의 시작점이 되었다. 또 하이퍼텍스트 문서를 효과적으로 작성하기 위해 HTML(HyperText Markup Language)[2]이 개발되었으며, 이를 이용하여 웹 문서를 작성, 제공하고 있다.

6.2.2 웹 서비스와 HTTP

인터넷을 이용하여 제공되는 각 서비스마다 고유의 프로토콜이 있으며, 웹 서비스를 위한 대표적 프로토콜은 HTTP(HyperText Transfer Protocol)이다. 이 프로토콜은 70 쪽에서 설명한 TCP/IP의 응용 계층에서 동작하는 프로토콜로서 서버-클라이언트 모델에 따른다. 이 프로토콜에서 클라이언트는 웹 브라우저가 되며, 서버는 웹 서버가 된다.

그림 6.1는 웹 브라우저와 웹 서버가 HTTP 프로토콜에 따라 동작하는 것을 나타낸 것이다. 웹 서버는 인터넷을 통해 임의의 클라이언트로 부터 연결 요청이 도착할 때까지 대기를 한다. 일반적인 웹 서비스 환경에서는 웹 서버를 실행하는 컴퓨터 시스템은 그 목적으로만 사용하기 때문에 클라이언트로 부터 연결 요청이 도착하지 않으면 대기 상태를 계속 유지한다. 클라이언트 즉, 웹 브라우저가 웹 서버로 부터 웹 문서를 수신하기 위해서는 먼저 연결이 되어야 한다. 이를 위해 웹 브라우저는 우선 웹 서버에게 연결 요청을 전송하며, 이 연결 요청을 수신한 웹 서버는 연결 요청에 받아들임으로써 웹 브라우저와 웹 서버간의 점-대-점(end-to-end) 연결이 된다.

[2]현재 HTML5 표준까지 개발되어 있다.

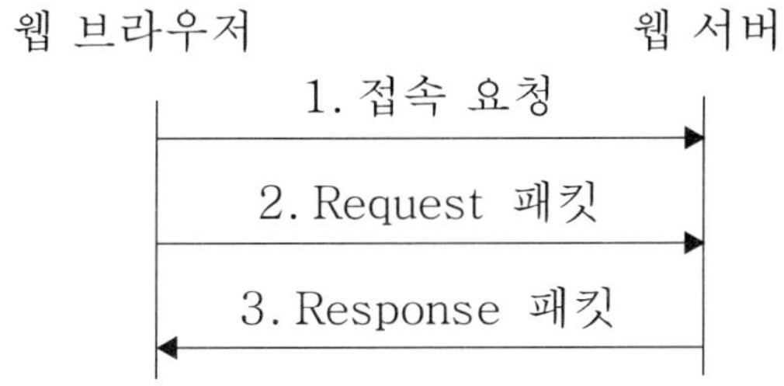

그림 6.1: HTTP 프로토콜에 의한 서버-클라이언트 통신

연결이 되면 웹 브라우저는 웹 서버에게 **Request** 패킷을 전송한다. 이 패킷에는 웹 브라우저가 요청하는 웹 문서 정보를 포함하고 있다. 물론 이 패킷을 통해 웹 문서를 요청하는 방법은 **GET**과 **POST** 방식이 있다. **GET** 방식은 웹 브라우저가 요청하는 웹 문서의 경로명과 이름을 URL(Uniform Resource Locator)을 통해 전달하며, 웹 문서의 경로명과 이름이 노출될 수 있다. 또 이 방법을 통해 웹 서버로 전송할 수 있는 데이터의 용량은 최대 4KB이다. 반면 **POST** 방식은 웹 문서 정보가 소켓[3]을 통해 전송된다. 따라서 웹 문서 또는 웹 서버에게 전달되는 각종 정보들이 외부로 노출될 염려가 없으며, 웹 서버에게 전송할 수 있는 데이터의 용량은 제한이 없다.

웹 브라우저로 부터 **Reqeust** 패킷을 수신한 웹 서버는 그 패킷에 포함되어 있는 웹 문서의 경로명과 사용자 요청 관련 정보를 추출하여 웹 문서를 **Response** 패킷에 포함시켜 웹 브라우저에게 전송한다. 이 패킷에는 프로토콜 버전, 실행 결과 코드 등을 포함하고 있는 헤더에 이어 HTML 문서라고 불리우는 웹 문서 등이 온다. 이 패킷을 수신한 웹 브라우저는 웹 문서의 내용을 화면에 표시를 하고, 웹 서버와의 연결을 끊는다. HTTP 버전 1.0 부터는 웹 브라우저와 웹 서버 간의 연결을 끊기 전에 Request 패킷과 Response 패킷 교환을 반복할 수 있어 양 시스템 간의 패킷 교환을 효율적으로 할 수 있도록 지원하고 있다.

[3]소켓에 대한 내용은 68 쪽에서 기술하고 있는 TCP/IP 프로토콜의 전송 계층을 참고하여라.

6.3 웹 서비스 보안의 요소

6.3.1 웹 서비스의 종류

웹 서비스는 네트워크, 시스템 및 데이터베이스를 기반으로 HTML 등과 같은 표준을 따르는 웹 문서를 통해 제공된다. 이러한 웹 서비스는 클라이언트인 웹 브라우저에게 제공할 웹 문서를 생성하는 방법에 따라 정적 서비스와 동적 서비스로 분류될 수 있다. 그림 6.2는 정적 웹 서비스를 위한 모델을 나타내고 있다. 먼저 웹 브라우저가 URL을 이용하여 웹 서비스를 요청한다. 정적 웹 서비스를 위한 URL은 보통 웹 서버의 스토리지에 저장되어 있는 웹 문서를 지정하기 때문에 웹 서버는 요청된 HTML 문서 즉, 웹 문서를 스토리지에 요청하여 가져온다. 웹 서버는 스토리지에서 가져온 웹 문서를 인터넷을 통해 웹 브라우저에게 전송한다. 웹 브라우저는 수신한 웹 문서를 컴퓨터 화면에 표현을 한다. 이러한 절차에 따라 정적 웹 서비스가 완료된다.

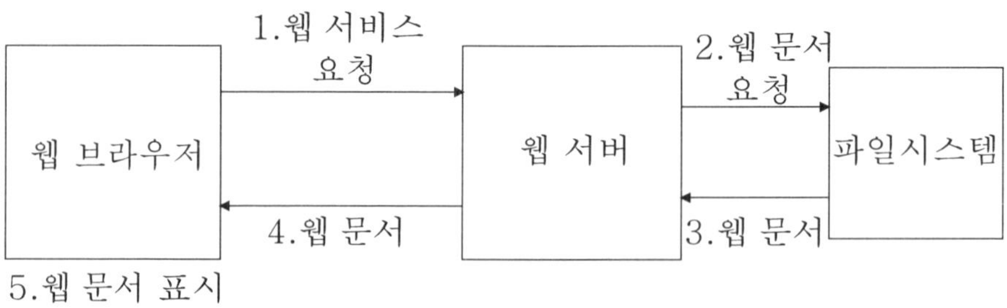

그림 6.2: 정적 웹 서비스 제공 방법

정적 웹 서비스는 웹 서버가 스토리지에 사전에 제공할 콘텐츠가 저장되어 있는 웹 문서를 가져와 웹 브라우저에게 제공하는 것이기 때문에 웹 브라우저를 사용하는 사용자 맞춤형 서비스를 제공할 수 없다. 즉, 이 서비스는 사전에 정해져 있는 콘텐츠를 사용자에게 일방적으로 제공하는 형태이기 때문에 이를 단순 정보 전달 목적으로 사용하는 것은 효과적이지만 사용자 맞춤형 정보 제공 목적으로는 적합하지 않다. 또 정적 웹 서비스는 그 내용이 사전에 생성되어 있고, 웹 서비스를 사용하는 익명의 사용자들에게 공개되기 때문에 이 장에서 다루려고 하는 웹 서비스 보안과 관련이 없다.

따라서 이 장에서는 웹 서비스 보안과 관련하여 동적 웹 서비스에 초점을 맞춘다.

동적 웹 서비스는 웹 서버가 웹 브라우저에게 전송할 웹 문서의 내용이 사전에 정해져 있지 않다. 그림 6.3은 웹 서버에서 동적 웹 서비스 제공을 위한 모델을 나타내고 있다. 웹 브라우저는 URL을 이용하여 웹 서비스를 요청한다. 이때 URL에 의해 지정되는 것은 HTML로 코딩되어 있는 정적 웹 문서가 아니라 PHP, JSP, ASP 등과 같이 웹 문서를 생성하는 웹 응용 프로그램이다. 웹 서버는 URL에 의해 지정된 웹 응용 프로그램을 실행시킨다. 웹 응용 프로그램은 일반적으로 웹 서비스 요청에 포함되어 있는 정보를 기반으로 하여 웹 문서를 생성한다. 웹 응용 프로그램은 웹 문서 생성을 위해 데이터베이스 접근이 필요하다면 필요한 정보 추출을 위해 쿼리문[4]을 생성하여 데이터베이스에게 전달하고, 그 결과로 요청한 데이터를 받을 수 있다. 이를 이용하여 웹 응용 프로그램은 웹 브라우저에게 전달할 웹 문서를 생성하여 웹 서버에게 전달을 한다. 웹 서버는 웹 응용 프로그램에 의해 생성된 웹 문서를 웹 브라우저에게 전송함으로써 동적 웹 서비스를 완료할 수 있다.

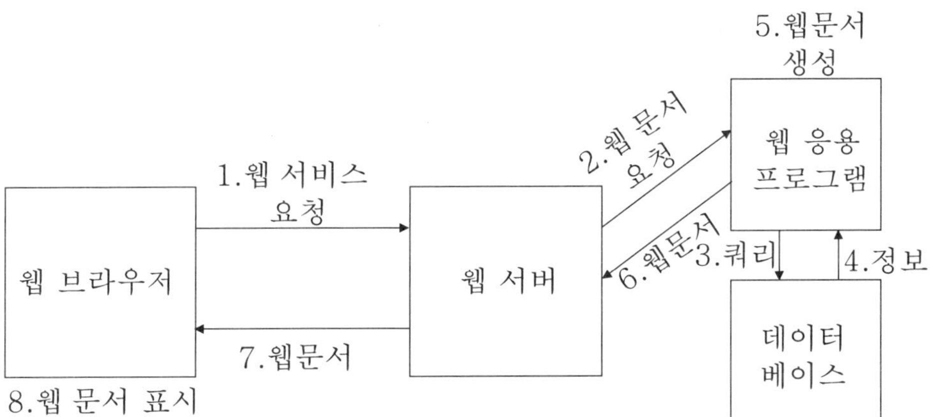

그림 6.3: 동적 웹 서비스 제공 방법

동적 웹 서비스는 웹 서비스 요청에 사용자와 관련된 정보를 포함하고 있기 때문에 이를 기반으로 사용자 맞춤형 웹 서비스를 제공할 수 있다. 앞에서 기술한 것과

[4]데이터베이스 접근을 위한 쿼리문은 보통 SQL(Structured Query Language)를 사용한다.

같이 사용자가 제공하는 정보를 기반으로 웹 응용 프로그램이 웹 문서를 생성하기 때문에 동일한 URL를 이용하여 웹 서비스를 요청하더라도 웹 서버는 그 요청에 포함되어 있는 정보가 다르다면 각각 다른 콘텐츠를 포함하고 있는 웹 문서를 생성하여 웹 브라우저에게 제공할 수 있다. 따라서 동적 웹 서비스는 웹 표준인 HTML5 기술을 이용하여 사용자 맞춤형 또는 사용자 감응형 서비스를 제공할 수 있다.

그림 6.3에서 보인 동적 웹 서비스는 웹 서버에서 웹 응용 프로그램이 실행되기 때문에 서버측 스크립트(Server Side Script, SSS)라고 불리운다. 반면 동적 웹 서비스 제공을 위해 웹 브라우저에서 실행되는 웹 응용 프로그램은 클라이언트측 스크립트(Client Side Script, CSS)라고 불리운다. 이 책에서 고려하고 있는 웹 서비스 보안은 웹 서버에서 실행되는 웹 응용 프로그램을 대상으로 하기 때문에 동적 웹 서비스는 서버측 스크립트 수행으로 한정한다.

동적 웹 서비스 제공은 다양한 기술과 시스템 요소들의 상호 작용을 통해 제공된다. 따라서 동적 웹 서비스 제공 환경은 정보보호와 관련한 다양한 보안 이슈를 포함하고 있다. 서비스 제공에 많은 요소들이 사용되면 정보보호를 위해 고려해야 보안 이슈가 증가된다. 예를 들어, 3 쪽 1.2.1 절에서 기술한 통신사에서 발생한 개인정보 유출 사고는 네트워크, 시스템 등 여러 요소들의 정보보호 정책이 잘 동작하고 있었음에도 불구하고 익명의 정보 유출자가 웹 서버에게 전송되는 웹 서비스 요청을 변조함으로써 발생하였다. 즉 이 사고의 주요 원인은 웹 응용 프로그램이 웹 서비스 요청이 변조되었음을 확인하지 않았기 때문에 발생한 것으로 분석되고 있다.

네트워크 수준의 정보보호 정책 또는 장비는 네트워크를 통해 전송되는 패킷 또는 세그먼트의 신뢰성 있는 전송을 목적으로 운영되는 것이기 때문에 그것을 통해 전송되는 데이터의 의미를 분석하지는 않는다. 즉, 웹 서비스 요청이 변조되었음을 네트워크 수준의 보안 정책 또는 장비가 발견하는 것은 가능하지 않다. 또 기업의 정보 자산 보호를 위해 각종 시스템 또는 데이터베이스 보안 정책 실현에 많은 투자를 했다고 하더라도 이들 보안 정책 또는 솔루션은 정상적인 방법으로 '변조된 웹 서비스 요청'

이 도착하였음을 모티터링할 수 없다. 따라서 변조된 웹 서비스 요청를 분석하거나 거부하는 등의 정보보호 정책은 웹 응용 프로그램이 수행하여야 한다.

그림 6.3에 나타낸 것과 같이 웹 서비스는 웹 응용 프로그램의 실행을 통해 제공된다. 따라서 웹 서비스의 보안 취약점은 웹 응용 프로그램을 실행시키는 과정 중에 발생한다고 할 수 있다. 웹 서비스 보안을 위해 기업들은 웹 방화벽, 웹 취약점 스캐너, 데이터 암호화, 웹 악성코드 방지, 시큐어 코딩 등에 투자를 하고 있지만 그 투자 규모는 네트워크 보안, 시스템 보안에 투자하는 것보다 상대적으로 적다고 할 수 있다.

6.3.2 웹 방화벽

건축 분야에서 방화벽(firewall)은 화재 발생시 화재의 확산 방지를 위해 특별히 설계, 제작된 벽면을 의미한다. 컴퓨터 분야에서의 방화벽은 외부의 불법적인 접근으로 부터 기업 내의 내부 통신망과 시스템을 보호하기 위한 장비 또는 컴퓨터 소프트웨어를 의미한다. 동일한 의미로 웹 방화벽은 웹 또는 웹 서비스를 이용하여 기업의 내부 망 또는 정보 자산에 불법적으로 접근하려는 시도를 차단하는 것이다. 이를 위해 웹 방화벽(WAF, Web Application Firewall)은 기업의 외부 망을 통해 기업의 내부 망에 있는 웹 서버에게 전송되는 HTTP 또는 HTTPS 등 웹을 위한 프로토콜을 모니터링하여 허용되지 않은 접근 또는 공격 시도로 판단되면 차단하는 역할을 수행한다. 네트워크 보안을 위한 방화벽 시스템은 일반적으로 포트 번호를 기반으로 들어오고 나가는 패킷의 차단 여부를 결정하지만 웹 방화벽은 HTTP 또는 HTTPS 프로토콜 패킷만을 분석하여 차단 여부를 결정한다는 점에서 차이가 있다. 따라서 두 종류의 방화벽은 내부망 및 기업 정보 자산 보호라는 목적을 동일하게 가지지만 그 대상이 다르다.

웹 방화벽은 외부에서 도착한 HTTP 또는 HTTPS 프로토콜 트래픽을 감시하여 정보보안 관련 이상 징후가 있으면 그것이 웹 서버에 도달하기 전에 차단해야 하기 때문에 그림 6.4에 나타낸 것과 같이 웹 서버 앞단에 배치되어 운영된다. 웹 방화벽이 수행하는 보안 기능은 HTTP 기반의 웹 공격 방지, OWASP[5]의 10개 공격 탐지 및

[5]the Open Web Application Security Project에서 웹 서비스 관련 10대 취약점을 발표하였다.

차단, Cookie 변조 및 도용 방지, 숨겨진 필드 변조 방지, 개인정보 포함 파일의 업로드 및 다운로드 탐지 차단 등이 있다[6].

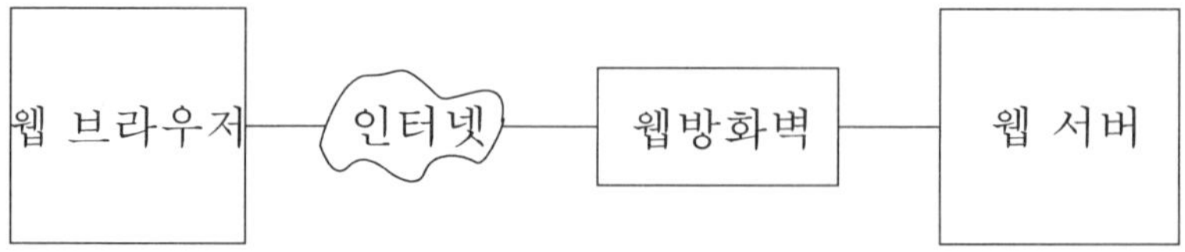

그림 6.4: 웹 방화벽의 논리적 위치

1인 기업 또는 창업 초기의 기업이 웹 기반의 서비스를 제공하거나 업무를 웹 기술을 기반으로 수행하는 경우에 웹 방화벽 도입은 기업의 정보 자산 보호를 위해 충분히 고려해야 하는 정보보호 정책 중의 하나이다. 하지만 웹 방화벽 도입 및 운영을 결정하기 전에 기업은 웹 방화벽 도입의 효과 등을 평가할 필요가 있다. 웹 방화벽 솔루션의 시험용 버전은 기업이 그들의 웹 서비스 보안을 위해 솔루션을 시범 적용하여 그 효과를 검증해 볼 수 있도록 제공되는 것이다. 또는 한국인터넷진흥원[7]에서 소개하는 공개 웹 방화벽 솔루션도 웹 방화벽 도입을 위해 고려할 수 있는 대안이다. 이 기관에서 소개하고 있는 웹 방화벽은 마이크로소프트의 웹 서버 솔루션인 IIS용 WebKnight와 리눅스 시스템에서 운용되는 대표적 웹 서버 솔루션인 APACHE용 ModSecurity이다. 기업에서 운영하고 있는 시스템 플랫폼 또는 웹 서버 솔루션에 따라 그 취약점이 다르기 때문에 각각 해당 웹 서버를 위한 웹 방화벽을 도입, 운영할 필요가 있다.

6.3.3 웹 취약점 스캐너

다양한 시스템의 연동을 통해 제공되는 웹 서비스는 각 시스템 또는 요소들에게 내재되어 있는 취약점으로 인해 기업에서 발생하는 정보 누출의 주요 원인이 되고 있다. 네트워크 또는 시스템 레벨에서의 정보보호 정책은 많은 투자와 더불어 기업의 구성원들이 정보 보호에 대한 인식을 하고 있기 때문에 정보보호 효과를 나타내고 있다.

[6]웹 방화벽 서비스를 제공하는 기업이 소개한 웹 방화벽의 보안 기능 중 일부이다.
[7]이 기관의 홈페이지는 http://www.boho.or.kr이다.

그러나 웹 서비스의 핵심이라고 할 수 있는 웹 응용 프로그램 또는 그 환경에 대한 정보보호에 대한 인식은 상대적으로 약하다고 할 수 있다[8]

웹 취약점 스캐너는 웹 응용 프로그램 또는 실행 환경이 내포하고 있는 잠제적 웹 취약성을 분석하는 프로그램이다. 웹 환경에서 제공되는 서비스가 증가될 수록 그것을 위한 웹 응용 프로그램의 수와 복잡도도 증가하게 된다. 따라서 웹 응용 프로그램에 내포되어 있는 취약점의 수와 종류도 다양하게 되어 기업의 관련 담당자가 어떤 구성요소에서 어떤 취약성이 있는가를 분석하기 어렵다. 특히 1인 기업 또는 창업 초기 기업의 경우에 그들이 직접 웹 서비스 취약성을 분석하는 것은 현실적으로 쉽지 않은 일이다. 이때 이 웹 취약점 스캐너를 주기적으로 실행함으로써 기업은 웹 서비스의 취약점을 발견할 수 있으며, 정보누출 등의 정보보호 관련 사고가 발생하기 전에 문제를 해결할 수 있다.

기업이 활용할 수 있는 웹 취약점 스캐너는 기능, 도입 비용 등에 따라 다양하게 개발, 서비스되고 있다. 따라서 기업의 규모, 웹 서비스 등을 고려한 적절한 솔루션 선택은 기업이 제공하는 웹 서비스의 신뢰도를 높일 수 있을 뿐만 아니라 기업의 정보자산에 대한 인증되지 않은 접근을 방지할 수 있다.

1인 기업 또는 기업의 규모가 크지 않은 창업 초기의 기업은 무료로 제공되는 웹 취약점 스캐너 도입도 고려해 볼 수 있다. 물론 유료로 제공되는 웹 취약점 스캐너가 웹 서비스의 취약점을 더 정밀하게 분석을 하고 더 나은 사용자 인터페이스를 제공하고 있지만 무료로 제공되는 솔루션 중에는 유료로 제공되는 것과 비슷한 수준으로 취약점을 찾아 주거나 설치할 수 있는 컴퓨터의 수가 10대 이하 등과 같이 제한[9]되어 있는 것이 있다. 또한 작은 규모 또는 창업 초기 기업은 초기에 무료로 제공되는 웹 취약점 스캐너를 도입, 이용함으로써 향후 규모가 커질 경우에 그들이 제공하는 웹 서비스와 관련하여 더 적합한 솔루션을 도입할 수 있다

[8]이것은 참고 문헌 [4]에서 여러 통계 분석 결과를 소개한 결과에 있다.

[9]이처럼 설치되는 컴퓨터 시스템의 수가 제한되어 있는 경우는 그 이상 설치할 경우에 별도로 구입을 해야 된다.

6.3.4 웹 악성코드 방지

그림 6.3에 나타낸 동적 웹 서비스 환경에서 기업의 웹 서비스 제공을 위한 핵심 자산은 웹 응용 프로그램이라고 할 수 있다. 물론 이 핵심 자산은 데이터베이스에 축적되어 있는 데이터를 기반으로 서비스를 제공하지만 웹 기반 서비스 제공을 위해 반드시 필요한 것이다. 데이터베이스에 축적되어 있는 기업의 정보 자산 보호를 위한 것은 105 쪽의 5.3 절에서 기술하였다.

기업에서 운영하고 있는 웹 응용 프로그램은 해킹 등으로 인해 악성 코드가 이식되어 악성 코드를 포함한 채로 서비스를 제공할 수 있으며, 이로 인한 기업의 피해는 웹 서비스 중단 및 각종 정보자산의 유출 등이 있다. 따라서 기업이 운영하고 있는 각종 웹 서비스를 위한 웹 응용 프로그램에 악성 코드 등이 포함되어 있는 가를 주기적으로 검사하는 것은 기업의 정보보호 강화 및 안정적 웹 서비스 제공을 위해 필요한 정보보호 정책이다.

웹 악성코드는 웹 환경에서 실행된다는 점에서 일반 컴퓨터 시스템의 실행환경에서 실행되는 악성코드와 달리 웹 서버에서 실행되는 웹 스크립트 파일이다. 많이 사용하고 있는 웹 스크립트는 asp, php, jsp, cgi 등의 기술을 이용하는 것으로 웹 서버가 사용자 지향의 웹 서비스를 제공하기 위해 지원하는 기술이다. Apache, IIS와 같은 웹 서버 소프트웨어가 웹 스크립트를 실행시키기 때문에 웹 서버를 해킹하려는 목적을 가진 인증받지 않은 익명의 사용자–해커라고 불리우는 사용자–는 이 웹 스크립트를 작성하여 웹 서버에 업로드한다. 웹 서버 해킹을 목적으로 작성된 웹 스크립트를 웹쉘(webshell)이라고 불린다. 해커는 웹쉘을 이용하여 웹 서버의 관리자 권한을 획득한 후 서버에 저장되어 있는 각종 정보 유출, 백도어 프로그램 설치 등을 수행한다. 웹 서비스와 관련된 정보보안 사고의 원인으로 많은 비율을 차지하고 있는 것은 웹 서버에 업로드되어 실행되는 웹쉘이다. 이는 해커가 웹 서비스 관련 취약점을 이용하여 웹 서버에 업로드한 웹쉘이 웹 서버 이용을 용이하게 하기 때문이다. 또 웹 서비스를 위해 제공되는 대부분의 데이터가 웹 서버를 통해 전송되기 때문에 악의적 목적을 갖고 기업의 정보 자산에 접근하려는 익명의 사용자는 웹 서버의 관리자 권한을 취득하는 것이 일차적인 목표가 되기 때문에 웹쉘을 이용한 웹 서버 공격 빈도가 높다고 할 수 있다.

웹쉘이 각종 정보보안 장비의 보안정책을 무력화시키는 이유는 다음과 같다. 웹 서비스를 제공하는 기업은 표준 웹 프로토콜인 HTTP를 이용하고 있고, 이 프로토콜에서 사용하는 기본적인 포트 번호가 80번이다. 따라서 기업에서 운영하고 있는 각종 보안 장비들은 각 포트를 이용하는 트래픽은 차단을 하지만 웹 서비스를 위한 80번 포트는 차단하지 않는다. 웹쉘은 기본적으로 웹 서비스 환경에서 실행되기 때문에 각종 보안장비의 보안 정책에 전혀 필터링되지 않는다. 또 많은 경우에 기업의 담당자 또는 관리자가 웹 서버의 해킹 여부를 파악하기 어렵기 때문에 기업은 웹 서버 해킹으로 인한 정보 자산의 유출 등 피해를 인지하는 것도 쉽지 않다.

웹 서비스를 이용하는 기업은 웹 악성코드인 웹쉘을 찾기 위한 많은 솔루션을 도입하여 주기적으로 웹쉘의 존재를 탐지할 필요가 있다. 특히 한국인터넷진흥원은 웹쉘에 의한 정보유출사고 발생 방지를 위해 웹쉘 탐지 솔루션을 개발, 보급하고 있다. 이 기관은 기업 또는 조직에서 이 솔루션을 보급하고 있기 때문에 웹 서비스를 이용하는 기업은 그 솔루션 도입을 고려해 볼 필요가 있다.

6.3.5 시큐어 코딩

시큐어 코딩(secure coding)은 개발 단계에서 보안을 고려하여 그것이 실행되었을 때 발생할 수 있는 잠재적인 보안 취약점을 사전에 제거할 수 있도록 웹 응용 프로그램을 개발하는 것[10]을 말한다. 시큐어 코딩의 필요성은 여러 기관에서 분석한 자료에서 찾을 수 있다.

"92%의 보안 취약점이 네트워크가 아닌 응용 프로그램에서 발견 – NIST"

[10]이 책에서는 일반적인 응용 프로그램이 아닌 웹 응용 프로그램으로 한정하여 시큐어 코딩을 기술한다.

"응용 프로그램의 릴리즈 이후 오류 수정할 경우 설계 단계의 수정보다 비용 100배 증가 – IBM"

표 6.1는 NIST에서 2002년에 발표한 소프트웨어 개발 단계별 결함 수정비용을 나타낸 것이다[9]. 이 자료는 설계과정에서 발생한 결함을 설계단계에서 발견하여 수정하는 비용을 1로 하였을 때, 그 결함을 코딩단계에서 발견하여 수정하면 약 5배의 비용이 필요함을 나타내고 있다. 또 이 결함을 제품출시 단계에서 발견하여 수정할 때 비용은 설계단계에서 수정할 때보다 약 30배가 필요하다. 이것은 2002년에 생성된 자료를 기반으로 하고 있지만 현재의 소프트웨어들이 2002년 당시보다 더 정교하고 복잡해 졌기 때문에 각 단계에서 요구되는 수정 비용은 더욱 증가되었을 것이다. 또 보안 관련 취약점은 소프트웨어가 복잡해지고 많은 모듈들로 구성되는 경우에 고려해야 하는 보안 지점이 많아진다. 따라서 웹 응용 프로그램의 설계, 개발 단계에서 보안을 고려하는 것은 보안 사고 후 웹 응용 프로그램의 수정 비용, 기간 및 보안 사고로 인한 기업의 피해를 획기적으로 감소시키거나 없앨 수 있음을 의미한다.

Table 6.1: 소프트웨어 개발단계별 결함 수정 비용 분석

구분	설계단계	코딩단계	통합단계	베타제품	제품출시
설계과정	1배	5배	10배	15배	30배
코딩과정	-	1배	10배	20배	30배
통합과정	-	-	1배	10배	20배

이러한 시큐어 코딩의 중요성 때문에 우리나라의 행정안전부–현 행정자치부–는 2012년에 시큐어 코딩 의무화 법안을 발표하였고, 2012년 12월 이후 공공기관이 40억원 이상의 정보화 사업을 추진할 경우에 의무적으로 시큐어 코딩을 하도록 하였다. 이를 위해 행정안전부는 "전자정보 SW 개발·운영자를 위한 소프트웨어 개발 보안 가이드"를 발간하고 이것을 지침으로 하여 소프트웨어를 개발하도록 하고 있다. 또 개발하고 있는 또는 개발된 소프트웨어가 이 지침에 위배되지 않는가를 확인하도록 하고 있다.

이 가이드에서 정의하고 있는 소프트웨어 보안 약점 유형은 표 6.2에 나타내고 있다[8]. 시큐어 코딩 가이드에 제시하고 있는 보안 약점은 웹 응용 프로그램에 적용하기 어려운 것도 있지만, 이 가이드에서 정한 적용 대상 프로그래밍 언어가 CGI 또는 jsp로 웹 프로그램을 작성할 때 사용하는 C와 Java이기 때문에 웹 응용 프로그램 개발자는 기업의 정보 보호 강화를 위해 이 가이드에 따라 개발할 필요가 있다.

기업이 시큐어 코딩 가이드에 명시한 것을 준수하여 웹 응용 프로그램을 포함하여 소프트웨어를 설계, 구현을 한 후 이를 진단할 수 있는 진단 가이드[9]도 행정안전부에서 발간하였다. 물론 기업이 공공기관에 공급하기 위한 목적으로 개발한 소프트웨어는 이 진단 가이드에 따라 반드시 진단을 해야 한다. 그러나 기업이 자신들이 제공하는 웹 서비스 또는 내부 업무 수행을 위해 개발하고 운영하는 웹 응용 프로그램은 진단 가이드에 따른 진단이 필수 사항은 아니다. 그러나 앞서 기술한 것과 같이 웹 환경에서 발생하는 많은 보안사고의 주요 원인으로 보안을 고려하지 않은 웹 응용 프로그램의 설계 및 구현에서 찾을 수 있기 때문에 기업은 그들의 정보자산을 보호하고 지속적인 웹 서비스 제공을 위해 보안 약점에 대한 진단을 수행할 필요가 있다고 할 수 있다.

진단 가이드에 의하면 시큐어 코딩을 위한 진단은 정적 분석과 동적 분석으로 구분하고 있으며, 그 내용은 표 6.3[9]에서 나타내고 있다. 표 6.3에 나타낸 진단의 종류 중 기업이 실행할 수 있는 것은 창업한 기업의 업종에 따라 다르다. 창업한 기업이 웹 응용 프로그램 개발과 관련된 업종이라면 그 기업은 정적 분석 단계와 동적 분석 단계를 모두 실시하여 그 기업이 개발한 웹 서비스의 신뢰도를 높일 수 있다. 이를 위해 그 기업은 앞서 기술한 시큐어 코딩 가이드에 따라 웹 서비스를 위한 웹 응용 프로그램을 개발해야 한다.

웹 서비스 개발 관련 업종이 아닌 기업은 현실적으로 정적 분석 단계를 수행할 수 없다. 이들 기업은 그들이 운영하고 있는 웹 서비스를 대상으로 한 동적 분석 단계를 수행해야 한다. 웹 응용 프로그램 개발과 관련된 업종이 아닌 1인 기업 또는 창업 초기 기업은 웹 서비스를 위해 직접 웹 응용 프로그램을 작성하지 않고 외부에 외부를 주어

Table 6.2: 소프트웨어 보안 약점 유형

유형	내용
입력 데이터 검증 및 표현	• 프로그램 입력 값에 대한 검증 누락 또는 부적절한 검증, 데이터의 잘못된 형식지정으로 인해 발생할 수 있는 보안 약점 • 예 : SQL 삽입, 자원삽입, 크로스사이트스크립트 등
보안기능	• 보안기능(인증, 접근제어, 기밀성, 암호화, 권한 관리 등)을 적절하지 않고 구현시 발생할 수 있는 보안약점 • 예: 부적절한 인가 허용, 중요정보 평문저장, 하드코드된 패스워드 등.
시간 및 상태	• 동시 또는 거의 동시 수행을 지원하는 병렬 시스템, 하나 이상의 프로세스가 동작되는 환경에서 시간 및 상태를 부적절하게 관리하여 발생할 수 있는 보안 약점 • 예 : 경쟁조건, 제어문을 사용하지 않는 재귀함수 등
에러 처리	• 에러를 처리하지 않거나, 불충분하게 처리하여 에러정보에 중요정보(시스템 등)가 포함될 때 발생할 수 있는 보안약점 • 예 : 오류상황 대응 부재, 오류메시지를 통한 정보노출 등
코드오류	• 타입변환, 자원(메모리 등)의 부적절한 반환 등과 같이 개발자가 범할 수 있는 코딩오류로 인해 유발되는 보안약점 • 예 : 널 포인터 역참조, 부적절한 자원 해제 등
캡슐화	• 중요한 데이터 또는 기능성을 불충분하게 캡슐화 하였을 때 인가되지 않은 사용자에게 데이터 누출이 가능해지는 보안 약점 • 예 : 제거도지 않고 남은 디버거 코드, 시스템 데이터 정보 노출 등
API 오용	• 의도된 사용에 반하는 방법으로 API를 사용하거나, 보안에 취약한 API를 사용하여 발생할 수 있는 보안 약점 • 예 : DNS loopup에 의존한 보안결정 등.

개발하는 경우가 많다. 외주를 주어 개발한 경우에 그 기업이 시큐어 코딩 가이드에 따라 개발을 했는가를 검증하는 것은 발주한 기업에서 수행을 해야 한다. 그러나 규

Table 6.3: 시큐어 코딩을 위한 진단 종류

구분	내용	특징
정적분석	• 소프트웨어를 실행하지 않고, 소스코드 수준으로 보안 약점 분석 • 소프트웨어 개발과정에서 주로 사용함	• 소프트웨어 개발 초기에 보안 약점 발견으로 수정 비용 절감 • 소프트웨어 컴포넌트간 발생할 수 있는 통합된 보안 약점 발견은 제한적임 • 설계·구조 관점의 보안약점은 발견할 수 없음.
동적분석	• 소프트웨어를 실행하는 환경에서 보안약점 분석 • 소프트웨어 시험단계에서 주로 사용함	• 소프트웨어 소스코드 필요 없음 • 정확도와 커버리지 향상 • 도구 사용자의 수준에 영향을 받음 • 구조 관점의 보안약점은 발견할 수 없음

모가 작은 창업 기업에서 웹 서비스 보안을 위해 시큐어 코딩 여부를 분석하는 것은 진단 도구를 사용한다고 하더라도 쉽지 않은 일이다.

6.3.6 데이터 암호화

웹 서비스 보안을 위해 기업이 정보보호를 위해 고려해야 하는 마지막 요소는 데이터 암호화이다. 그림 6.3에서 나타낸 것과 같이 기업에서 제공하는 웹 서비스가 처리와 데이터를 기반으로 제공된다고 하면 웹 서비스를 위한 '처리'는 웹 응용 프로그램으로 제공되며, '데이터'는 데이터베이스로 부터 제공되는 것이다. 즉 효과적인 웹 서비스를 위해서는 웹 응용 프로그램과 더불어 그 응용 프로그램이 사용할 데이터가 반드시 있어야 한다는 것이다.

일반적인 웹 서비스 환경에서 데이터는 데이터베이스에서 추출되어 사용된다. 따라서 데이터베이스에 저장되어 있는 데이터를 보호하기 위해서는 인증되지 않은 사용자 또는 접근 시도를 차단할 수 있도록 데이터베이스 접근 제어를 수행해야 하며, 데이터베이스에 저장되어 있는 데이터 중에서 개인정보와 관련된 것은 암호화를 통해 기업의 데이터베이스 관련자가 아닌 사람이 그 내용을 확인하지 못하도록 하야여 한다. 비록 기업에서 채용한 사람이라고 하더라도 인증받지 않은 사람이 데이터베이스 접근을 시도하는 것도 불법적 접근에 해당하고, 그로 인한 개인정보의 유출 가능성이 있기 때문에 민감한 개인정보는 반드시 암호화를 해야 한다. 누군가에 의해 데이터베이스의 데이터들이 외부로 유출되었다고 하더라도 암호화되어 있다면 비인가자가 그 내용을 확인할 수 없기 때문에 그 데이터는 안전하게 보호되고 있다고 할 수 있다. 또 데이터가 암호화되어 있다고 하더라도 그것을 해독할 수 있는 암호화 키가 함께 유출이 되었다면 누군든지 암호화된 데이터를 해독할 수 있기 때문에 기업은 암호화 키 관리에 주의를 기울여야 한다.

6.4 웹 보안 고려 사항

웹 서비스 제공을 위해 요구되는 요소는 네트워크, 웹 서버 등의 시스템, 웹 응용 프로그램, 데이터베이스 등이 있으며, 각 요소들의 기능과 '데이터'를 처리하는 방법이 다르기 때문에 정보보호를 위한 보안 정책과 솔루션도 각각 다르다. 웹 응용 프로그램의 관점에서 웹 서비스 보안을 위해 기업이 고려해야 하는 정보보호 정책으로 이 장에서는 웹 방화벽, 웹 취약점 스캐너, 시큐어 코딩, 데이터 암호화를 제시하였다. 웹 응용 프로그램 개발 또는 관련 업종이 아닌 1인 기업 또는 창업 초기의 기업이 웹 서비스 보안을 위해 할 수 있는 정보보호 정책은 다른 구성요소의 그것과 달리 다소 한정된다. 웹 방화벽, 웹 취약점 스캐너, 데이터 암호화는 IT 관련 전문 인력을 보유하고 있지 않은 기업이 웹 서비스 보안을 위해 공개된 솔루션 등을 이용하여 실시할 수 있는 부분이 많이 있다. 하지만 시큐어 코딩은 웹 응용 프로그램을 개발하는 업종이 아닌 창업의 경우에 실질적으로 적용하기 어려운 면이 있다.

시큐어 코딩 등과 같이 웹 서비스 보안을 위해 기업이 실시할 수 있는 정책에 다소 제약이 있는 항목이 있지만 안전하고 안정된 웹 서비스를 위해 창업 기업은 반드시 웹 서비스 보안을 고려해야 한다. 이를 위해 각 보안 요소를 위한 솔루션은 기업에게 필요하지만 무엇보다도 중요한 것은 각 보안 요소에 대한 지속적인 모니터링과 보완이다. 웹 서비스 환경에 내포되어 있는 취약점을 찾기 위한 해커 등의 비인가 접근 시도는 지속적으로 고도화되고 있기 때문에 기존에 솔루션도 지속적으로 업데이트 등의 관리가 필요하다. 보안 솔루션은 한번 구축으로 완성되는 것이 아니기 때문에 정보보호의 완성을 위해 지속적인 관리와 투자가 필요함을 창업자가 인식하는 것은 매우 중요하다.

CHAPTER 7

암호화

7.1 암호화의 개념

기업이 축적하고 있는 정보 자산을 보호하기 위해 다양한 정책과 장치를 운영한다고 하더라도 완벽한 보호는 현실적으로 쉽지 않다. 기업이 정보를 보호하기 위해 새로운 기술과 방법을 연구하고 그것을 기반으로 정보를 보호하더라도 그보다 더 많은 익명의 공격자들이 점점 더 복잡해지고 더 많은 프로그램 모듈로 구성되어 있는 컴퓨터 시스템의 새로운 취약점을 찾고, 그것을 공격함으로써 기업의 정보 자산에 접근을 시도할 것이다. 따라서 기업이 그들의 정보 자산을 보호함에 있어 정보 자산이 "언젠가는" 누출될 수 있다는 가정을 하여야 한다.

기업의 정보가 누출되었더라도 그 누출된 정보를 '쓸모없게' 하면 누출된 정보로 인해 발생할 수 있는 피해는 없앨 수 있다. 공격자로 하여금 그들이 누출시킨 정보가 쓸모가 없게 보이도록 하는 방법이 바로 암호화이다. 정보 자산에 대한 암호화는 비록 이것이 누출되었다 하더라도 암호화된 정보 자체로는 아무런 쓸모가 없다. 따라서 공격자는 유출시킨 정보를 이용하여 재산상의 이익을 취하거나 유출된 기업에게 피해를 주기 위해 암호화된 정보를 반드시 해독하여야 한다. 이때 암호화된 정보를 해독하는데 필요한 시간과 비용이 그 정보의 가치보다 높다면 공격자의 입장에서는 그가 누출시킨 정보는 '쓸모없는' 정보가 된다.

암호화에 대한 개념은 5 쪽의 1.3 절에서 설명한 바가 있다. 고대 이후 지금까지 암호화를 하는 기본 목적은 정보를 생성한 측에서 수신하는 측까지 안전하게 전송하기 위함이다. 고대에는 정보를 전령이 직접 정보를 담고있는 문서를 들고 수신하는 곳까지 가서 전달을 하였다고 한다[1]. 그러나 문서를 전달하는 전령이 적 또는 경쟁관계에 있는 어떤 조직에 의해 잡히거나 변절을 한 경우에는 정보가 누출될 뿐만 아니라 잘못된 명령 또는 정보가 전달될 수 있었다. 이런 것을 방지하기 위해 문서의 내용을 어떤 규칙[2]에 따라 변경한 후 전령을 통해 전송을 하면 전송되는 중간에 탈취되더라도 해독할 수 있는 규칙을 알지 못하면 그 내용을 알 수 없도록 한 것이 암호화이다. 또 암호화 규칙 및 해독 규칙을 알지 못하는 경우에 경쟁 관계에 있는 조직이 그 문서를 탈취했다고 하더라도 그 내용을 변조할 수 없어 문서의 무결성을 유지할 수 있었다.

정보 암호화의 다른 용도는 저장하고 있는 정보의 비밀성 유지에 있다. 즉 기업이 자신들이 축적하고 있는 각종 정보 자산을 보호하기 위해 다양한 보안 솔루션을 이용하더라도 기업의 내·외부인에 의한 정보 누출의 가능성은 항상 있다고 할 수 있다. 따라서 기업은 정보 보호를 위한 한 가지 정책으로 정보 자산에 대한 암호화가 있다. 즉, 기업이 전개한 정보 보호 관련 다양한 정책 실행 및 투자에도 불구하고 정보가 유출되었을 때에 그 정보를 "쓸모없게" 하는 방법이 암호화이다. 따라서 기업 정보 자산을 다른 곳으로 전송하지 않음에도 암호화는 필요하다고 할 수 있다.

암호화와 관련한 개념은 앞서 6 쪽의 그림 1.1에 보인 것과 같다. 평문(plain text)은 암호화 하기 전의 정보로서 초창기에 암호화한 정보는 주로 문자였지만 최근에는 다양한 형태의 정보를 암호화하고 있다. 암호문(cipher text)은 평문을 어떤 암호화 규칙과 절차에 따라 변환을 하여 그 자체로는 평문을 예측할 수 없도록 만든 것이다. 암호화된 정보가 어떤 방법에 의해 유출되었다고 하더라도 이를 다시 평문으로 변환할 수 있는 방법 즉, 복호화 방법을 알지 못하면 유출된 정보는 "쓸모없는" 정보가 된다.

---

[1] 그 당시에는 주로 군사 목적 또는 통치 목적으로 명령서 또는 상화 보고를 이런 방법을 하였다

[2] 현재의 기준에서 보면 고대 암호화 규칙은 아주 단순하였지만 그 당시에는 충분히 난해한 규칙이었던 것 같다.

평문을 암호문으로 변환하거나 암호문을 다시 평문으로 변환하는 절차와 방법을 암호화 알고리즘이라고 한다. 좋은 암호화 알고리즘은 혼돈(confusion)과 확산(diffusion)의 강도가 높은 것이다. 암호화의 혼돈 특성은 평문과 암호문의 통계학적 관련성을 제거하는 것이다. 즉, 이것은 통계학적 처리를 통해 암호문을 평문으로 해독하거나 유추할 수 없어야 한다는 것이다. 평문과 암호문의 통계학적 특징이 비슷하다면 그것을 기반으로 하여 암호문을 이용하여 평문을 유추할 수 있다. 예를 들어, 영어 단어의 경우에 모음 'e'가 다른 모음보다 상대적으로 많이 출현하는 것으로 알려져 있는데 암호문 속에 문자 '!'가 출현하는 빈도가 높으면 암호문 속에 출현하는 이 문자는 평문의 'e'일 확률이 높아 이것을 기반으로 하여 평문의 다른 글자들을 분석하는 방법이다. 이와 반대로 평문과 암호문의 통계학적 관련성을 제거할 수 있다면 암호문에 출현하는 문자들을 통계학적 처리르 통해 평문으로 유추하는 것은 사실상 불가능하다고 할 수 있다.

확산은 평문의 수정 또는 키의 수정이 암호문 전체에 영향을 주는 것을 확산이라고 한다. 즉 암호화의 확산은 평문의 한 비트 수정이 암호문의 전체 비트의 수정으로 확산되어 영향을 주는 것을 의미한다. 이것은 암호화 알고리즘이 평문을 암호화하는 패턴을 추론하기 어렵게 한다. 따라서 평문 한 비트의 수정은 암호문의 일부 영역에만 영향을 주는 것이 아니라 전체에 영향을 주기 때문에 암호문을 이용하여 평문을 유추하기가 매우 어렵다.

암호화 또는 복호화할 때 암호화 알고리즘과 더불어 암호화 또는 복호화할 때 사용하는 정보가 필요하다[3]. 이를 암호화 키(key)라고 하며, 암호화 또는 복호화할 때 사용하는 키에 따라 대칭키 암호화와 비대칭키 암호화로 분류된다.

[3]금고를 잠그거나 잠겨있는 금고를 해제할 때 열쇠가 필요한 것과 같이 암호화 또는 복호화할 때에도 키가 필요하다.

7.2 단방향 암호화

단방향 암호화는 평문을 암호화하여 암호문으로 만들 수 있지만 암호문을 평문으로 해독할 수 없는 암호화 방법이다. 암화문을 다시 평문으로 해독할 수 없어 그 필요성이 없는 것처럼 보이지만 사용자 인증을 위한 사용하는 비밀번호가 단방향 암호화를 이용하여 저장된다. 예를 들어 사용자 인증을 위해 사용자 ID와 비밀번호를 입력받으면 그 비밀번호를 암호화하여 데이터베이스 등에 암호화되어 저장되어 있는 암호문과 비교를 한다. 만약 암호화된 두 암호문이 일치하면 시스템은 허가된 사용자로 인증을 하고 사용할 수 있도록 한다. 이때 암호화된 비밀번호는 다시 해독될 필요가 없기 때문에 단방향 암호화가 적용된다.

단방향 암호화를 사용한 대표적인 적용 사례는 리눅스 시스템에서 사용자의 비밀번호를 저장하는 것이다. 과거에 리눅스는 비밀번호를 '/etc/passwd' 파일에 저장을 하였다. 물론 비밀번호를 암호화하였기에 그 내용을 볼 수 없었지만 비밀번호의 암호문은 볼 수 있었다. 시스템 관리자 조차도 단방향 암호화된 비밀번호를 복호화할 수 없기 때문에 비밀번호를 잊은 사용자를 위해 기존의 비밀번호를 삭제하거나 새로운 비밀번호로 설정하는 작업을 수행하였다. 최근에는 보안을 위해 시스템 관리자만 접근할 수 있는 '/etc/shadow' 파일에 암호화된 비밀번호를 저장하고 있다.

7.3 대칭키 암호화 방법

대칭키 암호화는 평문을 암호화할 때 사용하는 키와 암호문을 복호화할 때 사용하는 키가 동일한 암호화 방법이다. 이 암호화 방법은 정보를 송신하는 측과 수신하는 측이 동일한 암호화 키를 소유하고 있어야 한다. 송신하는 측은 소유하고 있는 암호화 키를 이용하여 평문을 암호화하여 암호문을 생성하고, 이를 수신하는 측에 전달한다. 암호문을 수신한 측은 소유하고 있는 암호화 키를 이용하여 평문으로 복호화하여 송신측에서 전송한 평문을 확보하게 된다. 암호문이 저장 매체 또는 통신망을 통해 전송되는 중에 누군가에 의해 탈취되더라도 그 암호문을 복호화할 수 있는 키를 알지 못하기 때문에 암호화된 정보는 안전하게 보호가 될 수 있다. 수신측은 일정 시간 내에 암호문이 수신되지 않으면 암호문이 탈취되었음을 알 수 있지만 정보는 안전하게 보호되고 있기 때문에 송신측에 재 전송을 요구하면 된다. 또 암호화 키를 알지 못하면 암호화되어 있는 정보를 수정할 수 없기 때문에 수신측은 수신한 암호문을 해독한 결과인 정보의 무결성을 확보할 수 있다.

대칭키 암호화 방법의 모순은 암호화하는 키와 복호화하는 키가 동일하다는 점에서 발생한다. 즉 정보를 송신하는 측은 암호화를 위해 키를 소유해야 하며, 수신하는 측은 복호화를 위해 키를 소유해야 하는 데 키를 안전하게 전달할 수 있어야 암호화 및 복호화에 문제가 없다는 것이다. 그런데 송신측이 수신측에게 키를 안전하게 전달할 수 있다면 정보도 안전하게 전달할 수 있기 때문에 암호화를 할 필요가 없어 진다. 즉 송신측이 생성한 키를 수신측에게 전달하는 중에 탈취 또는 복제가 될 수 있다는 것이다.

대칭키 암호화 방법에 모순이 있음에도 불구하고 비대칭키 암호화 방법보다 효율적으로 암호화/복호화할 수 있기 때문에 많은 분야에서 사용하고 있다. 이 암호화 방법을 사용하는 대표적인 적용 사례는 앞의 90 쪽에 4.5.3 절에서 서술한 무선 인터넷 보안이다. 즉 무선 공유기에 접속할 때 교환하는 데이터를 암호화하기 설정한 '네트워크 키'가 암화화/복호화 키이다. 기업의 네트워크 관리자는 이 키를 무선 공유기에 접속하려는 사용자에게 알려 주어야 사용할 수 있는데, 그 동안에 불특정 사용자에게 네트워크 키가 노출될 수 있다. 대칭키 암호화에는 DES(Data Encryption Standard), AES(Advanced Encryption Standard), IDEA(International Data Encryption Algorithm) 등이 있다.

7.4 비대칭키 암호화 방법

대칭 암호화 방법은 암호화 및 복호화를 위한 좋은 알고리즘을 있지만 결정적인 약점이 암호문을 평문으로 복호화할 사람에게 키를 전달해야 한다는 것이다. 그런데 앞서 기술한 것과 같이 복호화하는 사람에게 키를 안전하게 전달하는 방법이 없다. 만약 키를 안전하게 전달할 수 있는 방법이 있다면 평문도 안전하게 전달할 수 있기 때문에 굳이 암호화를 하지 않아도 되는 모순이 생긴다. 이러한 대칭 암호화 방법의 문제점을 해결하기 위한 방법으로 비대칭키 암호화가 있다.

비대칭키 암호화는 평문을 암호화할 때 사용하는 키와 그것을 복호화할 때 사용하는 키가 다른 암호화 방법이다. 즉 평문을 암호화할 때 사용한 키를 이용하여 복호화할 수 없다는 것이다. 비대칭키 암호화에 대한 개념은 그림 7.1과 같다.

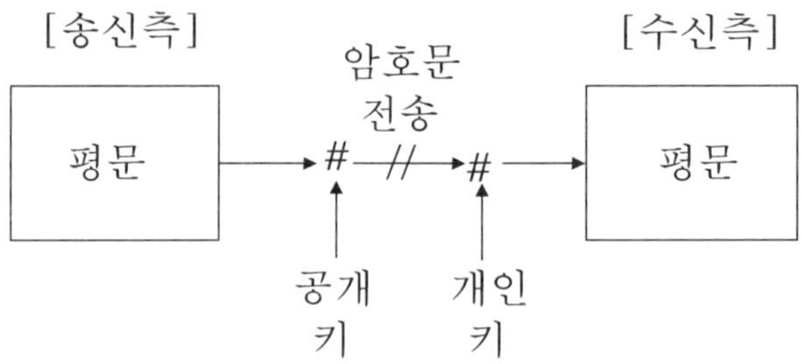

그림 7.1: 비대칭키 암호화 예

비대칭키 암호화 및 복호화에는 두 개의 서로 다른 키가 있다. 공개 키(public key)는 평문을 암호화할 때 사용하는 것이며, 개인 키(private key)는 공개 키로 암호화한 암호문을 다시 평문으로 복호화할 때 사용하는 것이다. 송신측은 수신측에서 생성하여 공개한 공개 키를 이용하여 수신측에 전송할 평문을 암호화한다. 이 암호문은 오로지 수신측이 보유하고 있는 개인 키만을 이용하여 복호화할 수 있기 때문에 송신측이 암호문을 전송할 때에 정보 노출의 염려없이 수신측에게 전송할 수 있다. 수신측은 자신이 공개한 공개 키를 이용하여 암호화된 암호문을 수신하여 이를 자신이 보유하고 있는 개인 키를 이용하여 복호화함으로써 송신측이 전송하고자 한 평문 즉, 정보를 수신할 수 있다.

대칭키 암호화는 암호화/복호화를 위한 키를 안전하게 수신측에 전달해야 하는 모순을 가지고 있었다. 하지만 비대칭키 암호화는 평문을 암호화하여 암호문을 생성할 때 사용할 키–공개 키–를 수신측에서 생성하여 공개를 한다. 이 공개 키는 수신측에게 정보를 암호화하여 전송하고자 하는 임의의 송신자에게 공개되어 있는 키이다. 이 공개 키로 암화화한 암호문을 복호화할 수 있는 것은 수신측이 보유하고 있는 개인 키이다. 이 개인 키는 수신측만 보유하고 있는 키이다. 따라서 많은 정보 송신자들이 이 공개 키를 이용하여 정보를 암호화하여 수신측에게 전송을 하지만 그 암호문을 해독하는 것은 유일하게 개인 키를 보유하고 있는 수신측만이 가능하다.

비대칭키 암호화 방법은 기본적으로 정보의 기밀성 유지를 위한 목적으로 사용되지만 부인 방지(non repudiation)을 위해 사용될 수도 있다. 부인 방지라는 것은 송신측이 수신측에게 정보를 전송하였는데 향후에 정보 전송 사실을 부인하지 못하도록 하는 것을 말한다. 이것은 앞서 정보의 기밀성을 위해 공개 키로 암호화하고 개인 키로 보호화한 것과 반대로 암호화 및 복호화를 하는 것이다. 그림 7.2은 부인 방지를 위해 비대칭키 암호화를 이용하는 것을 나타낸 것이다.

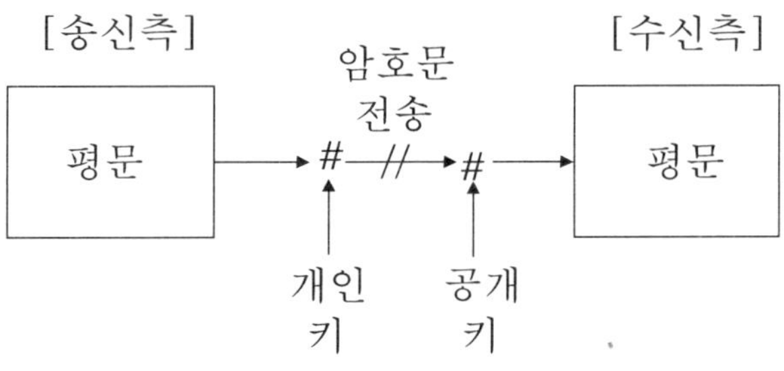

그림 7.2: 부인 방지를 위한 비대칭키 암호화

먼저 송신측은 자신이 생성한 개인 키를 정보를 암호화한 암호문을 수신측에게 전송을 한다. 이 암호문을 수신한 수신측은 송신측에서 생성하여 공개를 한 공개 키를 이용하여 복호화한다. 이때 송신측이 공개한 공개 키를 이용하여 복호화할 수 있는 암호문은 송신측이 비밀스럽게 보유하고 있는 개인 키로만 생성할 수 있기 때문에 수신측은 그 암호문이 특정 송신측에서 전송한 것임을 알 수 있다. 즉 수신측이 송신측이 공개한 공개 키를 이용하여 암호문을 해독하였다는 것은 송신측이 암호문을 보냈다는 사실을 확정할 수 있다. 이를 근거로 수신측은 송신측의 정보 전송 부인을 방지할 수 있다.

7.5 해시, hash

영단어 'hash'는 '뒤범벅, 뒤죽박죽' 또는 '잘게 썰다'라는 뜻을 가지고 있다. 정보보호 분야에서 해시는 정보를 '뒤범벅, 뒤죽박죽' 또는 '잘게 썰어' 더 짧은 길의 값으로 변환하는 것이다. 따라서 같은 정보를 이용하여 해시를 하면 동일한 값을 얻을 수 있지만, 한 비트라도 차이가 나는 정보를 해시한 결과는 완전히 다르다. 또 해시된 결과를 이용하여 역으로 정보를 유추하거나 생성하는 것은 불가능하다. 따라서 해시는 전송 또는 보관된 정보의 무결성 검정을 위해 많이 사용을 하고 있다.

그림 7.3는 해시 알고리즘 중에서 파일의 무결성 검정을 위해 많이 사용되고 있는 **md5**를 이용한 예이며, 리눅스 시스템의 'openssl' 명령어를 이용한 것이다. 시험용 파일 *file*의 내용은 'hello'라는 문자열을 저장하고 있으며, 이 파일의 내용을 이용하여 md5 알고리즘을 이용하여 생성한 값은 'A'로 표시한 것이다. 이 알고리즘에 의해 생성되는 것은 32자리의 16진수이다. 시험용 파일에 저장된 것과 동일한 문자열을 이용하여 이 알고리즘으로 생성한 값은 'B'로 표시하였는데 'A'로 표시한 값과 동일함을 알 수 있다. 이 알고리즘이 문자열 'iello'를 위해 생성한 값은 'C'로 표시를 하였는데 이것은 문자열 'hello'와 한 글자가 다름에도 불구하고 그것을 이용하여 생성한 값 'A'와 완전히 다름을 알 수 있다. 즉 정보의 내용이 동일하면 이 알고리즘으로 생성한 값이 동일하고, 조금이라도 차이가 있으면 그 값이 완전히 다르기 때문에 이 알고리즘은 네트워크를 통해 수신한 정보 또는 보관하고 있는 정보의 무결성을 검증할 수 있다.

이 알고리즘은 정보의 길이와 상관없이 그 정보에 대해 32 자리의 16진수 값을

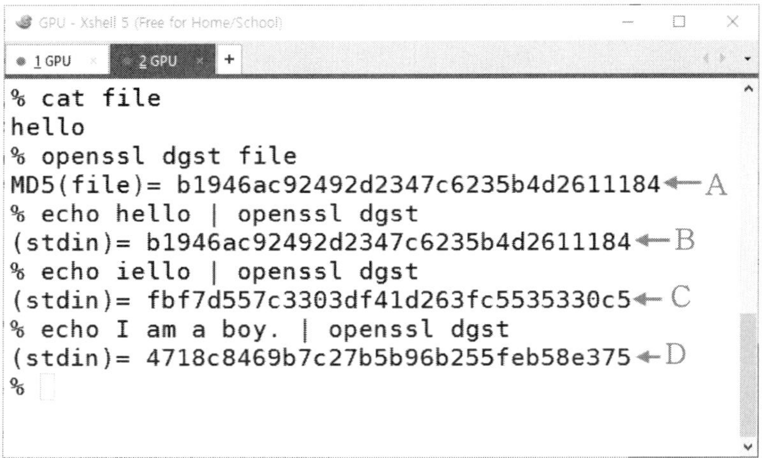

그림 7.3: MD5를 사용한 예

생성한다. 예를 들어, 'D'로 표시한 것은 **md5** 알고리즘이 문자열 'I am a boy.'를 위해 생성한 값이다. 열한 글자로 이루어진 문자열–공백 문자 포함–을 위한 값의 길이는 앞서 다섯 글자로 이루어진 문자열을 위한 값의 길이와 동일함을 알 수 있다. 이 알고리즘이 생성한 값의 길이는 정보의 길이와 상관없이 항상 동일하다. 따라서 이 알고리즘으로 생성한 값을 이용하여 정보를 유추하거나 변환하는 것은 불가능하다.

마이크로소프트는 윈도 시스템에서 사용할 수 있는 해시값 계산 응용 프로그램인 'fciv(File Checksum Integrity Verifier)'를 무료로 제공하고 있다. 이 응용 프로그램은 윈도 시스템에 기본적으로 포함되어 있지 않기 때문에 마이크로소프트사의 홈페이지 등에서 무료로 다운로드하여 설치할 수 있다. 이 프로그램은 윈도에서 '명령 프롬프트'라고 하는 CLI(command line interface) 환경에서 실행된다. 그림 7.4은 윈도에서 'fciv' 명령어를 이용하여 앞서 사용한 시험용 파일 *file*을 위한 해시값을 생성한 것을 나타낸 것이다.

그림 7.4에서 'A'로 표시한 것은 해시값 생성을 위한 명령어 실행을 나타낸 것이며, 'B'로 표시한 것은 시험용 파일 *file*을 이용하여 이 응용 프로그램이 계산한 해시값을 나타내고 있다. 이 값은 그림 7.3에서 'A'로 표시한 리눅스 시스템에서 계산한 해시값과 동일함을 알 수 있다.

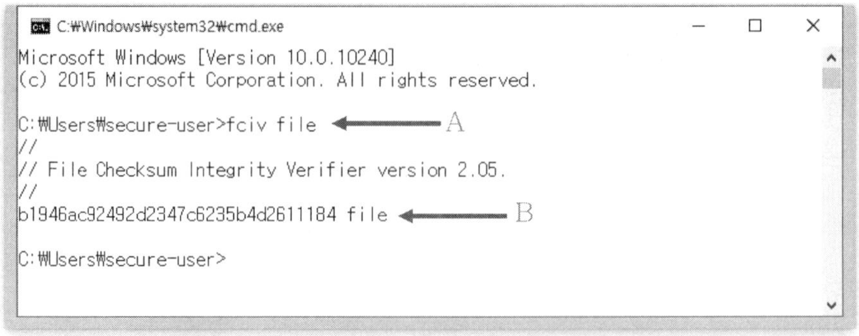

그림 7.4: 마이크로소프트 윈도 시스템에서 해시값 생성 예

예를 들어, 송신측에서 사용하는 리눅스 시스템에서 전자문서인 *file*을 생성하고, 그 파일을 위한 해시값을 계산하여 전자문서와 해시값을 함께 수신측에게 인터넷 등 통신망을 이용하여 전송하였다고 가정하자. 이것을 수신한 수신측은 그들이 사용하는 윈도 시스템에서 수신한 *file*을 이용하여 생성한 해시값과 수신한 해시값을 비교하여 그 값이 동일하다면 전자문서인 *file*이 전송되는 과정에 변경되지 않았음을 즉, 송신측에서 보낸 원문과 동일함을 확인할 수 있다. 물론 누군가가 송신측에서 전송한 것을 중간에 탈취하여 전자문서를 변경하고, 그 변경된 문서를 기반으로 해시값을 재 계산한 후 수신측에게 다시 전송하는 것[4]을 방지하기 위해 다음에 기술하는 것과 같이 암호화 기술과 결합하여 사용하여야 한다.

그림 7.5은 대용량 파일을 다운로드하기 위한 예를 나타내고 있다. 기업은 자신들의 솔루션을 인터넷을 통해 다운로드할 수 있도록 서비스하는 경우에 다운로드 링크와 더불어 이 서비스를 이용하는 사용자가 직접 파일의 무결성을 확인할 수 있도록 해시값을 제공하고 있다. 이 예에서는 두 가지 종류의 해시 알고리즘이 생성한 값을 제공하고 있다. 따라서 사용자는 자신이 다운로드한 파일을 이용하여 해시 알고리즘이 생성한 값과 비교하여 그 파일의 원저작자가 생성한 파일에 임의의 수정이 가해지지 않았음을 확인할 수 있다. 만약 이 해시 값이 다르다면 파일의 원저작자가 아닌 다른

[4]이 경우에 수신측은 전자문서 자체가 변경된 것을 알 수 없다.

사람에 의해 변경되었을 가능성이 높다고 할 수 있다.

그림 7.5: 대용량 파일 다운로드에 해시를 이용한 예

해시는 암호화를 위한 알고리즘이 아니다. 따라서 해시는 누출된 정보를 보호하기 위한 것이 아니라 정보가 권한없이 수정되는 것을 방지하기 위한 목적으로 사용할 수 있다. 그러나 이 알고리즘을 대칭 또는 비대칭 암호화 기법과 조합하여 사용하면 다양한 응용이 가능하다. 해시를 위한 암호화 알고리즘으로는 MD5(Message Diagest function 5), SHA(Secure Hash Algorithm)[5] 등이 있다.

7.6 암호화를 이용한 전자문서 전송

최근의 기업 환경은 다양한 형태의 문서들이 인터넷이라는 통신 매체를 통해 교환되고 있으며, 기업간 또는 기업과 개인간의 거래도 비대면으로 이루어지고 있다. 인터넷을

[5]이 알고리즘이 동작하는 방식 등은 이 책의 범위를 벗어난다. 만약 구현 방법 등에 대한 더 깊은 정보가 필요하면 보안 관련 서적을 참고하는 것이 좋다.

통해 문서를 교환할 때 고려되어야 하는 것은 문서의 기밀성, 무결성, 부인방지이다. 문서의 기밀성은 허가되지 않은 사람이 문서의 내용에 접근하는 것 방지하는 것이며, 무결성은 허가되지 않은 사람이 문서의 내용을 수정하는 것을 방지하는 것을 의미한다. 또 부인 방지는 네트워크를 통해 문서를 전송한 사람이 그 문서의 내용을 부정하는 것을 방지하기 위한 방법이다. 통신망을 통해 전송되는 문서를 위한 세 가지 고려 사항은 암호화 및 해시와 관련이 있다.

앞서 기술한 대칭키 암호화와 비대칭키 암호화는 문서의 기밀성을 보장하기 위해 사용될 수 있으며, 해시는 문서의 무결성을 검사하기 위해 사용되는 알고리즘이다. 또, 비대칭키 암호화는 부인 방지를 위해 사용된다. 이 절에서는 이러한 기술을 응용한 공인인증서, 전자서명, 전자봉투 및 전자상거래의 개념에 대해 간단히 소개를 한다. 이 개념들에 대한 이해는 기업으로 하여금 이 기술들을 효과적으로 이용하는 것에 도움이 될 것이다.

7.6.1 공인인증서

기업간 또는 기업과 개인간의 대면 거래가 일반적인 경우에는 본인임을 증명하기 위한 방법으로 상대방의 신분증과 얼굴을 대조하고, 본인이 아니면 발급받을 수 없는 각종 증명서를 이용하였다. 그러나 인터넷을 통한 비대면 거래가 많은 최근의 환경에서 기업은 거래 상대방이 거래를 하려고 한 바로 '그'임을 확인을 할 수 있어야 하며, 동시에 기업의 담당자도 기업을 대리하는 사람임을 증명하여야 한다. 비대면 거래는 그 특성상 상대방의 신분증을 확인하거나 기업을 대리한 사람임을 직접 확인할 수 있는 방법이 없다.

인터넷을 이용한 다양한 비대면 거래에서 자신임을 증명할 수 있는 도구가 바로 공인인증서이다. 공인인증서는 신뢰성 있는 인증 기관(CA, certification authority)에서 그 사람이 누구인지를 인증해 주는 도구로 사용되고 있으며, PKI(public key infrastructure)라고 불리는 공개키 기반의 암호화를 지원하는 보안 환경에서 생성되어 신청한 개인 또는 기업에게 제공된다.

공인인증서를 위한 인증 기관은 최상위 기관인 PAA(정책승인기관, Policy Approval Authorities) 부터 PCA(정책인증기관, Policy Certification Authorities), CA 등이 계층적 구조를 이루고 있다. 이 기관들이 공인인증서를 이용한 인증을 위해 사용하는 기술은 공개키와 개인키를 사용하는 비대칭 암호화와 개인 인증 정보 무결성 검증을 위한 해싱이다.

7.6.2 전자서명

기업에서 생성한 많은 문서들을 작성한 후 전송을 할 때 그것이 기업의 공식적이며 내용 검토가 된 것임을 증명하기 위한 방법으로 전자 서명(digital signature)을 함께 보내게 된다. 그림 7.6는 비대칭 암호화 알고리즘을 이용하여 기업이 작성한 문서에 전자 서명을 한 예를 나타낸 것이다.

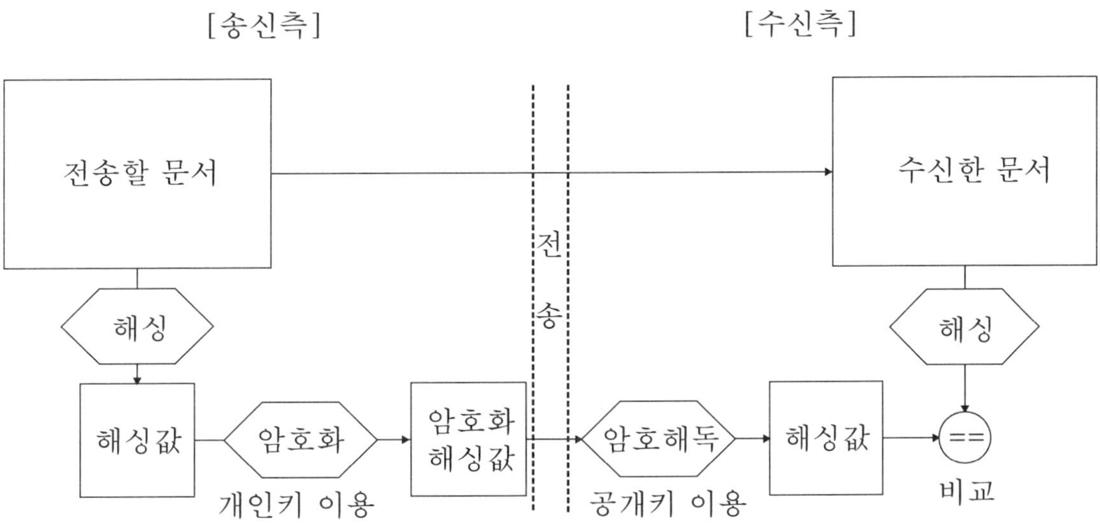

그림 7.6: 전자서명의 예

문서를 전송할 송신측은 전송할 문서의 무결성을 증명하기 위해 해싱을 수행하여 문서를 위한 해시 값을 생성한다. 수신측에 전송되는 문서는 송신측과 수신측의 계약서 또는 거래 문서 등 기업의 일상적인 업무 진행을 위한 것으로 기밀성 유지가 크게 필요하지 않은 경우에는 암호화를 할 필요가 없다. 그러나 문서의 무결성을 검정하기 위해 생성한 해시 값은 반드시 암호화되어야 한다. 만약 문서의 해시 값을 암호화하지 않은 상태에서 전송했을 대 발생할 수 있는 문제는 다음과 같다.

- 인터넷 등의 통신망을 통해 누군가가 송신측이 전송한 문서를 수정하고, 수정된 문서를 이용하여 해시 값을 생성한 후 이를 수신측에 전송한 경우에 수신측은 그 문서의 무결성을 확인할 방법이 없다.

- 수신측에서 수신한 문서에 대해 송신측은 문서 전송에 대한 부인을 할 수 있다. 즉, 송신측이 알지 못하는 문서라고 주장할 수 있다.

이를 해결하기 위한 방법으로는 송신측의 개인키를 이용하여 해시 값을 암호화하는 것이다. 앞에서 기술한 것과 같이 비대칭 암호화는 개인키로 암호화한 것은 그 개인키와 짝이 되는 공개키로만 해독할 수 있으며, 반대로 공캐키로 암호화한 것은 그와 짝이 되는 개인키만이 해독할 수 있다. 따라서 송신측의 개인키로 암호화한 해시 값은 송신자가 소유하고 있는 개인키와 짝이 되는 공개키로만 해독할 수 있다. 만약 송신측의 개인키를 소유하고 있지 않는 누군가가 임의대로 문서를 변경하고, 그 문서의 해시 값을 암호화하였다면 수신측이 가지고 있는 공개키[6]로는 해독할 수 없다. 송신측은 문서와 더불어 그 문서의 해시 값을 개인키로 암화화한 것을 수신측에게 전송을 한다.

수신측은 수신한 문서를 송신측에서 사용한 것과 동일한 해싱 알고리즘을 이용하여 해시 값을 구한다. 그리고 암호화된 해시 값을 송신측에서 공개한 공개 키를 이용하여 해독하며, 이 해독된 해시 값과 앞서 구한 해시 값을 비교하여 그 값이 동일하다면 수신한 문서의 무결성을 확정할 수 있다. 즉, 수신측은 수신한 문서의 암호화된 해시 값을 송신측에서 제공한 공개 키로 해독할 수 있기 때문에 그 문서가 송신측에 의

[6] 이 공개키는 송신자가 소유하고 있는 개인키와 짝이 되는 것으로 송신자가 공개를 한 것이다.

해 작성, 전송되었음을 확신할 수 있고, 문서의 해시 값과 해독된 해시 값이 동일하기 때문에 전송되는 과정 중에 변경이 되지 않았음을 확신할 수 있다.

저잔서명이 된 문서의 교환은 문서 자체를 암호화하지 않기 때문에 문서의 기밀성을 보장하지 않는다. 그러나 비대칭 암호화 기술을 이용하여 문서의 해시 값을 암호화하고 해독하였기 때문에 무결성 및 부인방지 기능을 수행할 수 있다. 전자서명이 제공하는 기능은 다음과 같다[5].

- 위조불가 - 서명자 즉, 송신측 만이 서명문을 생성할 수 있다.
- 인증 - 서명자가 아닌 사람은 서명문을 생성할 수 없다.
- 재사용 불가 - 서명에 포함된 해시 값은 문서에 종속적이기 때문에 다른 문서를 위해 해시 값을 재 사용할 수 없다.
- 변경 불가 - 서명된 문서는 내용을 변경할 수 없으며, 변경된 경우에 해시 값이 일치하지 않는다.
- 부인방지 - 서명자가 서명한 사실을 부인할 수 없다.

전자서명은 우리나라에서 중요 계약을 위해 많이 사용하고 있는 도장과 동일한 기능을 할 수 있으며, 경우에 따라서는 도장보다 더 강한 본인 서명 기능을 갖추고 있기 때문에 통신망을 통한 전자문서 교환시 인감도장과 동일한 법적효력을 갖는다. 따라서 기업의 개인키가 외부로 누출 또는 노출되지 않도록 개인키에 대한 엄격하고도 효과적인 관리가 필요하다. 물론 그 개인키와 짝이 되는 공개키는 기본적으로 외부에 공개하는 것이기 때문에 특별히 보안을 위한 조치가 필요없다.

7.6.3 디지털 봉투

앞서 전자 서명은 통신망을 통해 전송되는 문서 자체에 기밀성을 보장하지 않는다. 즉 전송되는 문서는 전송되는 과정 중에 누군가에서 누출될 수 있음을 의미한다. 따라서 전송되는 전자 문서와 전자 서명 모두 기밀성을 보장할 수 있는 전송 방법이 필요하다. 이 방법은 앞서 기술한 대칭암호화, 비대칭 암호화 및 해시 기술이 복합적으로 적용된 것으로 디지털 봉투(digital envelope) 또는 전자봉투라고 알려져 있다.

디지털 봉투는 암호화 및 데이터 인증 기술을 이용하여 전자 문서의 기밀성, 무결성 및 부인방지를 위해 사용하는 안전한 전자 문서 콘테이너이다. 그림 7.7은 디지털 봉투를 이용하여 전자 문서를 전송하기 위해 송신측이 수행하는 것을 나타낸 것이다.

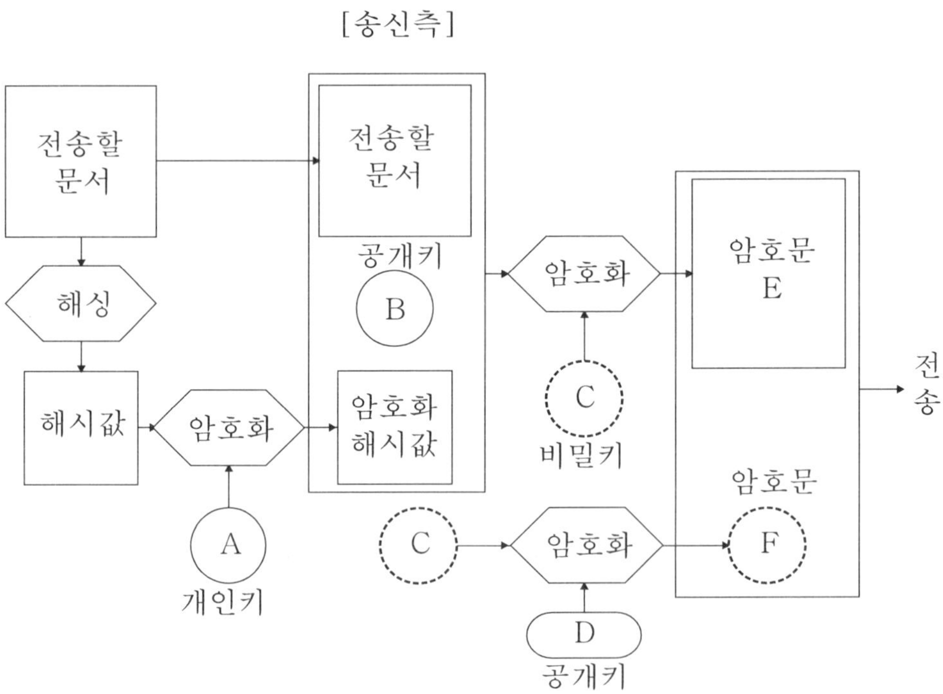

그림 7.7: 디지털 봉투를 이용한 전자 문서 전송을 위해 송신측이 수행하는 단계

송신측은 전송할 전자 문서의 무결성 검정을 위한 해시 값을 계산하기 해싱을 수행하며, 그 결과인 해시값을 'A'로 표시된 송신측의 개인키로 암호화를 한다. 이렇게 암호화된 해시 값은 이 키와 짝이 되는 공개키인 'B'로만 해독할 수 있다. 다음으로 송신측은 전송할 전자문서, 암호화된 해시 값, 그것을 해독할 수 있는 공개키 'B'를 'C'로 표현된 비밀키를 이용하여 암호화한다. 앞서 대칭키 암호화에서 기술한 것과 같이

비밀키로 암호화한 암호문 'E'는 그 비밀키로만 해독을 할 수 있다. 송신측은 그 비밀키를 안전하게 수신측에 전달하기 위해 수신측에서 공개한 공개키인 'D'를 이용하여 암호화를 한다. 이제 송신측은 전자문서와 해시값을 암호화한 암호문 'E'와 비밀키를 암호화한 'F'를 통신망을 이용하여 수신측에 전송을 한다.

해시값을 암호화하는 것은 송신측의 개인키를 이용한 비대칭키 암호화 기술을 이용하였다. 또 전자문서, 암호화된 해시값 및 공개키르를 암호화한 것은 비밀키를 이용한 대칭키 암호화 기술을 이용하였다. 앞서 대칭키 암호화 기술의 결정적 문제점은 암화화 또는 해독할 때 필요한 비밀키의 안전한 전송 방법이 있어야 한다는 것이다. 이것은 비밀키를 수신측의 공개키를 이용하여 암호화함으로써 해결될 수 있다. 이 암호문은 수신측만이 유일하게 보유하고 있는 개인키를 이용하여 해독할 수 있기 때문에 대칭키 암호화의 비밀키를 안전하게 전송할 수 있다. 즉, 전자 문서 등과 같이 용량이 큰 데이터을 암호화하는 것은 대칭키 암호화 기술을 이용하고, 이때 사용한 비밀키는 비대칭키 암호화 기술을 이용하여 안전하게 전송할 수 있다.

그림 7.8는 그림 7.7에 나타낸 것과 같은 절차를 통해 디지털 봉투를 이용하여 송신측에서 전송한 데이터를 수신한 수신측에서 전자 문서를 해독하는 절차를 나타낸 것이다. 수신측이 수신한 데이터에서 자신의 개인키 'G'를 이용하여 암호문 'E'를 해독하기 위한 비밀키를 암호화한 암호문 'F'를 해독한다. 암호 해독을 통해 비밀키 'C'를 확보한 수신측은 이를 이용하여 암호문 'E'를 해독함으로써 전자문서와 이 문서의 해시값을 암호화한 암호문 및 이를 해독하기 위한 송신측의 공개키 'B'를 확보할 수 있다. 수신측은 전자문서의 무결성을 검정하기 위해 전자문서를 직접 해싱한 해시값 'H1'과 송신측에서 자신의 개인키로 암호화하여 전송한 해시값 'H2'를 비교한다. 두 해시값이 동일하면 수신측은 전자문서에 허가되지 않은 수정이 없음을 확정할 수 있다.

디지털 봉투를 이용한 전자문서는 저장매체 또는 통신망을 이용하여 전송되더라도 전자문서의 기밀성, 무결성을 확정할 수 있을 뿐만 아니라 부인방지 기능도 포함

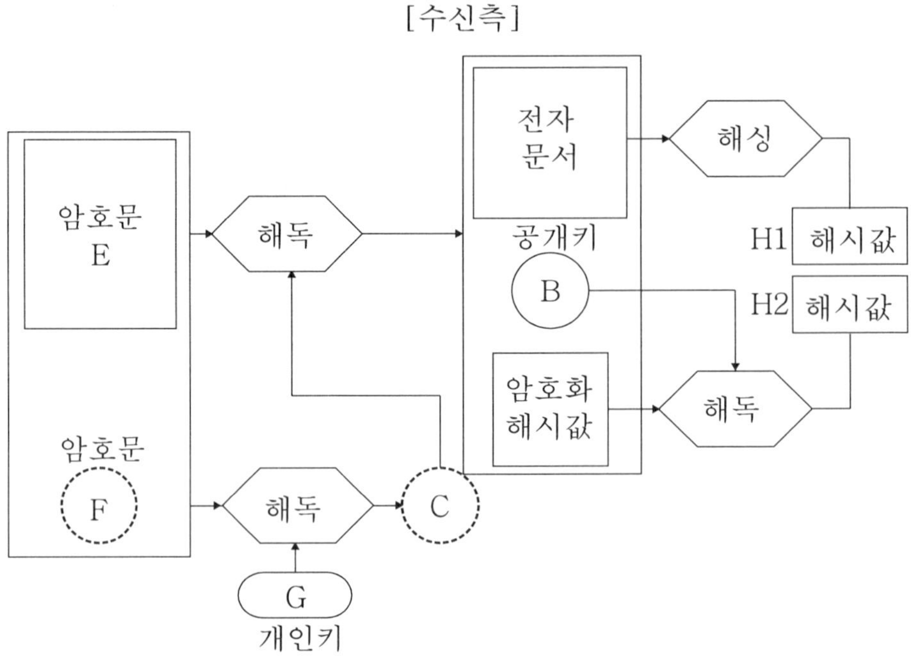

그림 7.8: 디지털 봉투의 전자 문서 수신을 위해 수신측이 수행하는 단계

하고 있다. 전자문서의 무결성은 해시값을 이용하여 검정하며, 전자문서와 해시값의 기밀성은 대칭키 암호화를 이용하여 이루고 있다. 또 송신측의 개인키로 암호화하는 비대칭키 암호화는 부인방지를 위해 사용되었다.

기업간 교환 문서는 공개문서, 전자서명된 문서, 전자서명된 비밀 문서 등으로 분류되어야 하며, 전송을 할 때 각각 별도로 고려되어야 한다. 공개문서는 문서의 기밀성, 무결성, 부인방지가 필요가 없는 문서라고 할 수 있다. 전자서명된 문서는 문서의 무결성 및 부인방지가 필요한 문서이며, 전자서명 기술을 이용하면 된다. 또 전자서명된 비밀 문서는 문서의 기밀성, 무결성, 부인방지가 요구되는 문서이며, 디지털 봉투를 이용하여 전송된다.

7.7 암호화를 이용한 기어 정보자산 보관

최근의 기업 업무 환경은 컴퓨터를 이용하여 생성한 전자 문서 이용이 일반화되었다. 즉, 계약서, 견적서, 제안서, 회의록 등 기업에서 생성하는 문서는 워드프로세서, 스프레드시트, 프리젠테이션용 응용 프로그램을 이용하여 작성되고, 저장, 배포된다. 이 문서들은 지속적으로 축적되면서 기업의 정보 자산으로서 사용될 수 있다. 이들 문서들 중에는 기밀성 및 무결성 유지를 위해 별도 관리되어야 하는 것도 있다. 특히 USB 등 휴대용 저장매체에 문서를 저장하여 업무에 사용하는 경우에 저장매체의 도난, 탈취, 분실 등으로 인한 정보 누출에 대한 대비가 되어 있어야 한다.

1인 기업은 별도의 사무실을 임대하여 정해진 장소에서 업무를 처리하는 경우도 있지만 이동을 하며 업무처리를 하는 모바일 업무 환경을 구축하는 경우도 있다. 이러한 업무 환경을 활용하는 기업의 경우에 각종 문서를 저장하고 있는 이동형 저장매체의 보호에 특별히 신경을 써야 한다. 이를 위해 문서, 폴더, 또는 드라이브를 암호화하여 저장하는 암호화 솔루션 사용은 이동식 저장매체에서 발생할 수 있는 각종 사고에 대비하기 위한 최소한의 안전장치이다.

기업이 컴퓨터 시스템에 생성하는 각종 파일, 폴더 등을 암호화하는 많은 솔루션이 있지만 이 절에서는 무료로 이용할 수 있지만 암호화를 기반으로 한 보안 기능을 가지고 있는 'VeraCrypt'라는 솔루션을 소개한다. 이 솔루션은 컴퓨터 시스템의 하드디스크와 같은 로컬 저장장치 또는 USB 메모리와 같은 이동형 저장장치에 비밀번호를 알지 못하면 접근할 수 없는 별도의 파티션 즉, 저장 드라이브를 제공한다. 즉, 기업에서 생성한 문서 중에서 보호가 필요한 것은 이 솔루션을 이용하여 생성한 드라이브에 저장함으로써 기업은 저장매체의 도난, 탈취, 분실 등의 사고 발생에 대한 최소한의 안전장치를 마련할 수 있다. 이 솔루션은 웹 사이트 http://varacrypt.codeplex.com 에서 다운로드하여 설치할 수 있으며, 설치하는 것과 USB와 같은 이동식 저장매체를 보안이 된 드라이브로 설정하는 것은 177 쪽의 9.3 절을 참고하여라.

CHAPTER 8

창업 기업의 정보보호 정책

8.1 정보 보호 정책 개요

창업 초기의 기업은 여러 제약들이 존재한다. 보통 창업 초기의 기업 규모가 크지 않기 때문에 창업자를 비롯한 초기 기업 구성원들 각자는 여러 가지 일을 담당할 수 밖에 없다. 창업 아이템을 제품화하고 기업과 관련된 법과 각종 조세 제도, 기업 활동과 관련된 각종 문서 생성 및 보관, 증빙 자료의 확보 등 창업 초기 기업은 기업 활동을 위해 고려해야 하는 많은 활동들이 있다. 현재 대부분의 기업–창업 기업을 포함하여–들은 그들의 창업 아이템과 별도로 기업 활동을 위해 수집했거나 생성한 많은 정보들을 컴퓨터 시스템에 저장하고 있으며, 그것을 분석하여 그들이 제공하는 서비스에 활용하기도 한다. 물론 컴퓨터 시스템에 저장되어 있는 정보만이 보호대상이 되는 것은 아니다. 기업이 축적하고 있는 정보는 그들이 제공하는 서비스와 밀접한 관련이 있기 때문에 기업으로서는 반드시 보호해야 하는 자산 중의 하나이다. 그러나 많은 창업 초기 기업의 창업자들은 정보보호에 대한 인식이 부족하거나 정보보호를 위한 투자 여력이 부족한 경우가 있다. 따라서 정보 보호는 반드시 필요한 기업 활동임에도 불구하고 다른 기업 활동에 비해 덜 중요하거나 투자 우선 순위가 후순위로 되는 경우가 있다.

창업자가 정보 보호의 중요성을 인식하고 정보보호를 위해 보안 장비와 각종 솔루션을 도입, 운영하고 있다고 하더라도 높은 수준의 정보 보호는 지속적인 투자와 업데이트를 통해 이룰 수 있다. 즉, 인증받지 않은 익명의 사용자가 기업의 정보 자산에 접근하려는 시도는 나날이 고도화되고 자동화되고 있기 때문에 정보 보호를 위한 기업의 활동은 보안 장치와 솔루션 도입만으로 완료되는 것이 아니라는 의미이다. 많은 보안 장비와 솔루션을 도입한 기업 중 일부는 비인가자가 기업의 정보 자산에 접근하여 유출하였음에도 그 사실을 알지 못하거나 긴 시간이 지난 후에 인지하거나 언론 등을 통해 뒤 늦게 자신들의 정보 자산이 유출되었음을 알게 된다. 이것은 보안 장비 및 솔루션 도입이 기업의 정보 보호에 필요하지만 이것으로 인해 정보 보호를 완전히 완성하는 것은 아님을 의미한다. 기업은 정보 보호를 위해 정보 자산의 비인가자의 접근 시도 차단 등을 위한 사전 예방 활동과 정보가 유출되었을 때를 대비한 사후 활동을 함께 수행해야 한다. 즉, 기업은 "정보는 원래 유출된다."는 인식을 가지고 정보 유출을 방지할 수 있는 방법과 유출이 되었을 때 그 피해를 최소화하거나 제거할 수 있는 방법을 찾아야 한다. 이를 위해 기업은 보안 장비와 솔루션 도입 뿐만 아니라 정보 보호 활동을 위한 구체적인 정보 보호 정책을 수립하고, 실행해야 한다. 많은 1인 기업 또는 창업 초기 기업은 보안 장치 또는 솔루션 도입을 통한 정보 보호 활동이 쉽지는 않지만 적어도 정보 보호 정책을 수립하고, 이것을 시행하는 것은 필요하다.

기업 또는 조직의 정보 보호를 위한 정책을 수립할 때 참고할 수 있도록 한국정보통신기술협회는 "조직의 정보보호 정책 수립 가이드"를 작성하여 배포하고 있다[1][1]. 이 가이드에는 "기관의 경영자 및 정보보호관리자는 정보보호정책을 수립하기 전에 정보보호정책 수립의 필요성에 대해 충분히 공감하고 있어야 하며, 정보보호 기본 원칙 및 체계에 대해 정확히 알고 있어야 한다."고 기술하고 있다[1]. 즉, 기업의 경영과 관련된 정책 결정은 경영자 또는 그에 상응하는 위치에 있는 책임자에 의해 수행되며, 그 정책은 향후 기업이 경영 활동을 하는 방향을 제시하는 것과 같이 정보 보호 정책도 기업의 중요한 정책이고, 정보 보호 활동의 방향성을 제시하는 것이기 때문에

[1] http://www.tta.or.kr 사이트에서 다운로드 받을 수 있다.

정보보호에 대한 인식과 안목을 바탕으로 경영자 또는 그에 상응하는 책임자에 의해 수립되어야 함을 의미한다.

한국정보통신기술협회에서 정의한 정보보호 정책의 정의는 다음과 같다[1].

정보보호 정책은 문서화된 사업 규칙의 특수한 형태로서 정보보호에 관한 경영진의 목표와 방향을 제시하는 것이다. 정책을 달성하기 위한 단계적 방식을 정한 것을 절차라 하고, 반드시 따라야 하는 것은 아니지만 정책을 달성하기 위한 여러 방안을 설명한 것을 지침이라고 부르고 있다. 또한 정보보호 정책, 표준 및 지침, 절차를 포함하여 정보보호와 관련한 규정 전체를 총칭하여 넓은 의미로 정책이라고 부르기도 한다.

정보보호 정책에 대한 한국정보통신기술협회의 정의에 의하면 가장 기본적인 정보보호 정책은 **문서화**[2]이며, 정책 수립의 주요 목적은 정보보호의 목표와 방향을 제시하는 것으로 명시하고 있다. 또 정책 문서는 목표 달성을 위한 절차와 지침을 정의하고 있기 때문에 축적하고 있는 정보 자산이 많은 기업은 정보 보호를 위한 정책 수립과 그 정책에 따른 절차와 지침을 준수하는 것이 보안 사고 발생 방지를 위한 기본적인 기업 행위라고 할 수 있다.

정보 보호 정책이 정보 보호를 위한 방향성을 제시하는 상위 수준의 개념이라면, 이것을 실현하여 목적을 달성하도록 하는 것은 지침(guidelines)과 절차(procedure)이다. 즉 기업이 정보 보호를 위한 지침과 절차를 실행함으로써 정책에서 정의한 정보보호 목적을 달성할 수 있다. 절차은 정보 보호를 위해 반드시 지켜야 하는 사항을 순서에 따라 단계적으로 정의한 것으로 정보보호를 위해 수행해야 하는 구체적인 활동과 절차를 정의한 것이다. 지침은 정보 보호를 위해 선택 가능한 활동을 정의한 것으로 융통성있게 적용할 수 있는 것을 정의하고 있다. 절차와 지침은 정책에서 정한 표준에 따라 정보 보호 활동을 수행해야 한다. 표준(standard)은 정책의 목적 달성을 위해

[2]문서화는 기업의 바쁜 업무 활동에 큰 도움이 되지 않는 것처럼 보이기도 한다. 또 문서화를 위해 많은 시간과 에너지를 쏟아야 하는 것도 사실이다. 그러나 문서화는 발생한 문제 분석 및 해결 방법 도출에 이용될 수 있을 뿐만 아니라 동일한 오류를 반복하여 업무 효율이 감소되는 것을 방지할 수 있다.

반드시 지켜야 하는 사항 또는 양식 등을 정하고 있다. 따라서 기업의 모든 사람들이 준수해야 하는 규정이 표준이다.

기업의 정보 보호 정책은 정보 보호 활동과 과련한 방향성을 제시하여 기업의 정보 자산을 보호함으로써 기업의 경쟁력 향상과 지속적인 서비스를 가능하게 한다. 기업의 정보 자산 보호 및 신뢰도 향상이라는 목적 달성을 위해 기업의 정보 보호 정책은 일반적인 상식에 근거한 보편 타당해야하고, 기업 윤리를 따라야 하며, 사회적 법률 또는 규정을 준수해야 한다. 하지만 특정한 상황이 되면 기업의 정보 보호와 개인 또는 국가의 권리가 서로 상충하는 경우가 발생할 수 있다[3]. 무엇이 더 중요한 가를 논하기 보다는 이러한 문제를 해결하기 위한 노력이 필요하다. 이러한 노력은 경제협력개발기구(Organization for Economic Co-operation and Development,OECD), NIST 등 여러 나라의 관련 전문가들로 구성된 위원회에서 정보보호 기본 원칙을 설정할 수 있도록 하였다. 한국정보통신기술협회에서는 여러 기관에서 제시한 정보보호 기본 원칙을 개인적 측면, 사회적 측면, 법률적인 측면으로 재 분류를 하였으며, 표 8.1에 나타내었다.

Table 8.1: 정보보호 정책의 기본 원칙

구분	설명
개인적 측면	개인의 프로이버스가 침해되지 말아야 하며, 정보보호의 목적을 달성하기 위하여 IT 부서 또는 정보보호 담당자의 편의 중심으로 개발되어서는 안된다.
사회적 측면	도덕적 판단기준, 사회적 측면에서 일반적이고 보편타당 하여야 한다.
법류적인 측면	다른 사람의 법적인 권리를 보장할 수 있는 바탕에서 개발되어야 하며, 정보 보호의 법률 및 교제 등의 요구사항이 반여되어야 한다.

[3]2016년 초에 미국의 FBI가 테러범이 사용한 스마트폰의 잠금 해제를 스마트폰 제조사에 요청을 한 사례는 기업의 정보 보호 정책과 국가 또는 개인의 안전 보호를 위한 활동에 대한 국가의 권리가 상충하는 것이라고 생가된다.

정보 보호를 위한 기업의 실질적인 활동은 정보 보호 정책에 따라 설정된 절차를 실행함으로써 이루어 진다. 따라서 정보 보호 절차를 설정하기 위해서 기업은 정보 보호 정책을 우선적으로 결정하여야 한다. 일반적으로 정보 보호 정책은 그 목적에 따라 지켜야 하는 것, 지키도록 권고하는 것, 알려야 되는 것으로 구성될 수 있다.

기업이 수립하는 정보 보안 정책에서 최상위 수준에서 정의해야 하는 것은 다음과 같다.

- 보호하고자 하는 정보 자산
- 정보의 소유자 및 그 역할과 책임
- 정보의 분류 및 관리(통제) 내용

기업에서 생성하거나 수집한 정보의 양과 종류는 다양하며, 그 종류에 따라 미래 활용 가치가 높은 정보는 데이터베이스 등에 축적하여 보관하고, 활용 가치가 높지 않은 일회성 참고 자료는 참고후 폐기를 하는 등의 결정을 해야 한다. 따라서 기업은 정보 보호를 위한 보안 정책을 수립할 때 우선적으로 결정해야 하는 것은 보호해야 하는 정보 자산의 종류이다. 즉 보안 정책에 따라 궁극적으로 보호해야 하는 기업의 정보 자산이 무엇인가를 결정하는 것은 정보 보호 추진을 위한 방향성을 제시한다고 할 수 있다. 보호하고자 하는 기업의 정보 자산을 결정하는 것은 쉽지 않는 작업이긴 하지만 기업을 통해 나오고 들어가는 모든 정보를 보호 대상으로 삼을 수 없으며, 그럴 필요도 없다. 따라서 기업에서 반드시 보호해야 하는 정보 자산의 범위를 최소화하고, 그것은 정보 보호를 위한 관리 지점이 감소됨을 의미한다.

보호해야 하는 정보 자산의 범위가 결정되면 보안 정책은 정보 자산의 소유자 또는 부서를 설정하고, 각각 그 역할과 정보 보호를 위한 책임을 정의해야 한다. 보안 정책에서 기업에서 축적하고 있는 정보의 소유자와 이용자를 명확히 정의하는 것은 무엇보다 관리의 주체와 이용자의 접근 범위 등을 설정하는 것으로 누가, 왜, 어떻게 정보를 축적을 했는지와 누가, 왜, 사용을 하는 가를 정의하는 것이다.

기업이 축적한 정보가 어떻게 관리되어야 하는 가에 대한 것도 보안 정책에서 정의되어야 한다. 즉, 보안 정책은 어떤 정보를 누가, 어떻게, 무엇을 관리할 것인가를 결정하기 위한 문서라고 할 수 있다. 기업이 보안 정책을 수립하는 단계는 그림 8.1에 나타내었다. 이 단계는 준비, 작성 및 검토, 승인과 같이 세 단계이다. 준비단계에서는 정보보호 관련 참고 문서를 수집하고, 정보보호와 관련한 각종 요구 사항을 조사하는 과정과 정책의 내용, 서술방법, 대상을 정의하는 과정으로 나뉜다. 이 과정은 각각 참조문서 수집 및 요구분석 과정과 정책의 구조 결정 과정이라고 한다.

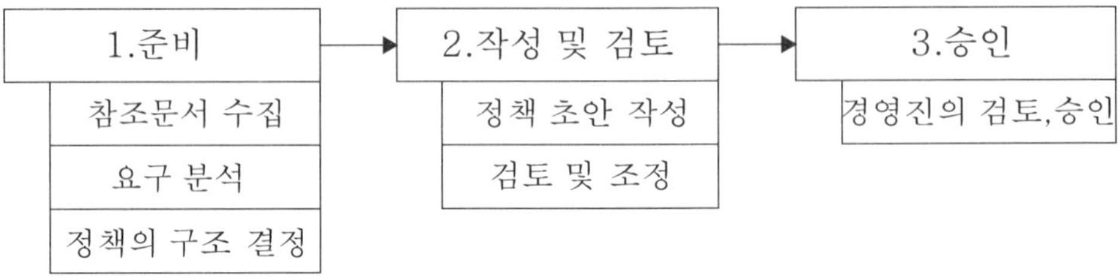

그림 8.1: 정보보호 정책 수립 단계

준비단계에서 정의해야 하는 정보보호 정책의 대상은 기업의 상황과 규모에 따라 매우 다양하다. 그림 8.2은 한국정보통신기술협의회에서 정의한 정보보호 정책의 적용대상의 예를 나타낸 것이다.

작성 및 검토 단계는 정책의 초안을 작성하고, 작성된 초안을 바탕으로 하여 적합성, 실현가능성 등을 검토하며, 필요하다면 조정을 한다. 마지막 승인 단계는 작성된 정보보호 정책을 기업의 최고 책임자 또는 그에 상응하는 위치에 있는 사람이 검토를 하고 승인하는 것이다. 이것은 좋은 정보보호 정책이라도 최고 경영자의 의지와 투자가 없으면 정보보호의 목표를 달성할 수 없기 때문이다.

8.2 정보 보호 정책 내용

기업은 정보 보호 활동을 위해 정보 보호 정책을 문서화하여 이를 실행해야 하는데 그 정책을 수립하는 것은 쉽지 않다. 창업 초기의 기업은 대게 별도의 정보 보호를 담당할

Table 8.2: 정보보호 정책의 적용대상의 예[1]

영역	통제 분야	주요적용 대상
관리적 보안영역	정보보호 정책	전체 임직원
	정보보호 조직	전체 임직원
	외부자 보안	IT 및 현업 부서
	정보자산 분류	현업부서전체
	정보보호교육 및 훈련	IT 관련 부서
	인적보안	전체 임직원
	업무 연속성 관리	현업 분서
물리적 보안영역	물리적보안	IT 관련 부서
기술적 보안영역	시스템 개발 보안	개발 부서
	암호통제	IT 관련 부서
	접근제어	IT 관련부서
	운영관리	IT 관련부서
	전자거래보안	IT 관련부서
	보안사고 관리	정보보호조직
	검토, 모니터링 감사	IT 관련부서
기타	특정 시스템 또는 서비스에 대한 상세한 시스템 정보보호 정책	전체임직원

조직이 없다. 특히 1인 기업은 창업자가 직접 모든 업무를 담당하고 있기 때문에 정보보호 정책 수립이 쉽지 않다. 그러나 기업이 고려해야 하는 정보 보호 정책은 많은 부분에서 겹친다고 할 수 있다. 다음은 한국정보통신기술협회에서 제시한 정보보호 정책 사례 중 최상위 정보보호 정책서이다[1]. 이 문헌에서 제시한 정보 보호 정책서를 기반으로 하여 각 창업 기업의 실정에 맞게 수정하여 사용하는 것을 추천한다. 물론 이 정책서가 완전하다거나 표준이라는 의미는 아니다. 하지만 이 정책서를 참고하여 자신의 기업에 맞게 수립하고, 지속적으로 수정을 한다면 창업 초기 기업 등 별도 정보보호 조직이 없는 기업에서 정보보호 정책은 간단하게 정의하고 문서로 남길 수 있다.

정보보호 정책서

제1조(목적)

본 정보보호 정책은 ****회사(이하 "회사"라 함)의 정보보호를 위한 최상위의 규정으로, 회사의 업무와 관련된 모든 정보와 정보자산을 허가되지 않은 공개, 변조, 유출, 파괴 등의 위협으로부터 안전하게 보호하기 위해 필요한 기본적인 사항을 기술하며, 이를 통하여 회사의 정보자산이 의도적, 비의도적인 위협으로부터 안전하게 보호하는 것을 목적으로 한다.

제2조(적용범위)

본 정책은 회사의 정보 및 정보시스템을 사용하는 모든 임직원에게 적용되며, 또한 회사의 업무와 관련한 회사의 출입자 및 근로 계약자 등의 계약관계에 있는 모든 사람에게도 동일하게 적용된다.

제3조(용어정의)

본 정보보호 정책에서 사용되는 용어의 정의는 다음과 같다.

1. "정보자산"이라함은 회사의 업무와 관련하여 컴퓨터 등의 정보시스템을 통하여 생산, 저장, 전송, 처리되는 정보 및 정보시스템과 관련된 인력, 문서, 시설, 장비 등의 관련 제반 자산을 말한다.

2. "비밀성"이라 함은 정보자산이 허가받지 않은 자에게 노출되지 않도록 보호하는 기능을 말한다.

3. "무결성"이라 함은 정보자산이 허가받지 않고는 변경되지 않도록 보호하는 기능을 말한다.

4. "가용성" 이라 함은 정당한 사용자가 정보 또는 정보시스템의 사용을 필요로 할 때 부당한 지체 없이 자원을 접근 및 사용하도록 하는 기능을 말한다.

제4조(정보보호 정책의 준용)

회사의 정보자산에 대한 정보보호의 실행은 본 정보보호 정책을 최우선으로 하며, 정책에 명시되지 아니한 사항은 사규 또는 관련 관계규정에서 정하는 방에 따른다. 또한 정보보호 관련 국내외의 법규나 정부의 정책은 본 정보보호 정책보다 우선하여 적용된다.

제5조(정보보호의 역할과 책임)

정보보호의 목표는 회사 업무의 연속성을 보장하고 보안 사고로 인한 경영손실 및 이미지의 훼손과 같은 피해를 최소화하는 것이다. 이를 위하여 모든 임직원은 정보보호의 중요성을 인지하고 이를 준수하여야 한다.

제6조(정보보호 정책의 유지관리)

1. 회사의 정보보호 관련 규정은 정보보호 위원회의 승인을 득한 후 인쇄물 형태나 회사의 전자게시판 등을 통하여 전 임직원에게 공표한다.

2. 전 임직원은 정보보호 관련 문서(정책, 지침, 절차 등)를 충분히 숙지하고 준수한다.

3. 정보보호 부서는 위험분석 및 평가를 실시하여 필요한 대책을 강구하고 정보보호 관련 문서에 대하여 정기적으로 타당성을 검토하여 정보보호 관련 규정을 개정한다.

4. 정기적인 타당성 검토이외에 중대한 보안사고 발생, 새로운 위협 또는 취약성의 발생, 정보보호 환경의 중대한 변화 등이 발생했을 경우에는 관련사항에 대하여 추가로 검토하여 개정한다.

5. 정보보호 책임자는 회사 전 임직원에 대해 정보보호 관련 규정에 따른 제반의 무의 이행에 관한 기록을 유지한다.

한국정보통신기술협회는 앞의 최상위 정보보호 정책을 기준으로 하여 정보보호 정책을 19가지를 제시하고 있으며, 표 8.3에 그 리스트를 표시하였다[4]. 1인 기업 또는 창업 초기의 기업은 19가지의 정책 모두가 필요하지 않을 것이다. 따라서 각 기업의 상황과 규모, 업종에 따라 필요한 정책들을 수립, 시행하면 된다.

Table 8.3: 정보보호 정책 리스트

정보보호 조직체계	외부자 보안	자산분류 및 취급
정보보호 교육 및 훈련	인적 보안	물리적 보안
시스템 개발 보안	암호통제	접근제어
운영관리	전자거래 보안	보안사고 관리
준수 관리	업무연속성 관리	개인 PC 보안
전자우편	이동 컴퓨터 보안	네트워크 보안
침입차단시스템		

물론 한국정보통신기술협회에서 제시하는 정보보호 정책 문서들이 반드시 지켜야 하는 법적 효력을 갖는 것은 아니다. 그러나 기업의 규모와 상황에 관계없이 정보가 중요한 자산이 되는 대부분의 기업은 정보 자산 보호를 위한 정책을 구체적으로 명시한 문서를 작성하고, 이를 정보보호 활동에 활용함으로써 정보보호와 관련된 기업 활동의 방향성에 일관성을 가질 수 있을 뿐만 아니라 정보보호 활동의 메뉴얼로 활용할 수 있다. 또 문선화된 정보보호 정책은 정보 자산 유출을 탐지했을 때 기업이 신속하게 대응할 수 있는 체계 마련에 지침이 된다.

[4]정책 리스트의 구체적인 내용은 이 책의 범위를 벗어나기 때문에 기업이 참고하고자 하는 정책 리스트가 있다면 한국정보통신기술협회의 공식 사이트에서 찾아 다운로드할 수 있다. 또 정보보호 관련 정책 가이드를 발표한 다수의 기관들이 있기 때문에 각 기관에서 제시하고 있는 가이드를 참고하여 각 기업에 적합한 것을 선택하여 사용할 수 있다. 실제로 몇몇 기업의 정보보호 정책서를 보면 한국정보통신기술협회에서 제시한 정책서와 그 형식이 다소 다름을 알 수 있다.

8.3 정보보호 조직

기업은 그 업무의 종류에 따라 여러 조직이 구성되어 있으며, 각각 업무의 범위, 역할, 책임 등이 명시되어 있다. 기업의 정보 자산 보호 업무를 담당할 조직은 기업 내 생성 또는 축적되는 각종 정보 자산을 보호하기 위한 다양한 정책을 개발하고, 정보 유출 사고 방지를 위한 활동을 전개하며, 정보 유출 사고의 조기 발견과 신속한 대응 방안을 마련하는 업무를 담당하고 있다.

일반적인 기업의 조직은 계층적 구조를 갖고 있고, 하부 조직이 편성되어 있는 상위 조직에 따라 권한과 책임이 달라 진다. 따라서 권한이 많은 조직은 상대적으로 중요한 업무일 가능성이 많으며, 권한이 많기 때문에 그에 따른 책임도 많다. 정보보호를 위한 조직이 속해 있는 상위 조직에 따라 그 업무의 범위, 권한, 책임이 다소 달라진다.

예를 들어, 정보보호 조직이 최고경영자 직속으로 소속이 되어 있는 경우에 그 조직은 기업의 보안 정책을 수립하는 등의 최상위 레벨에서 정보보호와 관련된 활동을 수행할 수 있으며, 이 조직에서 결정한 정책들은 즉시 기업의 모든 부서의 정보 보호 활동에 영향을 줄 수 있는 권한을 가지고 있다. 반면 일정 규모 이상의 기업들이 IT 관련 부서를 조직하고 있으며, 정보보호 관련 조직을 IT 관련 부서의 하부 조직으로 구성을 한다면 그 조직은 정보보호 정책을 제안하고 결정할 수 있는 권한이 상대적으로 작으며, 주로 상위 조직에 결정한 정보보호와 관련된 일상적인 활동을 수행하는 업무를 담당할 것이다. 즉, 정보보호 관련 조직을 어떻게 조직할 것이며, 어떤 상위 조직에 소속 시킬 것인가는 각 기업의 상황에 따라 달리 결정될 것이다.

개인정보 등 민감한 정보를 기반으로 서비스를 제공하는 대규모 기업은 보호해야 하는 기업의 정보 자산의 용량이 매우 클 뿐만 아니라 종류도 매우 다양할 가능성이 있고, 정보 유출로 인해 기업에게 미치는 영향이 매우 치명적이기 때문에 정보보호 조직을 최고 경영자 직속으로 두는 등 기업 조직의 상부에 위치시키는 것이 필요하다. 상대적으로 민감 정보의 양이 적은 기업은 IT 관련 부서에 정보보호 조직을 두는 것도 나쁘지 않은 선택이 될 수 있다. 물론 기업의 규모가 정보보호 조직의 위치를 결정하는 중요한 요소가 되는 것은 아니다. 기업에서 제공하는 서비스의 종류와 기업 업무 특성에 따라 정보보호 조직의 위치가 결정되어야 한다.

1인 기업의 경우 대개 창업자 1인이 모든 업무를 수행하기 때문에 별도 정보보호 조직을 두는 것은 현실적이지 못하다. 1인 기업이 별도 정보보호 조직을 둔다는 것은 이미 '1인 기업'의 범주에서 벗어나는 것이다. 또 창업 초기의 기업 또는 규모가 매우 작은 기업은 역시 별도 정보보호를 위한 조직을 두는 것이 어렵다. 이러한 기업은 기업의 구성원들의 업무 특성에 따라 정보 보호와 관련 활동을 적절하게 분리하여 분담하는 것이 합리적이다.

8.4 업무 범위와 정보보호

기업의 규모가 증가하면 할 수록 기업에서 수행해야 하는 업무는 세분화되고, 세분화된 업무를 담당하는 조직을 구성하게 된다. 예를 들어 1인 기업의 경우에 창업자 1인이 기업 업무 전체를 담당하고 있다. 즉, 창업자 한 사람이 서비스 또는 제품 개발, 마케팅, 홍보 등 모든 업무를 수행하고 있다. 그러나 기업의 규모가 어느 정도 증가하게 되면 창업자 혼자 모든 수행할 수 없는 상황이 되고, 이때 각 업무를 담당할 조직을 만들고, 그 조직에서 관련 업무를 담당할 구성원을 채용하거나 영입을 하게 된다. 즉, 사업의 규모가 증가된 '1인 기업'은 기업제품 개발을 위한 조직, 마케팅을 위한 조직, 기획을 담당할 조직 등 1인 기업의 창업주가 하던 일들을 그 특성에 따라 업무를 분할하고 각 업무를 담당할 조직을 구성하게 된다. 이것은 기업의 업무들이 그 특성에 따라 점차 세분화됨을 의미한다.

정보보호라는 관점에서 기업 업무의 세분화는 강력한 정보보호를 위해 반드시 필요하다고 할 수 있다. 기업의 업무 세분화를 통해 각 담당자가 수행하는 업무의 범위를 축소하고, 그 업무를 위해 접근할 수 있는 기업의 정보 자산의 범위를 축소시킴으로써 기업의 정보 자산을 강력하게 보호할 수 있다. 즉, 이것은 각 업무 담당자에 부여되는 기업의 정보 자산에 접근할 수 있는 권한을 최소화하는 것이다. 기업의 업무 세분화은 추가 비용, 업무 효율성, 효과성, 유연성 등 다양한 고려 사항에 따라 결정이 되어야 하는 문제이기 때문에 업무를 위한 정보 자산 접근 권한 최소화와 적절한 타협점을 찾아야 한다.

기업 내 여러 부서 또는 다른 기업과의 협업은 정보보호의 관점에서 보면 정보보호 취약점을 발생시킨다고 할 수 있다. 최근 기업에서 진행하는 업무–소위 프로젝트라고 하는 새로운 업무 개발 등–들 중에는 여러 부서가 협업을 하거나 다른 기업과 협업을 통해 수행해야 하는 것이 있다. 이 경우에 기업의 정보 자산에 접근할 수 있는 권한의 범위가 확장되기 때문에 기업 정보보호 관점에서는 주의를 기울여야 한다.

ISO 27001 등 기업의 정보 자산 보호를 위한 각종 국제 표준이 있다. 이들 표준을 준수하고 인증 받은 기업은 정보 보호와 관련된 정책 및 활동이 체계적으로 이루어지고 있다고 할 수 있다. 이러한 국제 표준들은 '∼를 해야 한다.'와 같이 기업의 정보보호를 위해 실행해야 하는 행위들을 주로 정의하고 있다. 예를 들어, ISO 27001에서 정의한 'A.7 자산 분류 및 통제' 분야의 'A.7.1 자산에 대한 책임' 중 'A.7.1.1'은 '중요 자산을 모두 파악해야 한다.'라고 정의되어 있다. 이것은 기업이 정보 보호 활동을 위해 기업 자신이 축적하고 있는 자산 특히, 중요 주산이 무엇인지를 파악하고, 이를 문서화하여 기록해야 함을 의미한다.

1인 기업 또는 창업 초기 기업이 이런 국제 표준에 따른 인증을 받는 것은 쉬지 않을 뿐더러 굳이 국제 표준 준수 인증을 받을 필요가 있는가에 의문이 있다. 이들 소규모 기업들은 국제 표준에서 요구하는 각 항목에 대한 내용을 구체적으로 문서화하기 불가능한 것이 있기 때문이다. 예를 들어, ISO 27001의 '물리적 및 환경적 보안' 분야의 보안영역에 대한 내용 '벽이나 카드로 통제되는 문과 같은 물리적 보안 경계를 가져야 한다.'는 1인 기업 또는 소규모 기업이 준비하고 실행하기 어려운 것이다. 그러나 제공하는 서비스 또는 제품과 관련하여 정보보호 관련 인증이 필요할 수 있기 때문에 기업은 인증을 받을 것인가에 대한 결정위해 여러 상황을 고려해야 한다.

CHAPTER 9

창업 기업의 실전 정보 보호

이 장에서는 1인 기업 또는 창업 초기 기업의 업무 환경을 가정하고 각각 고려해 볼 수 있는 정보 보호 활동을 기술한다. 정보 보호 활동을 위해 이 장에서 가정하는 기업의 환경은 다음과 같다.

- 소규모 기업 또는 1인 기업
- 정보 보호를 위해 투자할 수 있는 재원의 한정
- 보안을 위한 전문가 또는 조직 구성의 어려움

이러한 기업 환경에서 정보 보호를 기업이 실행할 수 있는 것은 전문가의 도움이 없이 간단하게 할 수 있는 정보 보호 활동으로 한정될 것이다.

9.1 기업 업무 환경에 따른 정보 보호

정보 보호의 관점에서 가정하는 1인 기업 또는 창업 초기 기업의 업무 환경 모델은 다음과 같다. 물론 기업의 업무 환경이 매우 다양하고 동적이기 때문에 특정한 모델로 한정하는 것은 다소 무리가 있겠지만 정보 보호의 관점에서는 단순화할 수 있을 것이다.

- 모바일 업무 환경의 1인 기업
- 소수의 컴퓨터 시스템을 갖는 기업
- 소수의 컴퓨터 시스템과 웹 서비스 제공 기업
- 다수의 공인 IP와 웹 서비스 제공 기업
- 호스팅 업체를 통한 웹 서비스 제공 기업

9.1.1 모바일 업무 환경의 1인 기업

많은 1인 기업은 별도의 업무 공간을 마련하기 보다는 모바일 오피스 환경을 구축하여 업무를 진행하고 있다. 물론 1인 기업의 업종에 따라 다소 다른 환경을 구축하여 업무를 추진하고 있는 1인 기업도 있다. 이 절에서는 모바일 오피스 업무 환경을 구축한 1인 기업의 업무 환경을 모델링한다. 그림 9.1은 1인 기업의 모바일 업무 환경은 나타낸 것이다. 1인 기업 창업주는 노트북 컴퓨터 등의 모바일 장치와 스마트폰 등을 이용하여 시간과 장소에 영향을 받지 않고 인터넷을 이용하여 대부분의 기업 업무를 처리한다. 또한 별도의 업무 공간을 구입하거나 임대하지 않기 때문에 관련 비용을 절감할 수 있다는 장점이 있다. 업무와 관련한 회의 또는 워크숍 등을 위해 공간이 필요한 경우에 1인 기업은 시간제로 공간을 임대하여 사용을 한다[1].

그림 9.1: 1인 기업의 모바일 오피스 환경

1인 기업의 영업 활동은 인터넷을 기반으로 하고 있기 때문에 인터넷 연결성이 매우 중요한 업무 환경이다. 따라서 1인 기업의 창업자는 인터넷 연결 특히, 무선 인터

[1]많은 도시에서는 창업을 활성화시키기 위해 시간제로 회의실 등을 저렴한 가격에 임대해 주는 기관들이 있고, 1인 기업들은 이들 기관이 임대해 주는 공간을 활용하고 있다.

넷이 가능한 공간을 선호하고 있으며, 그런 공간을 찾기 어려운 상황에서는 스마트폰의 핫스팟(hot spot)[2] 기능을 이용하여 인터넷 연결을 한다.

이러한 업무 환경에서 1인 기업의 창업자가 정보 자산을 보호하고 지속적인 업무 환경을 구축하기 위해 실행해야 하는 활동은 표 9.1에 나타내었다.

Table 9.1: 1인 기업의 모바일 업무 환경에서 정보 보호 활동

노트북 컴퓨터의 접근 통제	노트북 컴퓨터 디스크 암호화
이동식 저장 매체 암호화	노트북 컴퓨터 잠금 장치
문서 전송시 비밀번호 설정	악성 프로그램 탐지 프로그램 이용
운영체제 업데이트	클라우드 서비스를 이용한 백업
무료 AP 접속 지양	

노트북 접근 통제는 노트북을 사용을 위한 비밀번호를 설정하는 것이다. 특히 마이크로소프트 윈도를 사용하는 경우에 일반 사용자 권한으로 사용하는 것은 사용자 동의없이 악성 코드를 시스템에 설치하는 것을 방지할 수 있어 정보 보호에 도움이 된다. 이와 관련된 내용은 96 쪽의 윈도에서 사용자 계정 및 접근 제어 부분을 참고하여라.

노트북 컴퓨터는 휴대용이기 때문에 항상 도난의 위험이 있다. 노트북 컴퓨터의 도난은 노트북 컴퓨터 자체보다 그 컴퓨터에 저장되어 있는 각종 정보 자산의 유출을 의미하기 때문에 1인 기업에게는 아주 치명적이다. 따라서 노트북 컴퓨터의 도난으로 인한 정보 유출 방지를 위해 노트북 컴퓨터의 디스크 암호화가 필요하다. 노트북 컴퓨터의 디스크 암호화에 대한 내용은 176 쪽의 9.2 절에서 설명한다.

모바일 업무 환경에서는 USB 메모리 또는 외장 저장매체[3]과 같은 이동식 저장 매체를 이용하여 정보를 저장한다. 이러한 저장 매체는 사용과 소지의 편의성 때문에 많이 사용되고 있지만 도난 또는 분실의 위험이 크다. 이동식 저장 매체의 도난 또는

[2]LTE 또는 3G 모바일 네트워크 망에 연결되는 스마트폰는 자체적으로 WiFi AP 역할을 수행할 수 있는 기능을 가지고 있다. 이를 이용하여 노트북 등 모바일 장치는 인터넷에 연결할 수 있다. 이를 위해서는 적절한 요금제를 계약하여 사용해야 한다.

[3]보통 '외장하드'라고 하는 저장매체이다.

분실로 인한 기업 정보 유출은 이 저장 매체를 암호화함으로써 방지할 수 있다. 저장 매체 암호화 솔루션에 대한 내용은 177 쪽의 9.3 절에서 기술한다.

노트북 컴퓨터 잠금 장치는 노트북 컴퓨터 자체의 도난을 방지하기 위해 사용할 수 있으며, 1인 기업 창업자가 작성하여 협력 업체에게 전송하는 문서에 비밀번호를 설정하는 것은 문서의 기밀성을 확보할 수 있다. 또 악성 프로그램 탐지 솔루션은 컴퓨터 시스템의 보안 취약성을 이용하여 정보를 누출시키는 악성 코드를 탐지하고 차단하여 악성 코드로 인한 문제 즉, 정보 누출, 잠금, 삭제, 변형 등의 문제를 해결할 수 있다.

마이크로소프트와 같이 운영체제를 개발, 공급하는 기업은 그들의 운영체제에 내재되어 있는 보안 취약점을 찾고, 그것을 수정하여 운영체제 업데이트를 제공한다. 따라서 보안 취약점을 제거하기 위해 1인 기업은 새로운 운영체제 업데이트가 제공될 때마다 업데이트하는 것이 정보 보호에 도움을 준다.

도난 방지를 위해 노트북 잠금장치를 이용해도 창업자는 노트북 컴퓨터를 도난당할 수 있다. 물론 노트북 컴퓨터의 디스크 암호화를 통해 기업의 정보 자산이 누출되지 않았지만 그 컴퓨터에 저장되어 있는 정보를 다시 찾아올 수 없다. 1인 기업 창업자가 노트북 컴퓨터를 이용하여 작업한 내용을 백업하는 것은 노트북 컴퓨터의 도난 상황에서 작업한 내용을 보존할 수 있는 유일한 방법이다. 데이터 백업을 위해 백업 장비를 휴대하거나 외장 저장매체를 이용하는 것은 '백업'에 도움이 되지 못한다. 작업 환경의 이동성이 특징인 모바일 작업 환경에서 창업자가 백업 장비를 휴대하는 것은 이동성을 저해하는 것이다. 또 외장 저장매체를 이용한 백업은 그 저장매체도 도난당할 위험이 있기 때문에 안전한 백업이 되지 못한다. 따라서 노트북 컴퓨터가 인터넷에 연결되어 있는 모바일 작업 환경에서 안전한 백업은 클라우드 서비스를 이용하는 것이다. 백업 용도로 사용할 수 있는 클라우드 서비스로는 구글 드라이브, 드롭박스, 네이버 클라우드 등이 있으며, 이들 서비스들은 컴퓨터의 디스크 내용과 동기화하는 기능[4]을

[4]동기화 기능은 컴퓨터 디스크 내 동기화 폴더를 지정해 두고, 이 폴더에 파일 또는 폴더를 생성, 수정, 삭제 작업을 하면 그 작업의 결과가 동일하게 클라우드에서도 적용된다.

제공하고 있다. 이것은 장소와 사용하는 장치에 독립적으로 언제, 어디서나 동일한 폴더 환경에서 작업할 수 있다는 장점과 더불어 백업 용도로 사용할 수 있다. 이런 클라우드 서비스들은 수십 GB까지는 무료로 제공하고 있으며, 월 10,000원 정도에 1 TB까지 용량을 사용할 수 있다. 따라서 기업은 백업에 사용할 용량에 따라 무료 제공 용량을 이용하거나 용량 확보를 위해 유료로 각 서비스를 이용할 수 있다.

모바일 작업 환경의 필수 요소는 인터넷 연결을 무선 통신망이다. 우리나라의 지하철, 카페, 공공기관 등에는 무료로 이용할 수 있는 무선 통신망 즉, 공개 WiFi가 설치, 운영되고 있다. 누구나 접속해서 인터넷을 사용할 수 있는 공개 WiFi는 대개 암호화를 하지 않아 보안에 취약한 면이 있어 전송 중에 기업의 정보가 탈취될 가능성이 있다. 따라서 모바일 업무 환경에서 1인 기업 창업자는 공개 WiFi를 이용하는 대신 자신의 스마트폰의 핫 스팟 기능을 이용하여 인터넷에 접속하는 것이 무선 통신망 이용시 발생할 수 있는 정보 유출을 방지할 수 있다.

9.1.2 소수의 컴퓨터 시스템을 갖는 기업

창업 초기의 기업은 그 규모가 크지 않은 것이 일반적이며, 구성원의 수도 많지 않다. 이처럼 창업 초기의 기업 처럼 소규모 기업은 그림 9.2에 나타낸 것과 같이 1개의 IP 주소를 여러 구성원의 컴퓨터 시스템이 공유하는 업무 환경을 구성할 수 있다. 특히 웹 서비스를 제공하지 않는 소규모 기업이 이러한 업무 환경을 구축할 수 있다. 공인 IP 를 이용하여 인터넷과 연결하는 공유기는 기업의 내부 망을 구성하는 스위치 역할을 수행하며, 기업 구성원의 컴퓨터들은 유무선으로 공유기에 접속하여 인터넷을 사용할 수 있다. 기업 구성원이 작업한 자료들을 백업하기 위한 백업 장비[5]도 공유기에 연결되어 각 컴퓨터의 디스크 콘텐츠를 백업한다. 물론 이 업무 환경은 웹 서비스를 제공하지 않지만 기업이 축적하고 있는 각종 정보의 저장, 관리를 위해 데이터베이스 서버를 운영할 수 있다.

[5]최근에는 NAS도 백업 장비로 사용될 수 있으며, 별도의 백업용 솔루션도 이용될 수 있다.

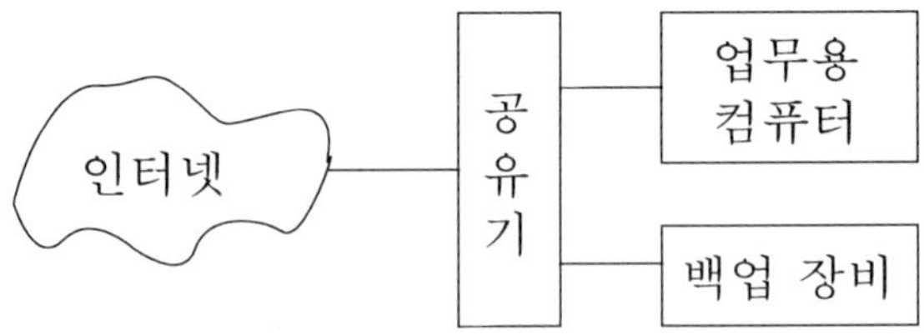

그림 9.2: 소수의 컴퓨터 시스템을 갖는 기업의 업무 환경

그림 9.2에 보인 것과 같이 소규모 기업을 위한 업무 환경은 공유기, 업무용 컴퓨터 시스템, 백업장비, 데이터베이스 서버 등으로 구성될 수 있다. 이러한 업무 환경에서 소규모 기업의 구성원이 자신들의 정보 자산을 보호하고 지속적인 업무 환경을 구축하기 위해 실행해야 하는 활동은 표 9.2에 나타내었다.

Table 9.2: 소규모 기업의 업무 환경에서 정보 보호 활동

(노트북)컴퓨터의 접근 통제	노트북 컴퓨터 디스크 암호화
이동식 저장 매체 암호화	노트북 컴퓨터 잠금 장치
문서 전송시 비밀번호 설정	악성 프로그램 탐지 프로그램 이용
운영체제 업데이트	공유기 비밀 번호 설정
공유기 무선 접속 비밀번호 설정	공유기 접속 포트 차단
접근 제어된 백업 솔루션	보조 기억장치의 파기 또는 보안 삭제
출력 문서의 파기	

표 9.2에 나열한 정보보호를 위한 기업 구성원의 활동은 많은 부분이 표 9.1에 나열한 것과 중복이 된다. 이것은 기업의 기본적인 업무 환경이 비슷하기 때문이다. 이 절에서는 앞에서 서술하지 않은 정보 보호 활동에 대한 것만을 기술한다.

공유기는 78 쪽의 4.5.1 절에서 기술한 것과 같이 한 개의 IP 주소를 여러 컴퓨터 시스템이 공유하기 위한 목적으로 사용되지만 정보 보호의 관점에서는 비용대비 효과적인 네트워크 보안 장비로 사용할 수 있다. 공유기를 네트워크 보안 장비로서 활용하기 위해서는 공유기 비밀번호 설정, 무선 접속 비밀번호 설정 및 사용하지 않는 포트 차단 등의 설정이 필요하다. 정보 보호를 위한 공유기 설정은 4.5.1 절에서 기술하였다. 최근에 판매되고 있는 공유기는 네트워크 보안과 관련한 기능을 제공하고,

오랜 시간동안 정상적으로 동작을 할 수 있는 것이 좋다.

창업 후 일정 기간이 지나면 기업에서 생성하거나 축적하는 정보의 양과 중요도가 점차 증가된다. 이들 정보를 도난, 고장 등 불의의 사고로 부터 보호하기 위해 기업은 백업을 위한 정책을 마련할 필요가 있다. 그러나 소규모 기업이 전문적인 백업 시스템을 구축하는 것은 쉽지 않다. 따라서 기업의 규모에 비례해서 백업 시스템을 점차 고도화, 전문화해야 하지만 최초 백업 시스템은 NAS와 같은 것을 활용하여 구성하는 것이 좋은 대안이 된다.

NAS(Network Attached Storage)는 네트워크에 연결된 스토리지를 의미하며, USB로 연결되는 외장 저장매체와 달리 네트워크에 연결된다. 따라서 동일 서브 네트워크에 연결되어 있는 컴퓨터 시스템은 NAS에 정보를 저장하고, 공유할 수 있어 소규모의 조직이나 기업에서 정보 저장 및 공유 목적으로 많이 사용하고 있다. 최근의 NAS는 단순히 스토리지로서의 역할만 하는 것이 아니라 백업 장비로서의 기능을 수행할 수 있도록 백업용 솔루션을 함께 제공하기도 한다. 소규모 기업은 그들이 축적하고 있는 정보를 백업할 때 NAS를 활용할 수 있으며, 접근 권한 관리를 통해 허용된 사용자만이 백업을 하거나 복구할 수 있도록 설정하여야 한다.

컴퓨터 시스템을 교체할 때 디스크 장치를 그냥 두는 것은 기업의 정보 자산 유출의 지름길이라고 할 수 있다. 정보의 유출을 방지하기 위해 디스크 장치를 초기화(format)한 후 교체하는 것도 초기화된 디스크를 복구할 수 있기 때문에 정보 보호에는 도움이 되지 못한다. 따라서 디스크 장치 등 교체되는 스토리지를 통한 기업 정보 자산의 유출 방지를 위해 디스크 장치의 물리적 파손,디가우징(degaussing) 장비 이용 삭제, 보안 삭제가 필요하다. 디스크 장치의 물리적 파손은 디스크 장치를 망치, 드릴 등을 이용하여 물리적으로 파괴하는 것을 의미한다. 이것은 정보를 저장하고 있는 디스크 자체에 여러 개의 구멍을 뚫거나 홈을 내는 등 의도적인 손상을 가해 그 내용을 복구할 수 없도록 하는 것이다. 디가우징 장비는 정보를 저장하고 있는 디스크에 아주 강력한 자력을 가하여 정보를 삭제하는 방법이며, 이렇게 삭제된 정보는 복구할 수 없다고 알려져 있다. 그러나 이 방법을 사용하기 위해서는 디가우징 장비를 구비해야 한다는 단점이 있다. 보안 삭제는 디스크에 저장되어 있는 모든 정보에 '0' 또는 '1'을 겹쳐 쓰기를 하여 기존의 정보를 알 수 없게 만드는 방법이다. 이를 위한 툴들이 많이 있으며, 이 툴들은 주로 0 또는 1을 디스크에 여러 차례 겹쳐 쓰기하여 복구를 불가능하게 만든다. 폐기해야 하는 디스크가 적게 나오는 소규모 기업은 보안 삭제 툴을 이용하는 방법이 효과적이지만 중규모 이상의 기업은 디가우징 장비를 도입, 이를 이용하는 것이 효과적이다.

정보 보호 또는 보안이라는 용어는 전자적인 문서의 유출 방지라는 의미를 많이 내포하고 있다. 그러나 출력된 문서로 인한 기업 정보 유출의 사례도 언론에 종종 보도되곤 한다. 즉, 개인의 민감 정보 또는 기업의 핵심 정보 자산 정보를 출력한 문서에 대한 관리 부재는 기업 구성원들이 이 문서를 회의 등에서 이용한 후 아무런 조치를 취하지 않고 쓰레기통 등에 폐기함으로써 이를 통한 정보 유출 가능성을 유발한다. 실제로 수년 전에 모 은행의 지점이 주민등록번호, 계좌번호 등을 포함하고 있는 문서를 쓰레기 통에 배출하여, 이것으로 인해 개인정보가 유출되는 사고가 발생한 사례가 있다. 출력된 문서로 인한 정보 유출을 방지하기 위한 완전한 방법은 소각이지만 소규모 기업에서 적용하기 어려운 방법이다. 정보 유출 방지를 위한 다른 방법은 문서세단기[6]를 이용하는 것이다. 이것은 문서를 잘게 잘라 그 내용을 확인할 수 없도록 한다.

9.1.3 소수의 컴퓨터 시스템과 웹 서비스 제공 기업

웹 서비스를 제공하는 소규모 기업을 위한 업무 환경은 그림 9.3에 나타낸 것과 같다. 대부분의 구성이 웹 서비스를 제공하지 않은 소규모 기업의 업무 환경과 유사하지만 웹 서버와 DB 서버는 웹 서비스를 제공하기 위해 추가되어 있다. 한 개의 공인 IP 주소를 웹 서버를 비롯하여 기업에서 사용하는 많은 컴퓨터 시스템이 공유하는 업무 환경이기 때문에 공유기 포트 수의 한계를 해결하고 내부 망의 효율적 운영을 위해 스위치 장비를 추가 구성하였다. 이 구성에는 웹 서버 뿐만 아니라 DB 서버도 포함되어

[6]파쇄기, 세절기 등으로도 불린다.

있기 때문에 앞서 기술한 백업 장비로 구성되어 있어야 한다. 또 그림 9.3에 표시되어 있지 않지만 순간 정전 등의 순간적인 전력 차단과 같은 갑작스러운 상황에서도 지속적인 웹 서비스를 제공하기 위해 무정전 전원공급기(UPS)를 도입하는 것도 좋다. 무정전 전원공급기에 연결하는 장치는 웹 서비스와 관련된 모든 요소들 즉, 공유기, 스위치, 웹 서버, DB 서버 등 이다.

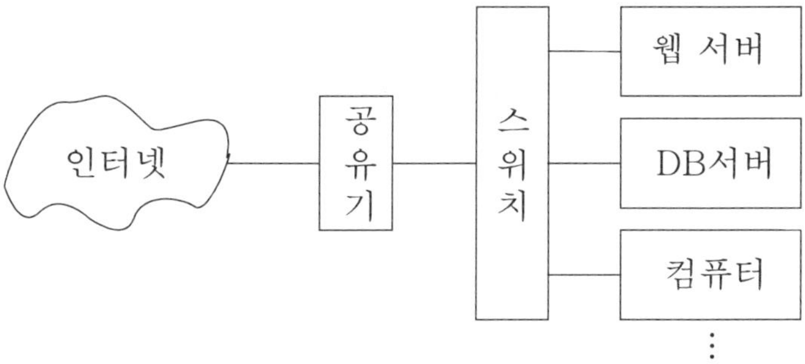

그림 9.3: 웹 서비스 제공 기업의 업무 환경

이러한 업무 환경에서 소규모 기업의 구성원이 정보 자산을 보호하고 지속적인 웹 서비스를 제공하기 위해 실행해야 하는 활동을 표 9.3에 나타내었다.

Table 9.3: 웹 서비스를 제공하는 소규모 기업의 업무 환경에서 정보 보호 활동

(노트북)컴퓨터의 접근 통제	노트북 컴퓨터 디스크 암호화
이동식 저장 매체 암호화	노트북 컴퓨터 잠금 장치
문서 전송시 비밀번호 설정	악성 프로그램 탐지 프로그램 이용
운영체제 업데이트	공유기 비밀 번호 설정
공유기 무선 접속 비밀번호 설정	공유기 접속 포트 차단
접근 제어된 백업 솔루션	보조 기억장치의 파기 또는 보안 삭제
출력 문서의 파기	민감 정보 DB의 암호화
DB의 접근제어	웹 서비스를 위한 공유기 포트 포워딩
관리자 권한 실행 지양	

표 9.3에 나열한 기업 구성원의 정보 보호 활동은 표 9.2에서 나열한 것과 중복이 된다. 이 절에서는 앞에서 서술하지 않은 정보 보호 활동에 대한 것을 기술한다.

기업이 개인 맞춤형 웹 서비스 제공을 위해 수집한 개인정보는 대게 데이터베이스에 저장, 관리된다. 데이터베이스에 저장되어 있더라고 유출될 가능성은 있기 때문에 민감한 개인정보는 암호화되어야 한다. 또 기업은 암호화 키 관리도 유의해야 하며, 업무의 세분화를 통해 암호화 키를 아는 구성원이 최소화되도록 해야 한다.

또 기업은 업무 세분화에 따라 데이터베이스 접근 권한 관리를 수행해야 한다. 즉 기업의 구성원이라고 하더라도 누구나 데이터베이스에 접근하여 정보를 열람하지 못하도록 하는 접근 권한 관리는 데이터베이스에 저장된 정보 유출로 인한 피해를 방지할 수 있다. 데이터베이스 접근 권한 관리에 대한 내용은 105 쪽의 5.3 절에서 기술하였다.

앞서 외부로 부터의 접근 시도를 방지하기 위해 공유기의 모든 포트를 차단하는 것으로 설정할 것을 기술하였다. 이 설정은 기업의 정상적인 웹 서비스도 불가능하게 한다. 따라서 웹 서비스를 위한 포트인 80번 포트는 공유기에서 차단하지 않는 것으로 설정을 해야 한다. 물론 기업이 제공하는 웹 서비스가 별도의 포트를 추가적으로 요구된다면 그 포트 번호도 공유기가 차단하지 않도록 설정을 해야 한다. 하지만 서비스의 편의성을 위해 필요 이상 많은 포트를 개방하는 것을 기업의 정보 보호에 전혀 도움이 되지 않기 때문에 공유기에서 접속을 허용하는 포트는 최소화하는 것이 좋다. 공유기와 관련된 정보 보호 활동은 78 쪽의 4.5.1 절을 참고하여라.

기업이 업무용으로 사용하는 각 컴퓨터 시스템뿐만 아니라 웹 서버와 DB 서버는 소프트웨어 설치, 업그레이드 등 관리를 위한 관리자 계정이 있다. 이 관리자 계정은 시스템에서 설정한 모든 접근 권한을 초월한 권한을 갖고 있기 때문에 이 계정에서 수행하는 모든 활동은 매우 신중하게 수행해야 한다. 이 계정에서 수행한 한 줄의 명령문이 시스템 전체를 삭제하는 등 시스템에게 매우 심각한 손상을 줄 수 있다. 또 이 계정으로 설치한 응용 프로그램이 악성 코드를 포함하고 있다면 전체 시스템에 대한 제어권을 알 수 없는 누군가와 공유하는 상황이 되어 기업의 정보 보호 활동에 매우 심각한 취약점이 될 수 있다. 따라서 시스템 관리 등 관리자 계정이 아니면 할 수 없는 작업을 제외한 일반적인 작업은 관리자 계정이 아닌 일반 사용자 계정에서 수행되어야 한다. 즉, 기업의 구성원은 일반 사용자 계정에서 일상적인 업무 또는 처리를 해야 한다.

9.1.4 다수의 공인 IP와 웹 서비스 제공 기업

앞에서는 기업이 한 개의 공인 IP 주소를 웹 서버와 업무용 컴퓨터 시스템이 공유하는 환경을 모델링하였는데 이 절에서는 웹 서비스를 제공하는 소규모 기업이 웹 서비스를 위한 별도의 공인 IP 주소를 확보하여, 웹 서비스와 업무용 IP 주소를 분리한 업무 환경에 대해 기술한다. 이 절에서 기술하는 업무 환경은 그림 9.4에 나타내었다. 이 업무환경은 외부 인터넷과 연결되어 있는 라우터(router)와 각각 공인 IP 주소를 할당한 두 개의 공유기, 그리고 각 공유기에 연결되어 있는 컴퓨터 시스템으로 구성되어 있다. 보통 라우터의 앞단 즉 인터넷과 라우터 사이에 각종 네트워크 보안 장비가 있어야 하지만 소규모 기업이 그러한 보안 장비까지 투자할 여력은 현실적으로 적다고 생각된다. 따라서 기본적인 네트워크 보안은 앞서 기술한 것과 같이 공유기를 활용하는 것으로 한다.

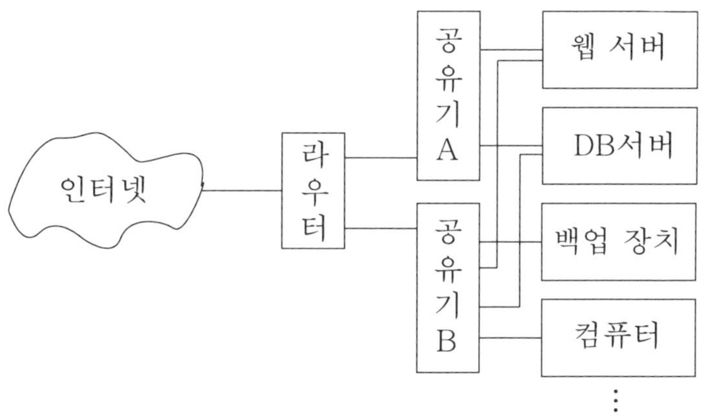

그림 9.4: 다수의 공인 IP와 웹 서비스를 제공하는 기업의 업무 환경

이 구성에서 '공유기A'는 웹 서버와 DB 서버로 구성된 내부 망을 구축하기 위한

것이고, '공유기B'는 기업의 업무용 컴퓨터 시스템들로 구성된 내부 망을 구축하기 위한 것이다. 이렇게 웹 서비스를 위한 망과 업무를 위한 망을 분리함으로써 기업의 정보 보호 정책 실현에 도움이 된다. 하지만 웹 서버 또는 DB 서버 관리를 위해 이들 시스템은 '공유기B'에도 접속이 되어 있다. 따라서 기업의 업무용 망에 있는 관리자가 웹 서버 또는 DB 서버에 접속하여 관리 업무를 수행할 수 있다.

이러한 업무 환경에서 기업의 구성원이 정보 보호를 위해 수행해야 하는 활동은 표 9.4에 나타내었다. 이 리스트는 표 9.3에 나열한 것과 대부분 중복이 된다. 공유기 각각

Table 9.4: 여러 공인 IP 주소를 가진 소규모 기업의 업무 환경에서 정보 보호 활동

(노트북)컴퓨터의 접근 통제	노트북 컴퓨터 디스크 암호화
이동식 저장 매체 암호화	노트북 컴퓨터 잠금 장치
문서 전송시 비밀번호 설정	악성 프로그램 탐지 프로그램 이용
운영체제 업데이트	공유기 비밀 번호 설정
공유기 무선 접속 비밀번호 설정	공유기 접속 포트 차단
접근 제어된 백업 솔루션	보조 기억장치의 파기 또는 보안 삭제
출력 문서의 파기	민감 정보 DB의 암호화
DB의 접근제어	웹 서비스를 위한 공유기 포트 포워딩
관리자 권한 실행 지양	웹서버, DB 서버 접근 통제
SSH를 이용한 접근	

에 대한 관련 설정은 동일하게 하지만 '공유기A'는 웹 서비스용 포트 번호를 차단하지 않도록 설정을 하면 된다. 또 웹 서버 또는 DB 서버가 리눅스 운영체제를 기반으로 운영되고 있다면 원격에서 접속할 때 SSH(보안 쉘, Secure Shell)를 이용할 수 있도록 설정을 하고, 이 서버들의 관리 권한이 있는 구성원만 접속할 수 있도록 설정할 필요도 있다. 즉, 앞서 기술한 것과 같이 업무 세분화를 통해 웹 서버와 DB 서버에 접속할 수 있는 구성원의 수를 최소화하는 것은 기업의 정보 보호 강화에 도움이 된다.

9.1.5 호스팅 업체를 통한 웹 서비스 제공 기업

웹 서비스를 제공하는 소규모 기업은 그 서비스를 위해 웹 서버와 DB 서버 등을 별도 구축하고, 이를 유지해야 한다. 그러나 웹 서비스 구축 및 유지 비용은 소규모 기업이 투자하기에는 적지 않다. 따라서 웹 서비스를 제공하는 많은 소규모 기업은 호스팅 업체를 이용하여 각종 시스템 구축 및 유지 비용을 절감하고 있다.

호스팅 업체는 인터넷 전용선과 수많은 서버 시스템을 웹 서비스, DB 서비스 등의 목적에 맞게 구축한 후 이를 개인 또는 기업에게 임대를 하는 호스팅 서비스를 제공하는 업체이다. 따라서 각종 컴퓨팅 자원이 필요하지만 이를 구축할 비용을 절감하기를 위한는 개인 또는 기업들이 이 호스팅 업체의 서비스를 이용하고 있다. 웹 서비스 제공을 위한 각종 장비 및 설비에 대한 초기 투자 비용을 절감할 수 있어 많은 소규모 기업들이 서비스를 받고 있다. 이러한 업무 환경은 그림 9.5에 나타내었다.

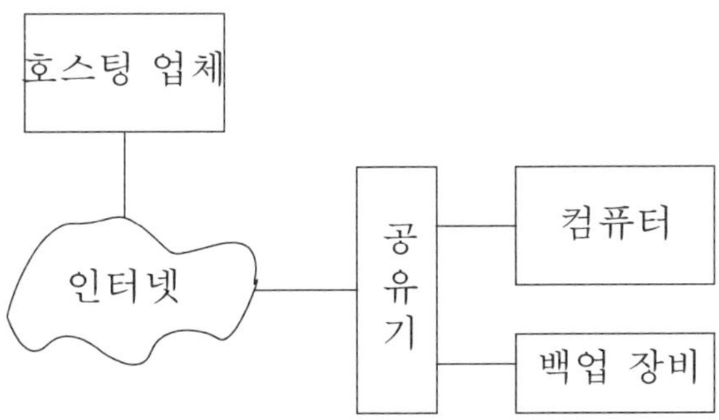

그림 9.5: 호스팅 업체를 통해 웹 서비스를 제공하는 기업의 업무 환경

기업이 호스팅 업체의 서버를 임대하여 웹 서비스를 제공하는 경우에 호스팅 업체가 기본적인 네트워크 및 서버 보안은 제공해 준다. 만약 소규모 기업이 호스팅 업체 서비스를 이용하는 경우에 그들이 제공하는 보안 옵션 또는 백업 옵션을 선택하는 것도 기업의 정보 보호 및 복구에 도움이 된다. 이러한 업무 환경에서 기업의 구성원이 정보 보호를 위한 활동은 표 9.4와 동일하다고 할 수 있다. 다만 그림 9.4에 표시된 '공유기A'와 연결되는 서버 구성이 호스팅 업체의 서버로 변경된 차이점이 있다.

9.2 노트북 컴퓨터 디스크 암호화

최근 기업의 업무 환경에 많은 변화가 있어 기업 외부에서 업무를 수행하는 경우가 많다. 즉, 노트북 컴퓨터를 이용하여 이동하며 진행하는 업무는 시간과 장소에 영향을 받지 않아 효율적이 업무 수행이 가능하다. 이러한 업무 환경에서 가장 경계해야 하는 것은 노트북 컴퓨터를 도난당하거나 분실하는 것이다. 업무용 노트북 컴퓨터에 기업과 관련한 중요 문서들이 많이 저장되어 있을 가능성이 많은데 이것을 도단당하거나 분실한 것은 곧 기업의 중요 정보가 누출될 가능성이 많다는 것이다. 물론 사용자 계정과 비밀번호 설정 등을 통해 인증된 사용자만 사용할 수 있도록 조치를 취하더라도 노트북 컴퓨터에 저장되어 있는 정보 탈취를 목표로 한 사람–해커–은 그 인증 체계를 무효화시키려고 할 것이다. 즉 이런 상황에서사용자 계정 관리만으로는 노트북 컴퓨터에 저장되어 있는 정보 탈취를 위한 행위들을 효과적을 막을 수 없다. 이러한 것을 방지하기 위해 많은 노트북 컴퓨터들은 TPM(Tructed Platform Module)을 장착하고 있다.

TPM은 암호화키를 저장할 수 있는 보안 암호 처리자를 위한 규격 명칭이며, 사용자 관점에서는 노트북 컴퓨터의 메인보드에 부착되어 있는 IC 칩으로 각종 암화화와 관련된 정보를 저장하고 있다. 기업용 노트북 컴퓨터[7]는 노트북 컴퓨터의 도난 또는 노트북 컴퓨터의 디스크 도난으로 인한 정보 유출을 방지하기 위해 TPM이 설치되어 있지만 많은 경우 기본적으로 이 기능은 꺼져 있다. 따라서 이 기능을 사용하여 디스크를 암호화하기 위해서는 노트북 컴퓨터의 BIOS 셋업 화면에서 이 기능을 활성화시키거나 마이크로소프트 윈도에서 ‘tpm.msc’ 명령어를 실행시켜 기능을 활성화하고, 초기화를 해야 한다.

그림 9.6은 ‘tpm.msc’ 명령어를 실행시켰을 때 표시되는 화면을 나타내고 있다. 노트북 컴퓨터 이용자는 TPM 기능을 이용하기 위해 우선 TPM 초기화를 수행해야 한다. TPM 초기화 과정은 노트북 컴퓨터가 자동으로 재 부팅되며 TPM을 활성화할

[7]기업용 노트북이라고 해서 특별한 것은 아니고 TPM과 같이 도난을 대비한 정보 보호 수단을 포함하고 있다.

것인가를 선택하도록 한다. 사용자가 TPM을 활성화하여 사용하는 옵션을 선택하면 TPM은 활성화됨과 동시에 초기화된다.

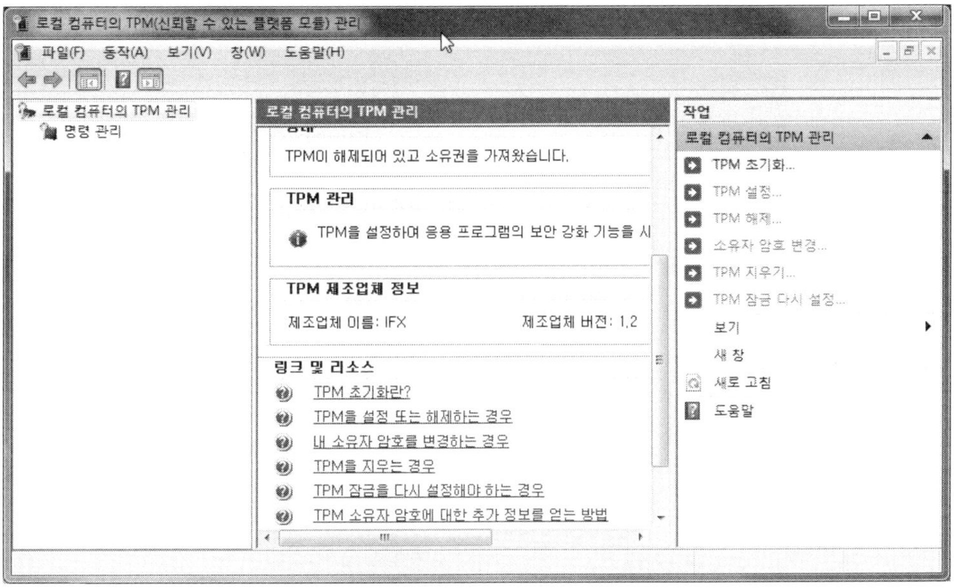

그림 9.6: tpm.msc 명령어 실행 화면

TPM이 초기화된 후 이를 이용하여 마이크로소프트에서 제공하는 BitLocker 기능을 이용하여 노트북 컴퓨터의 하드디스크를 암호화할 경우 이 TPM만으로 해독할 수 있다. 즉, 누군가가 노트북의 디스크를 탈취하더라도 이것을 해독할 수 없다.

9.3 파일, 저장매체 암호화

9.3.1 마이크로소프트 BitLocker 툴

마이크로소프트에서 제공하는 **BitLocker**은 강력한 디스크 암호화 툴이다. 이 툴은 윈도 버전에 따라 선택적으로 제공되고 있으며, 개인용 또는 가정용으로 사용되는 윈도 Home 에디션을 제외한 대부분의 윈도 버전에서 사용할 수 있다. 윈도를 공급하고 있는 마이크로소프트에서 기본적으로 제공하는 암호화 툴이기 때문에 윈도와 잘 융합되어 있다는 장점이 있다.

그림 9.7은 컴퓨터에 접속된 USB 저장 매체를 암호화하기 위해 BitLocker 켜기 메뉴를 선택하고 있는 것을 나타내고 있다. USB 저장 매체 아이콘 위에 마우스 오른쪽 버튼을 선택하여 표시한 메뉴에서 BitLocker 켜기 메뉴를 선택하는 것이다.

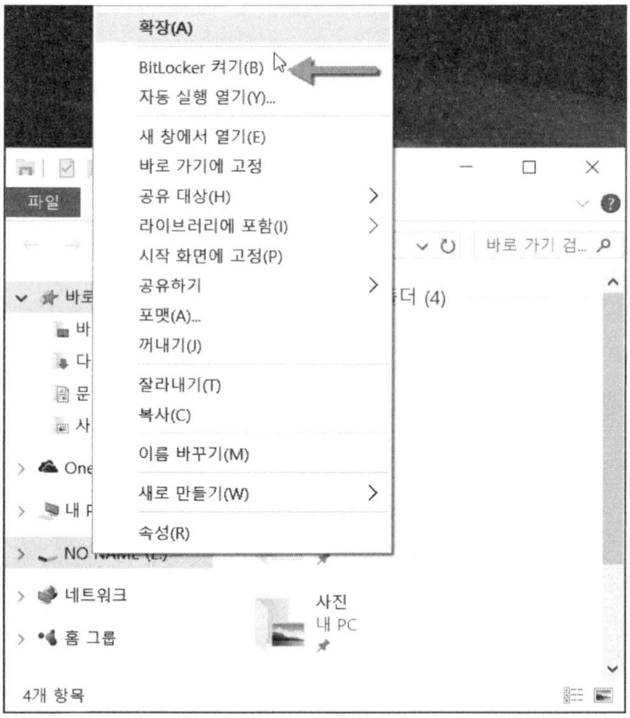

그림 9.7: USB 메모리의 BitLocker 켜기 화면

다음 단계는 그림 9.8에 나타낸 것과 같이 해당 저장 매체를 암호화/복호화를 위한 암호를 입력한다. 입력하는 암호는 적절하게 복잡하게 문자, 숫자 등을 조합하여 입력하며, 보안을 위해 입력하는 암호는 •로 표시된다. 입력한 암호 확인은 그 암호를 한번 더 입력함으로서 검증된다.

암호화를 위한 비밀번호를 설정한 후 암호화할 드라이브 공간을 선택하는 화면이 표시된다. 이것은 현재 사용 중인 공간 또는 전체 드라이브를 대상으로 암호화 하는 것을 선택할 수 있으며, 상황에 따라 적절한 옵션을 선택하면 된다. 이 후 USB 저장 매체를 암호화 하는 과정이 진행된다. 사용자는 암호화된 USB 저장 매체를 사용하기

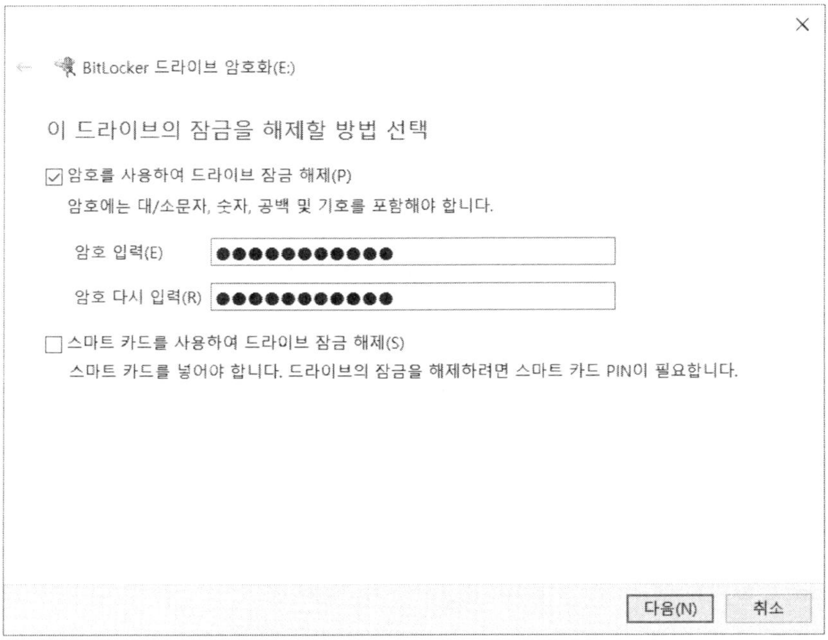

그림 9.8: 암호화를 위한 비밀번호 입력 화면

위해 비밀번호를 입력해야 한다.

마이크로소프트에서 제공하는 BitLocker은 별도로 다운로드하여 설치하거나 할 필요가 없고, 윈도 운영체제와 잘 융합되어 있어 사용방법이 어렵지 않다. 그러나 이 툴은 디스크 드라이브 단위로 암호화를 하기 때문에 특정 폴더만을 암호화 하는 기능을 가지고 있지 않다. 따라서 기업의 정보 자산이 저장되지 않아 실질적으로 보호할 필요가 없는 영역까지 암호화되기 때문에 암호화, 복호화를 위한 시간, 공간 효율성은 다소 낮다고 할 수 있다.

9.3.2 VeraCrypt 툴

VeraCrypt는 보안 디스크 드라이브를 생성, 관리할 수 있는 암호화 솔루션으로 공개 소프트웨어를 기반으로 하고 있으며, 무료로 제공되고 있다. 이 솔루션은 웹 사이트 http://varacrypt.codeplex.com에서 다운로드하여 설치할 수 있다. 이 솔루션을 설치하고, USB와 같은 이동식 저장매체에 보안 드라이브를 생성하는 방법을 다음과 같다.

이 응용 프로그램을 다운로드한 후 설치하는 과정은 다른 응용 프로그램을 윈도에 설치하는 과정과 다르지 않다. 다만 설치하는 과정에 그림 9.9에 나타낸 것과 같이 사용자가 이 솔루션을 설치하는 목적에 따라 둘 중 하나의 설치 유형 옵션을 선택하면 된다. 첫 번째 설치 유형인 'Install'은 다른 응용 프로그램과 마찬가지로 현재 사용하고 있는 윈도 시스템에 설치되는 옵션이다. 이 옵션은 향후 윈도가 설치되어 있는 파티션 또는 드라이브를 암호화하여 보호하고자 할 경우에 선택을 하면 된다.

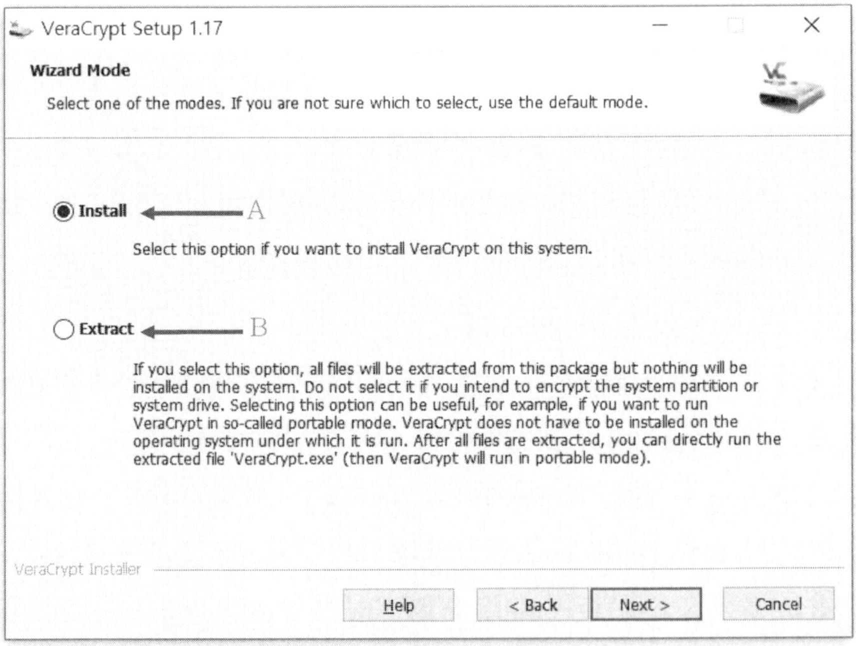

그림 9.9: 설치 유형 선택 화면

다음 설치 유형인 'Extract'은 설치 파일에서 응용 프로그램을 추출하여 이동식 모드(portable mode)로 사용하고자 할 경우를 위한 옵션이다. 즉, 이 옵션은 윈도 시스템에 설치하는 과정없이 추출된 응용 프로그램을 실행시킬 수 있다. 이 옵션을 선택한 경우에 응용 프로그램을 실행하는 방법은 탐색기를 이용하여 응용 프로그램을 추출할 때 선택한 폴더에서 'VeraCrypt.exe'를 실행–열기–시키면 된다.

그림 9.10은 *VeraCrypt*를 실행한 화면의 예를 나타낸 것이다. 최초 실행시 영어가 기본 언어로 설정되어 있기 때문에 메뉴와 각종 출력은 영어로 표시된다. 기본 언어는 'setup' 메뉴의 'language' 메뉴를 이용하여 변경을 할 수 있다. 이 메뉴를 이용하여 기본 언어를 '한국어'로 변경하면 그림 9.10과 같은 사용자 인터페이스를 볼 수 있다.

*VeraCrypt*를 이용하여 기업에서 업무용 문서 저장을 위한 이동식 저장매체로 많이 사용하고 있는 USB 메모리[8]를 암호화하여 정보보호 기능을 갖춘 보안 드라이브로 설정하는 과정은 다음과 같다.

먼저 보안드라이브로 사용하고자 하는 USB 메모리는 먼저 컴퓨터 시스템에 삽입되어 있어야 한다. 이 USB 메모리에 새 보안 드라이브를 생성하는 것은 그림 9.10에 나타낸 것과 같이 '볼륨'-'새 볼륨 만들기' 메뉴를 선택함으로써 실행할 수 있다. 이 메뉴를 선택하면 그림 9.11에 나타낸 'VeraCrypt' 볼륨 만들기 마법사' 화면이 표시되는데 이 화면에서 두 번째 옵션을 선택한다.

볼륨 만들기 마법사 선택 화면에서 첫 번재 옵션은 VeraCrypt가 하나의 대용량 파일을 생성하고, 이를 하드디스크 드라이브와 같이 사용할 수 있도록 제공하는 것으로, 이 드라이브에 저장하는 것은 모두 암호화되어 비밀번호를 알지 못하면 그 내용에 접근할 수 없다. 두 번째 옵션은 USB 메모리와 같은 외부 드라이브를 암호화하여 사용할 수 있는 것으로 이 책에서는 기업의 업무 환경에서 각종 문서를 이동식 저장매체에 저장할 경우에 발생하는 문제를 방지하기 위한 방법으로써 USB 메모리 암호화를 소개하고 있기 때문에 볼륨 만들기 마법사 화면에서 이 옵션을 선택하여 사용한다. 세 번째 옵션은 윈도 시스템이 설치되어 있는 하드디스크 드라이브를 암호화하는 것이다.

그림 9.12은 화살표로 표시한 장치 선택 버튼을 선택하여 볼륨 만들기를 할 대상 USB 메모리를 선택하는 것을 나타내고 있다. 이때 선택된 USB 메모리는 다시 포맷이 되기 때문에 이전에 저장되어 있는 모든 내용은 삭제가 된다. 따라서 사용하고 있었던 USB 메모리에 새 보안 볼륨을 생성하기 전에 그 저장된 내용은 모두 다른 곳에 백업을 해 두어야 한다. 이후 과정은 기본적으로 선택되어 있는 것을 사용하면 된다.

---

[8]개인도 다양한 종류의 파일을 저장하기 위해 USB 메모리를 많이 사용하고 있다.

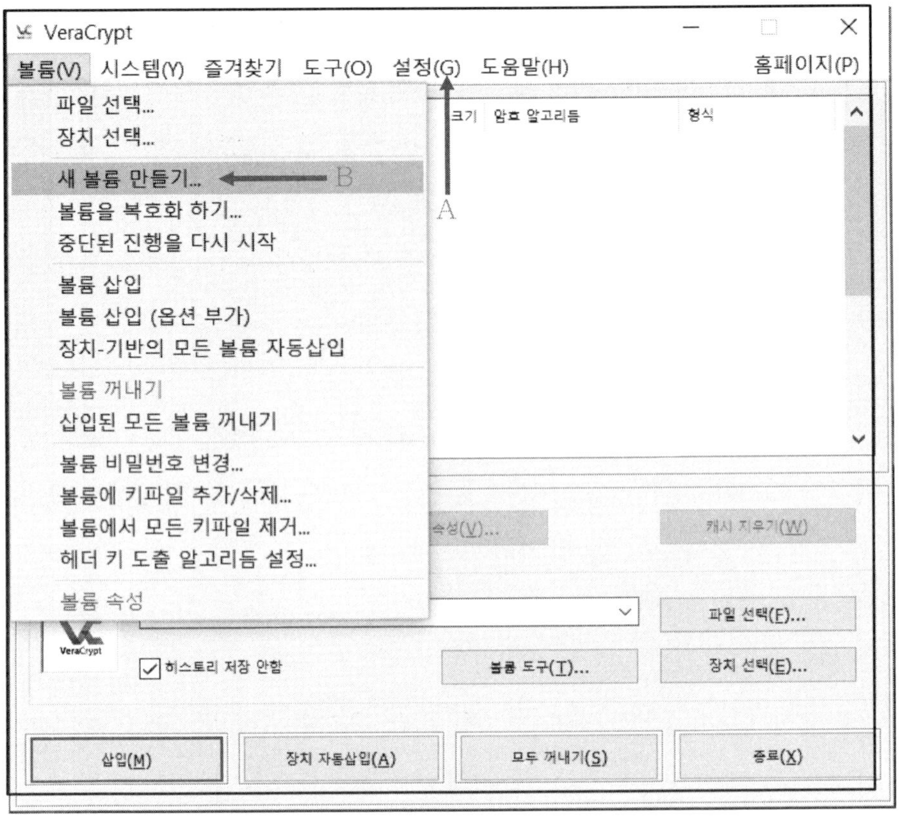

그림 9.10: USB 저장 매체를 위한 새 볼륨 만들기

그림 9.13은 USB 메모리에 새 보안 볼륨을 생성하는 마지막 단계로서 비밀번호를 설정하는 것을 나타내고 있다. 이 비밀번호는 생성한 보안 볼륨에 접근하기 위해 필요한 것으로 적절한 복잡도를 갖도록 해야 한다. 만약 이 비밀번호를 잊어버리면 그 보안 볼륨에 저장되어 있는 콘텐츠에 접근할 수 있는 방법이 없다. 비밀번호 설정이 완료되면 USB 메모리에 보안 볼륨을 생성하는 절차를 시작한다.

볼륨 생성이 완료된 USB 메모리는 컴퓨터 시스템이 인식하지 못한다. 이것은 USB 메모리가 비밀번호로 보호되고 있기 때문에 컴퓨터 시스템이 USB 메모리에서 자신이 사용하는 파일 시스템을 찾을 수 없기 때문이다. USB 메모리를 컴퓨터 시스템에서 하나의 디스크 드라이브로 사용하기 위해서는 'VeraCrypt.exe'를 실행시켜 드라이브를 삽입시켜야 한다. 따라서 이 솔루션에 의해 암호화되어 있는 드라이브는 비밀번호를

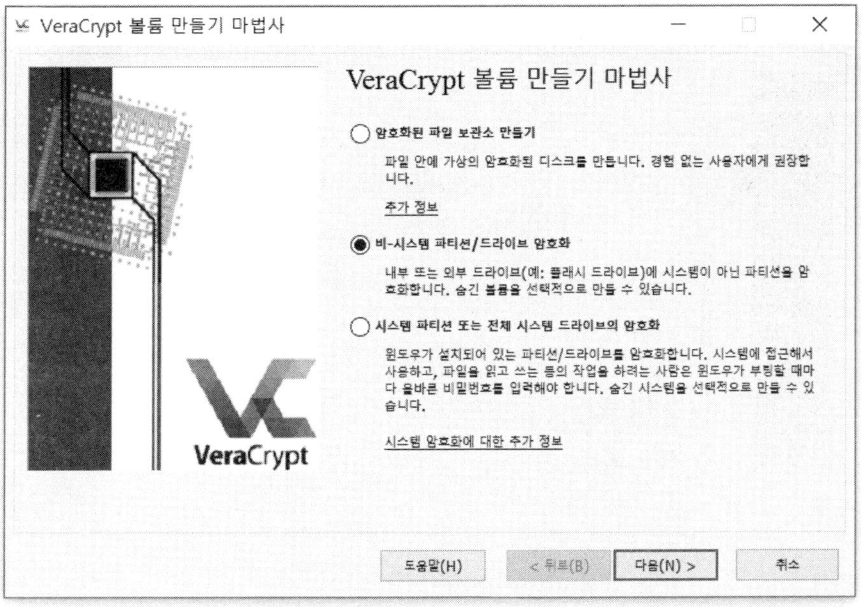

그림 9.11: 볼륨 만들기 마법사 화면

알지 못하면 그 드라이브에 새로운 파일을 저장하거나 저장되어 있는 파일에 접근할 수 없다.

이 솔루션을 이용하여 암호화된 USB 드라이브를 다시 사용하기 위해서는 'VeraCrypt.exe'를 실행하여 암호화된 USB 드라이브를 컴퓨터 시스템에 삽입해야 한다. 그림 9.14은 이 솔루션을 이용하여 암호화된 USB 드라이브를 컴퓨터 시스템에서 사용할 수 있도록 삽입하는 화면을 나타낸 것이다. 먼저 암호화된 USB에게 할당할 드라이브 문자를 선택을 한다. 이 예에서는 'S:' 드라이브를 할당한다. 드라이브 문자 선택 후 이 드라이브 문자로 암호화된 드라이브에 접근하기 위해서는 삽입 또는 장치 자동삽입 버튼을 선택한다.

컴퓨터 시스템에서 삽입된 장치를 사용하기 위해 필요한 것이 이 장치에 설정되어 있는 비밀번호를 입력하는 것이다. 그림 9.15는 암호화된 장치에 설정된 비밀번호를 입력하는 사용자 인터페이스를 나타낸 것이다. 입력된 암호가 설정된 암호와 동일한 경우에 사용자는 드라이브에 접근하여 사용할 수 있다. 동일한 방법으로 컴퓨터 시

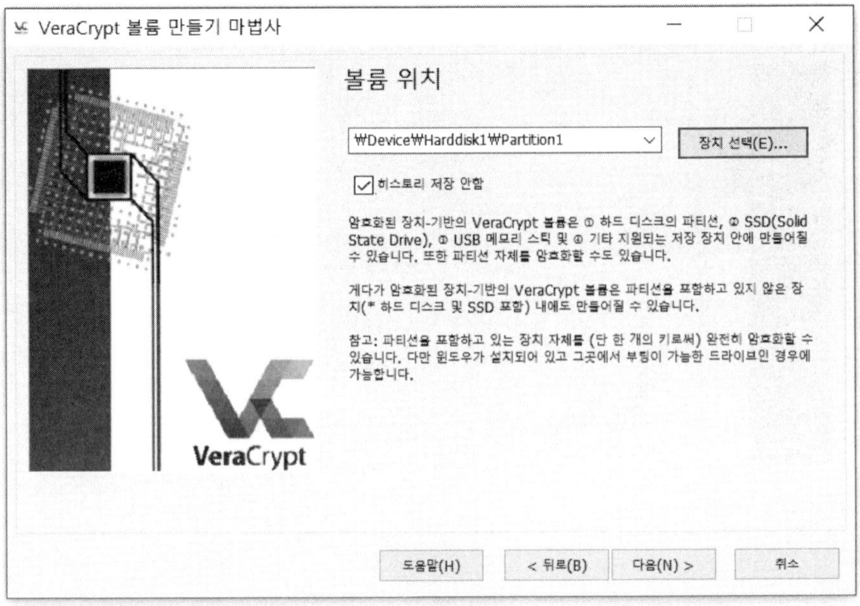

그림 9.12: 새 보안 볼륨을 위한 USB 메모리 선택

스템에 장착되어 있는 하드 디스크 등의 저장장치의 일부 영역을 이러한 목적으로 사용할 수 있다.

앞서 기술한 바와 같이 모바일 업무 환경을 구축한 1인 기업의 창업자 또는 외근이 잦은 담당자는 각종 정보를 USB 메모리 등의 이동형 저장매체 또는 노트북 컴퓨터에 보관을 하고 업무를 수행하는 경우가 많다. 이런 경우에 저장매체 또는 노트북 컴퓨터의 분실, 도난 등은 저장매체 또는 노트북 컴퓨터의 분실로 인한 금전적 손해 보다는 그곳에 저장되어 있는 정보 유출로 인한 피해가 더욱 심각할 수 있다. 따라서 1인 기업의 창업자 또는 외근이 잦은 담당자는 이와 같은 솔루션을 이용하여 저장매체 또는 저장공간을 암호화함으로써 정보유출로 인해 발생할 수 있는 각종 피해를 방지할 수 있다.

그림 9.13: 새 보안 볼륨을 위한 비밀번호 설정 화면

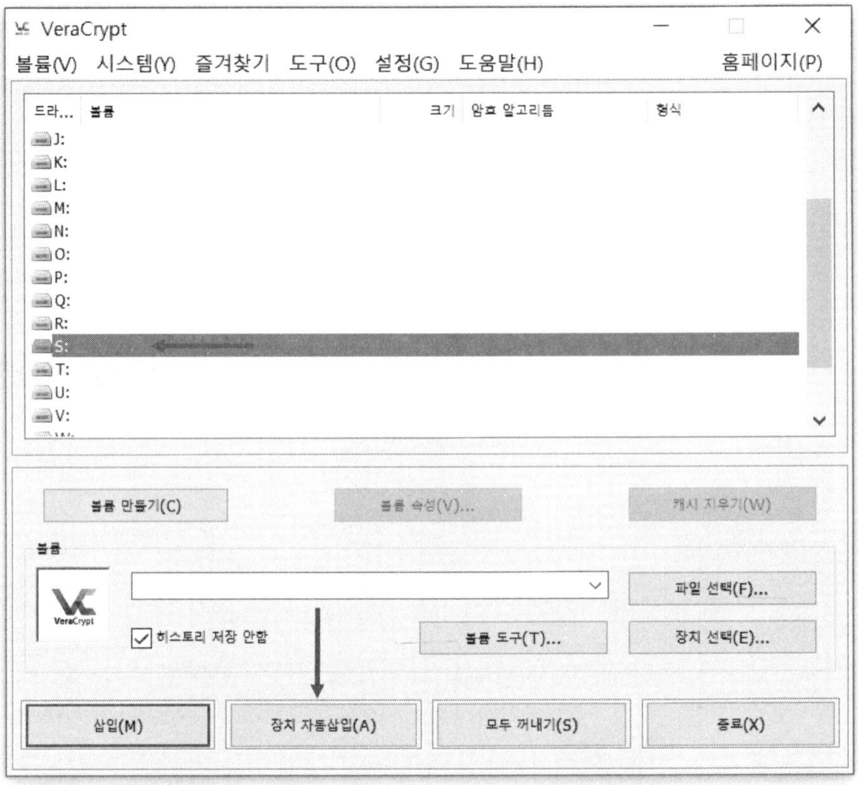

그림 9.14: 암호화된 USB 드라이브 삽입 화면

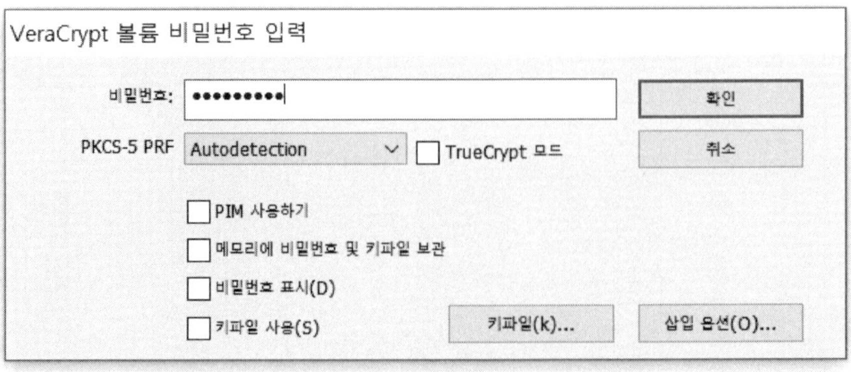

그림 9.15: 암호화된 USB 드라이브를 위한 비밀번호 입력 화면

Bibliography

[1] *조직의 정보보호 정책 수립 가이드*. 한국정보통신기술협회, 2008.

[2] Naver corp. 네이버 사전.

[3] Blogger taeho. Kt 고객 정보 1200만건 유출:범죄의 재구성. http://blogger.pe.kr/374.

[4] 박지훈 and 펜타시큐리티. *IT 보안의 정석*. 매경출판.

[5] 양대일. *정보 보안 개론 : 큰 그림을 그려주는 정보 보안 입문서*. 한빛미디어, 2009.

[6] 위키백과. 악성 프로그램. http://ko.wikipedia.org/wiki/악성소프트웨어.

[7] 위키백과. 해킹. http://ko.wikipedia.org/wiki/해킹.

[8] 행정안전부. *전자정부 SW 개발, 운영자를 위한 소프트웨어 개발 보안 가이드*. 행정안전부, 5 2012.

[9] 행정안전부. *전자정부 SW 개발보안 진단원을 위한 소프트웨어 보안약점 진단가이드*. 행정안전부, 5 2012.

Index

ARP 스푸핑, 75

ARPAnet, 111

availability, 18

confidentiality, 18

DHCP, 78

hosting, 175

integrity, 18

internet, 111

IP 스푸핑, 76

IPv4, 65

IPv6, 67

LAN 케이블, 55

Ping of Death, 72

protocol, 53

Request 패킷, 113

sniffing, 74

socket, 70

SYN Flood, 72

TCP/IP, 63

TPM, 176

web, 111

world wide web, 111

가용성, 18

개인정보 누설, 30

기밀성, 18

기업, 1

네트워크 계층, 60

네트워크 인터페이스 계층, 64

다중 사용자, 100
다중 태스킹, 100
단순 치환, 6
데이터 링크 계층, 60
동적 웹 서비스, 115
라우터, 57
레드 오션, 1
무결성, 18
문서화, 151
물리 계층, 59
블루 오션, 2
비대면 서비스, 40
비밀 등의 보호, 33
비밀침해, 32

사용자 계정, 94
서버, 22
세션 계층, 62
소켓, 70
스니핑, 74
스위칭 허브, 57
암호화, 6
암호화의 혼돈, 131
암호화의 확산, 131
웹 서비스, 114
응용 계층, 63
이니그마, 6
인증 방법, 94
인터넷, 63, 111
인터넷 계층, 65
전송 계층, 61, 68
정보 보안, 17
정적 웹 서비스, 114
정지 대기 흐름 제어, 60
죽음의 핑, 72

클라이언트, 22
튜링, 7
표현 계층, 62
프로토콜, 53
해커, 37
해킹, 37
호스팅, 175

[저자 약력]

구 본 근

경북대학교 대학원 컴퓨터공학과(공학박사)
2015년~2016년 (사)ICT플랫폼학회 부회장
현 한국교통대학교 컴퓨터공학과 교수

저 서

2013년 컴퓨터구조(도서출판 한산)
2016년 컴퓨터구조와 ARM 프로세서 프로그래밍(도서출판 한산)

창업과 정보보호

초판인쇄 2016년 2월 25일
초판발행 2016년 3월 1일

지은이 구본근
펴낸이 김중용

총괄기획 박노일
편 집 심성보 · 김인숙

펴낸곳 마인드탭 MIND TAP
경기도 파주시 책향기로 441, 1004동 1004호(동패동, 책향기마을)
등록 제406-2014-000093호
전 화 070)7550-3758 팩 스 02)718-8554
홈페이지 www.mindtap.co.kr 이메일 pnc@pncmedia.co.kr
ISBN 979-11-86672-23-5 93320

※ 마인드탭은 피앤씨미디어의 자매 브랜드입니다.

정 가 15,000원